Ausführliches
Wort- und Sachregister

zum

Bürgerlichen Gesetzbuch

nebst Einführungsgesetz

bearbeitet von

Jatzow,

Oberamtsrichter.

Berlin SW48.
Wilhelmstraße 119/120
J. Guttentag, Verlagsbuchhandlung.
1896.

Sach-Register.

Die Ziffern mit Vorzeichnung G. bedeuten die Paragraphen des Bürgerlichen Gesetzbuchs; die Ziffern mit Vorzeichnung E. bedeuten die Artikel des Einführungsgesetzes zum Bürgerlichen Gesetzbuch.

A.

Abänderung der Satzung eines eingetragenen Vereins G. 67. — A. der Bewirthschaftung eines landwirthschaftlichen Grundstücks durch den Pächter G. 583. — A. des Ranges der in das Grundbuch eingetragenen Rechte G. 880.

Abfallen, s. Ueberfall.

Abfinden, Abfindung. A. Dritter bei Gutsübernahme G. 330. — A. in Kapital zur Unterhaltspflicht bei Ehescheidung G. 1580.

Abgaben, Nichthaftung des Verkäufers eines Grundstücks für Freiheit von öffentlichen A. G. 436. — A. beim Erbschaftskauf G. 2379. — Mit Unrecht erhobene A., Landesgesetze über Rückerstattung E. 104.

Abgesonderter Haushalt der Ehefrau G. 1361.

Abgeleiteter Besitz, s. mittelbarer B.

Abhanden gekommene Schuldverschreibungen auf den Inhaber G. 799. — A. gekommene Zins-, Renten- oder Gewinnantheilscheine G. 799. — Eigenthumserwerb an abhanden gekommenen Sachen G. 935. — Keine Eigenthumsmuthung an a. S. gegenüber dem früheren Besitzer G. 1006. — Herausgabe a. S. G. 1007.

Abholen einer beweglichen Sache von einem fremden Grundstücke G. 867

Abkömmlinge. Vermuthung, daß A. aus Unterhaltsgewährung an Eltern und Großeltern keinen Anspruch erlangen wollen G. 685. — Gemeinschaftliche A. bei gütergemeinschaftlicher Erbfolge G. 1483, s. im Uebrigen (fortgesetzte) Gütergemeinschaft. — A. sind unterhaltspflichtig von den Verwandten aufsteigender Linie G. 1606. — Verhältniß der Unterhaltspflicht mehrerer A. G. 1606; desgl. des Unterhaltsanspruchs G. 1609. — Stellung der A. eines unehelichen Kindes bei Eheschließung der Eltern nach dessen Tode G. 1722. — Wirkung der Ehelichkeitserklärung auf die A. G. 1737; desgl. der Annahme an Kindesstatt G. 1762. — A. gesetzliche Erben erster Ordnung G. 1924; A. der Eltern gesetzliche Erben zweiter Ordnung G. 1925; der Großeltern dritter Ordnung G. 1926; der Urgroßeltern vierter Ordnung G. 1928. — Ausgleichungspflicht der A. G. 2050 ff. — Erbeinsetzung von A. G. 2069 f. — Bestimmuug eines Nacherben

für kinderlose A. G. 2107. — A. sind pflichttheilsberechtigt G. 2303, 2309, 2316. — Entziehung des Pflichttheils G. 2333 ff. — Enterbung in guter Absicht G. 2338. — Erbverzicht G. 2346; Wirkung auf A. des Verzichtenden G. 2349; auf andere A. G. 2350.

Abkürzung der Verjährungsfrist G. 225; der Gewährfrist G. 486.

Ablauf der Frist G. 188 ff.

Ablehnung von Vertragsanträgen G. 146. — A. des Auftrages, Pflicht bestimmter Personen zur Erklärung derselben G. 663. — A. der fortgesetzten Gütergemeinschaft durch den überlebenden Ehegatten G. 1484. — A. der Vormundschaft G. 1786 f.; des Amts eines Testamentsvollstreckers G. 2202.

Ablieferung gefundener Sachen an Polizeibehörde G. 967; an Behörden G. 978; des Testamentes am Nachlaßgericht G. 2259.

Ablösung von Theilen eines Gebäudes oder Werkes, Entschädigungspflicht G. 836 ff. — A. von Rentenschuld G. 1199 ff. — Fortbestand der Landesgesetze über A. von Dienstbarkeiten u. Reallasten E. 113, 114.

Ablösungsrecht bei Rentenschuld G. 1201 f.; bei Hypothek G. 1150.

Ablösungsrenten, Fortbestand der Landesgesetze E. 114.

Abmarkung der Grenze von Grundstücken G. 919.

Abnahme der verkauften Sache durch den Käufer G. 433; Kosten derselben G. 448. — A. des Werkes durch den Besteller G. 640 ff.

Abrechnung, s. Anrechnung. Form des Schuldversprechens, Schuldanerkenntnisses auf Grund einer A. G. 782.

Abschlagszahlung, s. Theilleistung. — A. unterbricht Verjährung G. 208.

Abschriften aus dem Vereinsregister G. 79; dem Güterrechtsregister G. 1563; des Testaments G. 2264.

Absendung der Anfechtungserklärung von Willenserklärungen G. 121.

Abstammung, eheliche G. 1591 ff., (s. eheliche Kinder).

Abtheilungen des Grundbuchs G. 879.

Abtrennung, s. Trennung.

Abtretung der Ansprüche des Beschädigten an den Ersatzpflichtigen G. 255. — A. von Forderungen G. 398 ff., (s. auch Uebertragung). — A. des Anspruchs auf Herausgabe einer beweglichen Sache als Form der Uebergabe G. 931; der Hypothek G. 1153 f.

Abweichen vom Auftrage G. 665; vom Hinterlegungsvertrage G. 692; von Anordnungen der Erblasser G. 2216.

Abweisung der Klage, Wirkung auf Anspruchsverjährung G. 212.

Abwendung rechtswidrigen Angriffs G. 227.

Abwesende, Vertragsannahme unter A. G. 147, s. auch Abwesenheitspflegschaft.

Abwesenheit, s. Todeserklärung. Verfügung des Mannes über eingebrachtes Gut bei A. der Frau G. 1379; der Frau über Gesamtgut bei A. des Mannes G. 1450.

Abwesenheitspflegschaft G. 1911, 1921. — A. für den Mann ist Grund zur Aufhebung der Verwaltung und Nutznießung des eingebrachten Guts G. 1418.

— Beitrag der Frau zum ehelichen Aufwand bei A. über den Mann G. 1428.
Abzug, s. Kürzung.
Accession, s. Nebenansprüche, Nebenleistungen, Zubehör.
Achtzehntes Lebensjahr, Nichtvollendung bei unerlaubten Handlungen G. 828.
Adel, hoher E. 58.
Administration, s. Verwaltung, Zwangsverwaltung.
Adoption, s. Annahme an Kindesstatt.
Adoptivverwandtschaft als Ehehinderniß G. 1311.
Aeltere Schuld, Tilgung bei theilweiser Erfüllung mehrerer gleichartiger Schuldverhältnisse G. 366.
Aenderungen, s. Abänderung.
Aerzte, Verjährung ihrer Ansprüche G. 196.
Affektionswerth, Bestimmung des Finderlohnes G. 971.
Affinität, s. Schwägerschaft.
Aftermiethe, s. Untermiethe.
Afterpacht, s. Unterpacht.
Agnition, s. Anerkennung.
Akkreszenz, s. Anwachsungsrecht.
Akzeptation, s Annahme.
Aleatorische Verträge, s. Spiel, Wette.
Alimente, Alimentationsverbindlichkeit, s. Unterhaltspflicht.
Allgem. Gütergemeinschaft, s. Gütergemeinschaft.
Alluvion, s. Anlandung.
Altentheilsvertrag, Fortbestand der Landesgesetze E. 96.
Alter, Altersstufen. Einfluß des A. auf die Haftung aus unerlaubten Handlungen G. 828. — Altersvorzug des Pfandrechts G. 1209.
S. auch Lebensalter.
Alternativobligationen, s. Wahlrecht. Alternativ Bedachte bei Vermächtniß G. 2151 f.
Amt, Landgesetze über Ansprüche aus solchem E. 80; über Sicherheitsleistung dafür E. 90.
Amtsgerichte, Vereinsregister G. 21, 55. — Bestellung fehlender Mitglieder des Vereinsvorstandes G. 29. — Berufung von Vereinsversammlungen G. 37. — Zuständigkeit für öffentliche Zustellung von Willenserklärungen G. 132; für Bekanntmachung der Kraftloserklärung von Vollmachtsurkunden G. 176; für Abnahme des Offenbarungseides G. 261. — Bestellung eines Vertreters zur Entgegennahme der Kündigung einer Hypothek G. 1141. — Führung des Güterrechtsregisters G. 1558 f.
Amtspflicht, Schadensersatz bei Verletzung derselben G. 839.
Amtssiegel, s. Siegel.
Analphabeten, Testament G. 2238, 2247.
Anbieten der Leistung, s. Vorzug.
Androhung der öffentlichen Versteigerung G. 384.
Aneignung aufgegebener Grundstücke durch den Fiskus G. 928, E. 129. — Fruchterwerb durch A. G. 956 f. — A. herrenloser Sachen, wilder Thiere, Bienen G. 958 ff.; Tauben E. 130.
Anerbenrecht, Fortbestand der Landesgesetze E. 64.
Anerkennung, Anerkenntniß, unterbricht Anspruchsverjährung G. 208. — A. nach vollendeter Verjährung G. 222. — A. des Nichtbestehens eines Schuldverhältnisses G. 397. — A. eines Kindes G. 1598; Anfechtung solcher A. G. 1599. — A. der Vaterschaft eines unehe-

lichen Kindes G. 1718, 1720, 1725. — Anerkannte Kinder des französischen und badischen Rechts, Uebergangsbestimmung E. 208.

Anfall der Erbschaft G. 1942; des Vermächtnisses G. 2160, 2176.

Anfang der Frist G. 187; des Monats G. 193; der Anspruchsverjährung G. 198 ff.

Anfangstermin bei Rechtsgeschäften G. 163; bei Verträgen über unmögliche Leistung G. 308; bei Vermächtnissen G. 2162, 2177.

Anfechtbarkeit von Rechtsgeschäften G. 142 ff.; der Ehe G. 1323 ff (s. Ungültigkeit).

Anfechtung des Einspruches von Verwaltungsbehörden gegen Eintragung von Vereinen G. 62; der Entmündigung G. 115; von Willenserklärungen G. 121 f.; von Rechtsgeschäften G. 142 ff. — Beginn der Anspruchsverjährung für Ansprüche, deren Entstehung von der Ausübung eines dem Berechtigten zustehenden Anfechtungsrechts abhängt G. 200. — A. der einem Dritten überlassenen Bestimmung der Leistung bei Verträgen G. 318. — Anfechtungsrecht des Hauptschuldners kommt dem Bürgen zu Gute G. 770. — A. der Ehe G. 1330 ff. (s. Ungültigkeit). — A. der Ehe bei Wiederverheirathung im Falle der Todeserklärung G. 1348 ff. — A. der Ehelichkeit eines Kindes G. 1593 ff.; der Anerkennung der Ehelichkeit G. 1599; des Antrages oder der Einwilligung zur Ehelichkeitserklärung G. 1731; des Vertrages auf Annahme an Kindesstatt G. 1755. — A. der Annahme oder Ausschlagung der Erbschaft G. 1954 ff.; letztwilliger Verfügungen G. 2078 ff.; von Erbverträgen G. 2281 ff.; der Ausschlagung von Erbschaft oder Vermächtniß durch Pflichttheilsberechtigten G. 2308. — Geltendmachung der Erbunwürdigkeit durch A. G. 2340 ff.

Anfechtungsgesetz E. 33.

Anfechtungsklage bei Todeserklärung G. 1348 f.; bei Ehe G. 1341; gegen Ehelichkeit eines Kindes G. 1596; bei Erbunwürdigkeit G. 2342.

Angeld, s. Daraufgabe.

Angestellte höherer Art, Dienstverhältniß, G. 622, 627, 628. — Haftung der Geschäftsherrn für A. G. 831.

Angewiesener, s. Anweisung

Anhören, durch das Vormundschaftsgericht: des Vaters und der Verwandten bei Beschränkung der elterlichen Gewalt und Nutznießung G. 1673; des Gegenvormunds G. 1826; des Mündels G. 1827; der Verwandten und Verschwägerten desselben G. 1847, 1862; der Betheiligten bei Antrag auf Erbschein G. 2360.

Anlagen, unzulässige Einwirkung auf Nachbargrundstücke G. 907; zur Ausübung einer Grunddienstbarkeit G. 1020 ff., 1028. — Neue A. auf einem dem Nießbrauch unterworfenen Grundstück G. 1037. — A. in Nutzung von Realgemeinden, Uebergangsbestimmung E. 164.

Anlandungen, Fortbestand der Landesgesetze E. 65.

Anlegung von Mündelgeld G. 1806 ff. (s. Vormundschaft.) — Landesgesetzliche Bestimmungen E. 212.

Anmeldung von Ansprüchen bei Auflösung eines Vereins G. 50; von Vereinen zur Eintragung in das Vereinsregister G. 59, 76, 77. — A. im Konkurse unterbricht Verjährung G. 209. —

A. von Erbrechten G. 1965, 2358; von Nachlaßforderungen G. 2061; Einfluß auf Auseinandersetzung der Miterben G. 2045.

Annahme von Vertragsanträgen G. 146 ff.; verspätete A. G. 149 f. — Zustandekommen des Vertrages durch A. des Antrages G. 151 ff. — A. der Leistung, welche als Erfüllung angeboten G. 363. — Vorbehaltlose A. des Kaufgegenstandes, Verlust des Anspruchs auf Wandelung oder Minderung G. 464. — A. der Schenkung G. 516; der Anweisung G. 784. — A. von Erbschaft, Vermächtniß durch die Frau ohne Zustimmung des Mannes G. 1406, 1453. — A. der Erbschaft G. 1943 ff.; des Vermächtnisses G. 2180; des Amts eines Testamentsvollstreckers G. 2202.

S. auch Abnahme.

Annahme an Erfüllungsstatt, s. Erfüllungsstatt.

Annahme an Kindesstatt, Wohnsitz des Angenommenen G. 11. — Einwilligung der Adoptiveltern zur Eheschließung G. 1306. — Einzelnes: Mangel ehelicher Abkömmlinge, Bestätigung des Gerichts G. 1741. — Keine Bedingung oder Zeitbestimmung G. 1742. — Vorhandensein angenommener Kinder G. 1743. — Fünfzigstes Lebensjahr des Annehmenden, 18 Jahre älter als das Kind G. 1744. — Dispensation, Zuständigkeit für dieselbe G. 1745. — Einwilligung des Ehegatten G. 1746; der Eltern, der unehelichen Mutter G. 1747. — Form der Einwilligungserklärung G. 1748. — Annahme als gemeinschaftliches Kind nur durch ein Ehepaar G. 1749. — — Vertretung des noch nicht vierzehnjährigen Anzunehmenden G. 1750; bei beschränkter Geschäftsfähigkeit G. 1751. — Annahme des Mündels durch den Vormund G. 1752. — Tod des Kindes oder des Annehmenden vor der Bestätigung G. 1753. — Inkrafttreten des Vertrages, Versagung der Bestätigung G. 1754. — Anfechtung der Einwilligungserklärung oder des Annahmevertrags G. 1755. — Irrthum bei der Bestätigung G. 1756. — Wirkung der Annahme, Stellung eines ehelichen Kindes G. 1757. — Familiennamen des Angenommenen, Beifügung des bisherigen G. 1758. — Kein Erbrecht des Annehmenden G. 1759. — Elterliche Gewalt des Annehmenden, Vermögensverzeichniß, Befugnisse des Vormundschaftsgerichts G. 1760. — Auseinandersetzung mit dem Kinde bei Eheschließung G. 1761. — Wirkung der Annahme auf die Abkömmlinge des Angenommenen G. 1762. — Keine Verwandtschaft und Schwägerschaft mit den Verwandten und Verschwägerten des Annehmenden G. 1763. — Fortbestand der Rechte und Pflichten zu den Verwandten des Angenommenen G. 1764. — Verlust der elterlichen Gewalt der leiblichen Eltern, Unterhaltspflicht derselben G. 1765 — Unterhaltspflicht des Annehmenden G. 1766. — Vertragsmäßige Ausschließung der Nutznießung am Vermögen des Kindes, dessen Erbrechts gegen den Annehmenden G. 1767. — Aufhebung der A. an K. durch Vertrag G. 1768 ff. — Wirkung einer in Folge Adoptivverwandtschaft verbotenen Ehe G.

1771. — Verlust des Familiennamens G. 1772. — Aussetzung der Erbtheilung vor Entscheidung über A. an K. G. 2041. — Beurtheilung der A. an K. nach deutschem Rechte E. 22. — Uebergangsbestimmung E. 209.

Annahmevertrag, s. Annahme an Kindesstatt.

Annehmlichkeit des herrschenden Grundstücks bei Grunddienstbarkeit G. 1919.

Anrechnung der Erfüllung auf mehrere gleichartige Schuldverhältnisse G. 366; der Besitzzeit des Rechtsvorgängers bei der Ersitzung G. 943; der Ersitzungszeit der Erbschaftsbesitzer für den Erben G. 944. — A. der Verbindlichkeiten des verstorbenen Ehegatten auf den Antheil der Abkömmlinge bei Auflösung der fortgesetzten Gütergemeinschaft G. 1500; der Abfindung eines Abkömmlings auf den Antheil der übrigen G. 1501. — A. auf Pflichttheil G. 2315.

Anschlag der Gastwirthe zur Vermeidung der Haftpflicht G. 701.

Anschwemmung, s. Anlandung.

Anspruch, Begriff G. 194.

Anspruchsverjährung G. 194 ff. — Nichtverjährung familienrechtlicher Ansprüche G. 194. — Regelmäßige Verjährungsfrist G. 195. — Abgekürzte Verjährungsfristen G. 196, 197. — Beginn der A.G. 198, 201. — Hemmung der A.G. 202 ff. — A. gegen geschäftsunfähige oder beschränkt geschäftsfähige Personen G. 206; gegen Nachlaß und von Nachlaßansprüchen G. 207. — Unterbrechung der A G. 208 ff. — Verjährung rechtskräftig festgestellter Ansprüche G. 218. — Rechtsnachfolge bei dinglichen Ansprüchen G. 221 — Wirkung der A. G. 222 ff. — Verjährung der Nebenleistungen mit dem Hauptanspruche G. 224. — Abweichende Vereinbarung wegen der A. G. 225. — Verjährung der Ansprüche des Käufers auf Gewährleistung G. 477 ff.; auf Wandelung bei Viehmängeln G. 490; des Widerrufsrechts bei Schenkungen G. 532; der Ersatzansprüche des Vermiethers und Miethers G. 558; der Ansprüche des Verleihers und Entleihers G. 606; der Ansprüche des Bestellers beim Werkvertrage G. 638 f. — Keine A. bei Gemeinschaft G. 758. — A. des Anweisungsempfängers G. 786. — A. aus Schuldverschreibungen auf den Inhaber G. 801, 808; aus Zins-, Renten-, Gewinnantheilscheinen G. 801, 804. — V. der A. auf Befreiung von einer ohne Rechtsgrund eingegangenen Verbindlichkeit hindert die Weigerung der Erfüllung nicht G. 821. — A. für Ersatz aus unerlaubten Handlungen G. 852. — A. gegen verbotene Eigenmacht G. 864. — Keine Verjährung des Anspruchs auf Berichtigung des Grundbuchs G. 898; der Ansprüche aus in das Grundbuch eingetragenen Rechten G. 902; der Ansprüche aus dem Nachbarrecht G. 924. — Verjährung des Anspruches auf Herausgabe der Bereicherung gegen den Finder G. 977; des Ersatzanspruches für Verwendungen gegenüber dem Eigenthumsanspruch G. 1002; der Ersatzansprüche beim Nießbrauch G. 1057; des Verpfänders und Pfandgläubigers G. 1226. — Verjährung der Ansprüche aus Verlöbniß G. 1302. — Verjährung des Anspruchs auf Aussteuer G. 1623; Ver-

jährung der Ansprüche der unehelichen Mutter G. 1715. — Verjährung der Ansprüche des Vertragserben wegen Schenkungen des Erblassers G. 2287; des Anspruches auf Pflichttheil G 2322. — Uebergangsbestimmung E. 169.

Anstalten des öffentlichen Rechtes, Haftung für Vertreter, Konkurs G. 89. — Uebermittelung von Willenserklärungen durch A. G. 120. — Landesgesetze über Recht von A. auf Sicherungshypothek E. 91; über gesetzliches Erbrecht von A. E. 138.

Anstand, s. Sitten, sittliche Pflicht.

Ansteckende Krankheiten, Testament G. 2250.

Anstifter zu unerlaubten Handlungen, gesammtschuldnerische Haftung G. 830.

Antheile der Gesellschafter am Gesellschaftsvermögen G. 719; am Gewinn und Verlust G. 722. — Pfändung eines Antheils am Gesellschaftsvermögen G. 725. — Anwachsung des A. eines ausscheidenden Gesellschafters G. 738. — A. am Miteigenthum G. 1008 ff. — Nießbrauch an dem A. eines Miteigenthümers G. 1066; desgl. Vorkaufsrecht G. 1095; Reallast G. 1106; Hypothek G. 1114; Pfandrecht G. 1258.

Antrag auf Schließung eines Vertrages G. 145.

Antretung der Erbschaft, s. Erbschaftserwerb.

Anwachsung, Anwachsungsrecht. A. des Antheils eines ausgeschiedenen Gesellschafters G 738. — A. von Erbtheilen, Haftung G. 2007. — A. unter eingesetzten Erben G. 2094; angewachsener Erbtheil gilt als besonderer in Ansehung der Vermächtnisse, Auflagen, Ausgleichungspflicht G. 2095. — Ausschließung der A. durch Ersatzerben G. 2096 ff. — A. beim Vermächtniß G. 2158 f.; beim Erbschaftskauf G. 2373.

Anweisender, s. Anweisung.

Anweisung G. 783 ff.: Begriff, Gegenstand, Form, Anweisender, Anweisungsempfänger, Angewiesener G. 783; Annahme, Form derselben G. 784; Einwendungen der Angewiesenen G. 784. — Leistung nur gegen Aushändigung der A. G. 785. — Anspruchsverjährung des Anweisungsempfängers G. 786. — Rechtsverhältniß des Angewiesenen zum Anweisenden G. 787. — A. ist keine Zahlung G. 788. — Rechtsverhältniß des Anweisungsempfängers zum Anweisenden, Anzeigepflicht G. 789. — Widerruf der A. G. 790. — Kein Erlöschen der A. durch Tod oder Geschäftsunfähigkeit eines Betheiligten G. 791. — Uebertragung der A., Form, Ausschließung, Einwendungen des Angewiesenen gegenüber dem dritten Erwerber G. 792.

Anweisungsempfänger, s. Anweisung.

Anwesende, Vertragsschließung G. 147.

Anwesenheit, Erforderniß bei Testamentserrichtung G. 2239.

Anzeigen, Anzeigepflicht. Anzeigepflicht bei verspäteter Annahmeerklärung eines Vertrages G. 149. — A. der geschehenen Hinterlegung G. 374; der öffentl. Versteigerung G 384.; der Abtretung einer Forderung G. 409. — A. des Käufers von Hausthieren bei Hauptmängeln G. 485. — A. bei Verkaufsrecht G. 510. — A. des Miethers bei

Mängeln oder Anmaßung von Rechten durch Dritte G. 545, 1099. — A. bestimmter Personen bei Ablehnung des Auftrags G. 663; bei Abweichung von den Weisungen des Auftraggebers G. 665; des Geschäftsführers ohne Auftrag G. 681; bei Abweichung von der vereinbarten Art der Aufbewahrung beim Hinterlegungsvertrag G. 692; des Gastes gegenüber dem Gastwirth bei Verlust oder Beschädigung eingebrachter Sachen G. 703; vom Tode eines Gesellschafters G. 727. — A. des Anweisungsempfängers G. 789; des Finders G. 965; des Nießbrauchers bei Zerstörung u. s. w. der Nießbrauchssache G. 1042; beim Pfandverkauf G. 1237, 1241; an den Schuldner von Verpfändung einer Forderung G. 1280; an den Gläubiger von Einziehung der verpfändeten Forderung durch den Pfandgläubiger G. 1285; bei Tod des Vormunds oder Gegenvormunds G. 1894; bei Eintritt der Nacherbfolge G. 2146; vom Erbschaftskauf G. 2384.

Arbeit, Pflicht der Ehefrau zu häuslicher A. G. 1356. — Arbeitserwerb des Hauskindes G. 1651.

Arbeiter, s. Gewerbliche Arbeiter.

Arbeitsbuch E. 108 III.

Arbeitsgeräthe der Frau G. 1362, 1366, 1477; des Hauskindes G. 1650.

Arbeitsverträge Minderjähriger G. 112; eines Mündels G. 1822, 1827. S. auch Dienstvertrag.

Arbeitszeugniß beim Dienstvertrage G. 630.

Arglist des Verkäufers bei Verschweigung von Rechtsmängeln G. 443; von Sachmängeln G. 476, 478 ff. — A. des Schenkers G. 523; des Vermiethers bei Verschweigung von Mängeln G. 540; desgl. des Verleihers G. 600; des Unternehmers G. 637. — Arglistige Täuschung als Anfechtungsgrund der Ehe G. 1334.

Armen, letztwillige Zuwendung an die A., Auslegung G. 2072.

Armenanstalten, Rechte am Nachlasse Verpflegter E. 103, 139.

Armenunterstützung, Landesgesetze über Rechte dafür am Nachlaß E. 139.

Arrest gegen Veräußerungsverbot G. 135, 136; während schwebender Bedingung G. 161. — Einwirkung der Genehmigung eines Rechtsgeschäfts auf Vollziehung des A. G. 184. — Dinglicher, persönlicher A. bei Wegnahme, Festnahme als Mittel der Selbsthülfe G. 230. — Einfluß des A. auf Rücktrittsrecht G. 553; auf Wiederkaufsrecht G. 499; auf eine zum Grundbuch eingetragene Vormerkung G. 883. — Kein A. bei Nachlaßverwaltung G. 1984. — A. gegen den Vorerben G. 2115.

Arrha, s. Daraufgabe.

Assignation, s. Anweisung.

Aszendenten, s. Eltern, Großeltern, Urgroßeltern, Voreltern.

Aufbewahrung, s. Hinterlegungsvertrag. — Sicherheitsleistung durch bewegliche Sachen, deren A. schwierig ist G. 237; Versteigerung solcher Sachen G. 383.

Aufenthalt, Zwangsvollstreckung gegen den Hauptschuldner am Orte des A., sonst Einrede der Vorauslage des Bürgen G. 772, 773. — Bestimmung des Vaters über A. d. Kindes G. 1631.

Aufforderung zur Genehmigung der Verträge Minderjähriger G. 108; zur Genehmigung des Mannes zu Verträgen der Frau über eingebrachtes Gut G. 1396; zur Anmeldung von Erbrechten G. 1965, 2358; von Nachlaßforderungen G. 2061.

Aufgeben des Besitzes G. 856; des Eigenthums an einem Grundstück G. 928; an beweglichen Sachen G. 959. S. auch Aufhebung, Zueignung.

Aufgebot, Aufgebotsverfahren bei Todeserklärungen G. 13 ff.; zur Kraftloserklärung von Schuldverschreibungen auf den Inhaber G. 799, 808; zur Tilgung von Vormerkungen im Grundbuche G. 887; zum Zwecke der Erwerbung des Eigenthums an Grundstücken G. 927; gegen einen unbekannten Vorkaufsberechtigten G. 1104; gegen einen unbekannten Reallastberechtigten G. 1112; von Hypothekenbriefen G. 1162; des hypothekarischen Rechts G. 1170 f.; des unbekannten Gläubigers beim Schiffspfandrecht G. 1269; zur Eheschließung G. 1316. — A. der Nachlaßgläubiger G. 1790 ff., 2015; Einfluß auf Auseinandersetzung der Miterben G. 2045. — A. zur Anmeldung von Erbrechten G. 2358.

Aufhebung des Wohnsitzes G. 7, 8, 11; der Gemeinschaft G. 749 ff.; des Nießbrauchs durch Rechtsgeschäft G. 1062, 1064; der Hypothek durch Rechtsgeschäft G. 1183; des Pfandrechts durch Rechtsgeschäft G. 1255. — A. der Verwaltung und Nutznießung beim gesetzlichen Güterrecht G. 1418 ff.; der allgemeinen Gütergemeinschaft G. 1468 ff. — A. des Familienraths G. 1879 f.; des Erbvertrags G. 2290 ff.

Aufkündigung, s. Kündigung.

Auflage bei Schenkung G. 525 f. — Letztwillige Auflage, Begriff G. 1940. — A. werden vom Aufgebot der Nachlaßgläubiger nicht betroffen G. 1972. — Anfechtung einer A. G. 2081. — A. auf angewachsenen Erbtheil G. 2095; auf Vermächtniß G. 2186 f. — Letztwillige Auflagen: Anwendung der Vorschriften über letztwillige Zuwendungen und Vermächtniß G. 2192. — Bestimmung der Person des Bedachten durch Beschwerten, Dritten G. 2193. — Berechtigung der Forderung auf Vollziehung, öffentliches Interesse G. 2194. — Unwirksamkeit, Unmöglichkeit der A. G. 2195 f. — A. im Erbvertrag G. 2278 f., 2291. — Kürzung bei Pflichttheil G. 2318, 2322. — Wegfall bei Erbschaftskauf G. 2372.

Auflassung, s. Eintragsbewilligung. — Kosten der A. beim Grundstückskaufe G. 449. — Erwerb des Eigenthums an Grundstücken durch A. G. 925.

Auflauf, Landesgesetze über Schadensersatz E. 108.

Auflösende Bedingung G. 158, 160, 161.

Auflösung eines Vereins G. 41 ff.; eines eingetragenen Vereins G. 73 ff. — A. einer neuen Ehe bei Aufhebung der Todeserklärung G. 1348; Verhältniß zu den Kindern in solchem Falle G. 1637. — Einfluß der A. der Ehe auf gemeinschaftliches Testament G. 2268.

Aufnahme von Geld auf Kredit des Hauskindes G. 1643; des Mündels G. 1822.

Aufrechnung G. 387 ff. — A.

unterbricht Verjährung G. 209, 215. — A. Seitens Dritter zur Befriedigung der Gläubiger G. 268. — A. bei vertragsmäßigem Rücktrittsrechte G. 367. — Aufrechnung von Leistungen G. 387 ff.: Voraussetzungen G. 387; Aufrechnungserklärung G. 388; Rückwirkende Kraft der A. G. 389; Einfluß von Einreden, Verjährung G. 390; A. bei verschiedenen Leistungs-, Ablieferungsorten G. 391; A. gegen beschlagnahmte Forderungen G. 392; keine A. gegen Forderungen aus unerlaubten Handlungen G. 393; gegen unpfändbare Forderungen G. 394; geschuldeter Beiträge gegen Hebungen aus Kranken- u. s. w. Kassen G. 394; gegen Forderungen des Reichs, der Bundesstaaten, Gemeinden, Kommunalverbände G. 395; A. bei Mehrheit von Forderungen, Zinsen und Kosten G. 396. — A. gegen abgetretene Forderungen G. 406. — A.befugniß des Schuldübernehmers G. 417. — A. bei Gesammtschuldverhältniß G. 422. — A. des Schadensersatzanspruches wegen mangelnder Eigenschaften des Kaufgegenstandes nach Verjährung G. 479; des Anspruches auf Schadensersatz bei Viehmängeln G. 490. — A. gegen Miethzinsen G. 554; gegen Miethzinsforderung des Erwerbers eines vermietheten Grundstückes G. 575; gegen Forderung zum Gesellschaftsvermögen G. 719 f.; gegen eine verbürgte Forderung G. 770; des Mieth- oder Pachtzinses gegen Hypothekengläubiger G. 1125; der fälligen Hypothekenforderung G. 1142; zur Befriedigung des Pfandgläubigers G. 1224; gegen Forderungen, welche zum Gesammtgut gehören G. 1442. — Wiederaufhebung der A. bei Verwaltung oder Konkurs über Nachlaß G. 1977. — A. gegen Miterben G. 2040.

Aufruf, s. Aufgebot.

Aufruhr, Landesgesetze über Schadensersatz E. 108.

Aufschiebende Bedingung G. 158, 160, 161. — Vertrag über unmögliche Leistung mit a. B. G. 308. — Kauf auf Probe oder Besicht im Zweifel unter a. B. der Billigung geschlossen G. 495. — A. B. beim Mäklervertrag G. 652. — A. Einreden der Erben gegenüber den Nachlaßgläubigern G. 2014 ff. — A. Bedingung bei letztwilliger Zuwendung G. 2074; bei Einsetzung eines Nacherben G. 2108; bei Vermächtniß G. 2162, 2177, 2179.

Aufsicht, Aufsichtspflicht, Aufsichtsrecht, Haftung aus unerlaubten Handlungen bei versäumter A. G. 832; Haftung des Aufsichtsführers bei Verletzung durch Thiere G. 834. — A. des Vormundschaftsgerichts G. 1837 ff.

Aufsteigende Linie der Verwandtschaft, Verhältniß ihrer Unterhaltspflicht zu derjenigen der Abkömmlinge und unter einander G. 1606; desgl. des Unterhaltsanspruchs G. 1609.

Aufsuchen einer auf fremdes Grundstück gelangten Sache durch den Besitzer G. 867; den Eigenthümer G. 1005

Auftrag G. 662 ff.: Begriff, Unentgeltlichkeit G. 662; Ablehnung, Pflicht bestimmter Personen zur Erklärung derselben G. 663; im Zweifel Ausführung in Person, Haftung für Substituten, Gehülfen G. 664; Abweichen von den Weisungen

des Auftraggebers, Anzeige davon G. 665; Pflicht zur Auskunftsertheilung und Rechenschaft G. 666; Herausgabe des Erhaltenen G. 667; Verzinsung von Geldern, die Beauftragter für sich verwendet G. 668; Vorschuß G. 669; Ersatz von Aufwendungen, G. 670; Widerruf, Kündigung des A. G. 671; Einfluß des Todes, der eintretenden Geschäftsunfähigkeit des Auftraggebers G. 672; des Todes des Beauftragten G. 673; Erlöschen des A. aus anderem Grunde als durch Widerruf G. 674; Anwendung der Vorschriften über A bei Dienst- oder Werkvertrag auf Geschäftsbesorgung G. 675; Ertheilung eines Raths einer Empfehlung G. 675. — Geschäftsführung ohne A. s. Geschäftsführung. — Anwendung der Vorschriften über A. auf Testamentsvollstrecker G. 2218.

Auftraggeber, s. Auftrag.

Aufwand, Aufwendungen, s. Verwendungen, ehelichen Aufwand.

Auktionatoren, öffentlich angestellte G. 383, 457, 458.

Ausbesserungen, gewöhnliche trägt Pächter G. 582; Nießbraucher G. 1041, 1043, 1044; Anzeigepflicht desselben bei außergewöhnlichen A. G. 1042.

Ausbeute, eine Sache als Frucht G. 99.

Auseinandersetzung der Gesellschaft G. 730 ff.; des zu neuer Ehe Schreitenden mit den Kindern früherer Ehe G. 1314; nach Auflösung der Gütergemeinschaft G. 1471 ff.; der fortgesetzten Gütergemeinschaft G. 1497 ff.; der Errungenschaftsgemeinschaft G. 1546; mit den Kindern bei Wiederverheirathung G. 1669 ff.; mit dem angenommenen Kinde bei Eheschließung G. 1761; mit dem bevormundeten Kinde G. 1845. — A. der Miterben G. 2042 ff. (s. Miterben); durch Testamentsvollstrecker G. 2204.

Ausgleichungspflicht der Gesammtschuldner G. 426. — A. der Abkömmlinge G. 2050 ff.: Gegenstände G. 2050; Pflicht der an die Stelle des Pflichtigen tretenden weiteren Abkömmlinge G. 2051; A. bei Innehaltung der gesetzlichen Erbfolge durch den Erblasser G. 2052; Zuwendung an einen entfernten Abkömmling vor Wegfall des näheren G. 2053; aus dem Gesammtgute G. 2054; Inhalt der A., Berechnung G. 2055; keine Herauszahlung des Mehrbetrages G. 2056; Auskunftspflicht, Offenbarungseid der Pflichtigen G. 2057. — A. auf angemessenen Erbtheil G. 2095; bei Pflichttheil G. 2316; bei Erbschaftskauf G. 2372.

Auskunftspflicht G. 260; des bisherigen Gläubigers bei Abtretung von Forderungen G. 402; des Verkäufers G. 444; des Beauftragten G. 666; gegenüber dem ausscheidenden Gesellschafter G. 740; des Mannes hinsichtlich des eingebrachten Guts G. 1374; des Vormundes gegenüber dem Gegenvormund G. 1799; gegenüber dem Gericht G. 1839; des Gegenvormundes G. 1891; des Erbschaftsbesitzers G. 2027; des Hausgenossen des Erblassers G. 2028; bei Ausgleichungspflicht G. 2057; des Vorerben G. 2127; des Erben gegenüber dem Pflichttheilsberechtigten G. 2314; desjenigen,

welchem unrichtiger Erbschein ertheilt ist G. 2362.
Auslagen der Verwandten u.s w. bei Anhörung durch das Vormundschaftsgericht G 1847; der Mitglieder des Familienraths G. 1877.
Ausland, Wohnsitz der Ehefrau bei W. des Ehemannes im A. G. 10, vgl. E. 9. — Unerlaubte Handlung Deutscher im A. E. 12. — Deutsche Ehen im A. E. 14. — Ausländ. Recht bei Ehescheidung E. 17. — Beerbung Deutscher im A. E. 24. — Vergeltungsrecht gegen A. E. 31.
Ausländer, Erlaubniß zur Eheschließung G. 1315. — Erwerb der Reichsangehörigkeit, Beurtheilung der Volljährigkeit nach ausländischem Recht, der Geschäftsfähigkeit nach inländischem Recht E. 7. — Entmündigung E. 8. — Verschollenheitserklärung E. 9. — Rechtsfähigkeit ausländischer Vereine E 10. — Anwendung ausländischen Rechts für Eheschließung E. 13. — Güterrecht ausländischer Ehegatten E. 15. — Erwerb der Reichsangehörigkeit E. 16. — Vormundschaft, Pflegschaft über A. E. 23. — Beerbung von A. E. 25. — Erwerb von Grundstücken durch A., Fortbestand der Landesgesetze E. 88.
Ausländische Erbschaft, Erbschein G. 2369. — E. 26.
Ausländisches Gesetz, vertragsmäßige Bestimmung des ehelichen Güterstandes nach demselben G. 1433. — A.G. gegen gute Sitten E. 30. — S. auch Ausland.
Ausländische Währung bei Leistung einer Geldschuld G. 244.
Auslegung von Willenserklärungen G. 133; der Verträge G. 154 ff., 157; testamentarischer Bestimmungen G. 2066 ff., 2084.
Auslobung G. 657 ff.: Versprechen einer Belohnung für Vornahme einer Handlung, Herbeiführung eines Erfolges durch öffentliche Bekanntmachung G. 657. — Widerruf G. 658. — Vornahme der Handlung mehrmals oder durch Mehrere, Theilung der Belohnung, Loos, Hinterlegung G. 659 f.; A. einer Preisbewerbung, Frist, Entscheidung, Uebertragung des Eigenthums an dem Werke G. 661.
Ausscheiden eines Gesellschafters G. 737 ff.
Ausschlagung der Erbschaft G. 1942 ff. — A. von Erbschaft oder Vermächtniß ist keine Schenkung G. 517. — A. einer Erbschaft, einer Schenkung durch Frau ohne Zustimmung des Mannes G. 1406, 1453. — A. der Nacherbschaft G. 2142; des Vermächtnisses G. 2176, 2180; der Erbschaft oder des Vermächtnisses durch Pflichttheilsberechtigten G. 2306 ff.
Ausschlagungsfrist G. 1944.
Ausschließung der Verjährung durch Rechtsgeschäft G. 225; der Uebertragbarkeit einer Forderung durch Vereinbarung G. 399; eines Gesellschafters G. 737; des gesetzlichen Güterrechts durch Ehevertrag G. 1435; der fortgesetzten Gütergemeinschaft G. 1508; derselben durch letztwillige Verfügung G. 1509; eines Abkömmlings von fortgesetzter Gütergemeinschaft G. 1511 ff.; vom Amte des Vormunds G. 1782, 1898; gesetzlicher Erben G. 1938.
Ausschlußurtheil bei Todeserklärungen G. 13 ff.; beim

Aufgebot von Schuldverschreibungen auf den Inhaber G. 799 f.; bei Aufgebotsverfahren zum Zwecke des Eigenthumserwerbs an Grundstücken G. 927; beim Aufgebot der Hypothek G. 1170 f. — Wirkung des A. bei Aufgebot der Nachlaßgläubiger G. 1973.
Aussonderungsrecht, Nachlaßgläubiger mit A. G. 1971.
Ausspielvertrag G. 763.
Ausstattung eines gemeinschaftlichen Kindes durch den Mann bei Gütergemeinschaft G. 1465. — A. bei Aufhebung der Gütergemeinschaft G. 1477; der fortgesetzten Gütergemeinschaft G. 1499. — A. ist eingebrachtes Gut bei Errungenschaftsgemeinschaft G. 1521. — A. eines Kindes durch den Mann bei Errungenschaftsgemeinschaft G. 1538. — Schenkung von unbeweglichem Vermögen zur A. bei Fahrnißgemeinschaft G. 1551. — Erwerb von Gegenständen zur A. bei Fahrnißgemeinschaft, welche theils Gesammtgut, theils eingebrachtes Gut sind G. 1556. — Verpflichtung der Eltern zur Aussteuer einer Tochter G. 1620 ff.; zur A. eines Kindes G. 1624 f. — A. aus dem Vermögen eines bevormundeten Volljährigen G. 1902. — Ausgleichungspflicht G. 2050.
Ausstellung von Schuldverschreibungen auf den Inhaber, Erfordernisse G. 793 ff.
Aussteuer G. 1620. — S. auch Ausstattung.
Austritt aus einem Vereine G. 39.
Ausübung der Mitgliedschaftsrechte eines Vereins nicht übertragbar G. 38; der Grunddienstbarkeit G. 1020, 1023, 1026, 1029; der beschränkten persönlichen Dienstbarkeit G. 1092.
Auswahl, s. Wahlrecht. — A. des Vormunds G. 1779
Außerehelich, s. Unehelich. — A. Beiwohnung mit Hinterlist u. s. w. G. 825.
Außerkundsetzung von Schuldverschreibungen auf Inhaber, Uebergangsbestimmung E. 176.
Außerordentlicher Pflichttheil G. 2325 ff.
Außerordentliche Testamentsform G. 2249 ff.
Auszug, Auszugsleistungen, Verjährung der Ansprüche aus Rückständen G. 197 — Nießbrauch am A. G. 1073.
Auszugsvertrag, s. Fortbestand der Landesgesetze E. 96.

B.

Baares Geld, s. Geld.
Baarzahlung beim Pfandverkauf G. 1238.
Badisches Recht, Uebergangsbestimmungen E. 154, 156, 157, 200, 208, 211.
Bahneinheiten, E. 112.
Bank, Zinsen aus Zinsen G. 248. — Anlegung von Mündelgeld bei einer B. G. 1808.
Bannrechte, Fortbestand der Landesgesetze E. 74.
Bau, s. Gebäude.
Bauliche Anlage als Gegenstand der Grunddienstbarkeit G. 1022.
Baum auf der Grenze G. 907. — Hinüberragen von Wurzeln oder Zweigen in fremdes Grundstück G. 910; Ueberfallen von Früchten G. 911. — Recht an dem B. auf der Grenze und seinen Früchten; Recht auf Beseitigung G. 923. — Landesgesetze E. 124. — S. auf Obstbäume, auch E. 181, 183.

Bauwerk, Mängel desselben, Verjährung des Anspruches aus solchen beim Werkvertrage G. 638. — Anspruch des Unternehmers eines B. auf Sicherungshypothek G. 648. — B. als Gegenstand des Erbbaurechts G. 1012.
Bäuerliches Nutzungsrecht an Grundstücken; Fortbestand der Landesgesetze E. 63, 197.
Bayerische Gesetze, Uebergangsbestimmungen E. 165.
Beamte, Abtretung von Gehaltsansprüchen G. 411. — Kündigung des Miethverhältnisses bei Versetzung G. 570; nicht des Pachtverhältnisses G. 596. — Verletzung der Amtspflicht G. 839 f. — Erlaubniß zur Eheschließung G. 1315; zur Uebernahme der Vormundschaft G. 1784, 1888. — Fortbestand der Landesgesetze über Haftung des Staats für seine Beamte E. 77; der Beamten für Stellvertreter und Gehülfen E. 78; über Ansprüche und Verbindlichkeiten der Beamten aus dem Dienstverhältnisse E. 80; über Uebertragung der Gehalts- u. s. w. Ansprüche E. 81, — S. auch Reichsbeamte.
Bearbeitung einer beweglichen Sache, Eigenthumserwerb G. 950.
Beaufsichtigung, s. Aufsicht.
Beauftragung, Beauftragter, s. Auftrag.
Bedenkzeit, s. Ausschlagungsfrist.
Bedingte Verbindlichkeit, Bürgschaft dafür G. 765. — Hypothek für d. Forderung G. 1113; desgl. Pfandrecht G. 1204, 1209.
Bedingung, G. 158 ff: Aufschiebende, auflösende B. G. 158. — Keine Rückwirkung beim Eintritte G. 158. — Herstellung des früheren Zustandes bei Eintritt der auflösenden B. G. 158. — Rückbeziehung nach dem Willen der Betheiligten G. 159. — Schadensersatzpflicht bei Vereitelung oder Beeinträchtigung des bedingten Rechts G. 160. — Verfügung während schwebender B. G. 157. — Verhinderung oder Bewirkung des Eintritts der B wider Treu und Glauben G. 161. — Aufschiebende B. bei Vertrag über unmögliche Leistung G. 308. — B. bei Aufrechnungserklärung unzulässig G. 388. — Aufschiebende B. der Billigung bei Kauf auf Probe oder Besicht G. 495. — Aufschiebende B. beim Mäklervertrag G. 652. — Keine B. bei Auflassung G. 925; bei Eheschließung G. 1317; bei Anerkennung eines Kindes G. 1598; bei Ehelichkeitserklärung G. 1724; bei Annahme an Kindesstatt G. 1742; bei deren Aufhebung G. 1768; bei Annahme oder Ausschlagung der Erbschaft G. 1947. — B. bei Einsetzung der gesetzlichen Erben G. 2066; bei letztwilliger Zuwendung überhaupt, aufschiebende G. 2074; auf willkürliche Handlung des Bedachten (cautio Muciana) G. 2075; zum Vortheil eines Dritten G. 2076. — Aufschiebende B. bei Einsetzung eines Nacherben G. 2108; bei Vermächtniß G. 2162, 2177, 2179; bei Annahme oder Ausschlagung desselben G. 2180; bei Annahme oder Ablehnung des Amts als Testamentsvollstrecker G. 2202. Bedingte Rechte und Verbindlichkeiten bei Berechnung des Pflichttheils G. 2319.
Bedürfniß des Berechtigten,

Umfang der Dienstbarkeit G. 1091.
Beerdigungskosten, bei Tödtung G. 844; als Unterhaltsanspruch G. 1615, 1713; B. des Erblassers G. 1968.
Beförderungsmittel einer Behörde oder Verkehrsanstalt, gefundene Sachen G. 978 ff.
Befreite Vormundschaft, G. 1852 ff., 1909 ff. (s. Vormundschaft). — B. Pflegschaft G. 1917. B. Testamentsvollstrecker G. 2220. — S. auch E. 136.
Befreiung von dem Erfordernisse der Ehemündigkeit G. 1303; der Wartezeit für Frauen G. 1313; dem Hindernisse des Ehebruchs G. 1312; vom Aufgebot G. 1316; der Zuständigkeit G. 1322; vom Erfordernisse des Lebensalters bei Adoption G. 1745; des Vorerben von gesetzlichen Beschränkungen gegenüber dem Nacherben G. 2136.
Befriedigung, Versprechen der B. eines Gläubigers ohne Schuldübernahme G. 329.
Befristung, G. 163.
Beginn, s. Anfang.
Beglaubigung eines Handzeichens G. 129; öffentliche B. einer Erklärung G. 129; der Unterschrift des Testamentsvollstreckers G. 2215.
Begleiter des Gastes, Stellung ihrer Handlungen zur Haftpflicht des Gastwirths G. 701.
Begräbniß, s. Beerdigung.
Begräbnißplätze, Landesgesetze E. 133.
Begrenzung des Eigenthums 903 ff.
Behörden, Willenserklärung gegenüber B. G. 130. — Berechtigung der zuständigen B. zur Vollziehung von Auflagen im öffentlichen Interesse bei Schenkungen G. 525. — Behandlung der in Geschäftsräumen öffentlicher B. gefundenen Sachen G. 978 ff. — Förderung der Vollziehung von Auflagen im öffentlichen Interesse G. 2194.
Beischlaf, außerehelicher mit Hinterlist u. s. w. G. 825. — Entschädigung G. 847. — B von Verlobten G. 1300. — B. Mehrerer G. 1717.
Beistand der Mutter bei Ausübung der elterlichen Gewalt G. 1687 ff. — B. von Verschwendern nach französischem oder badischem Recht, Uebergangsbestimmung E. 156, desgl. von Geistesschwachen E. 211. — S. auch E. 160.
Beitrag der Gesellschafter G. 705 ff. — B. der Frau aus dem Vorbehaltsgut zum ehelichen Aufwande G. 1371.
Beiwohnung, s. Beischlaf.
Beglaubigung von Unterschriften und Handzeichen G. 126, 129.
Bekanntmachung, öffentliche, der Auflösuug eines Vereins G. 50; der Versteigerung G. 383; bei Auslobung G. 657; beim Finden von Sachen in den Räumen und Beförderungsmitteln öffentlicher Behörden und Verkehrsanstalten G. 980 ff.; beim Pfandverkauf G. 1237; der Eintragung in das Güterrechtsregister G. 1562; der Aufforderung zur Anmeldung von Erbrechten G. 1965; zur Anmeldung von Nachlaßforderungen G. 2061.
Belastung der Sache mit Rechten Dritter, Ausschluß des Rücktrittsrechts G. 353. — B. des Vermächtnißgegenstandes G. 2165 ff.

Beleihungsgrenze für Mündelgeld in Grundstücken G. 1807.
Belohnung, s. Auslobung.
Benachrichtigung, s. Anzeige. — B. von Testamentseröffnung G. 2262.
Benefiziaterbe, s. Inventarerbe.
Benennung des Vormundes G. 1776 ff., 1898.
Benutzung von Sachen, Werthvergütung bei Rücktrittsrecht G. 346; von Sachen eines Gesellschafters G. 732, 738; der Nießbrauchssache G. 1036 ff.
Berechnung der Fristen G. 187 ff.; des Pflichttheils G. 2311 ff.
Berechtigungen an Grundstücken, Anwendung der Vorschriften für Eigenthumserwerb an Grundstücken E 196.
Bereicherung, ungerechtfertigte aus gegenseitigen Verträgen, Zurückforderung des Geleisteten G. 323, 327. — B. als Voraussetzung der Schenkung G. 516. — Haftung des geschäftsunfähigen Geschäftsführers ohne Auftrag für B, G. 682; Anspruch desselben auf Herausgabe des durch u. B. des Geschäftsherrn Erhaltenen G. 684. — U. B im Allgemeinen G. 812 ff. — Herausgabe des ohne Rechtsgrund auf Kosten eines Anderen Erlangten G. 812. — Erfüllung einer Verbindlichkeit, welcher eine peremtorische Einrede entgegensteht, einer betagten Verbindlichkeit, keine Zwischenzinsen G. 813. — Bewußtsein der Nichtverpflichtung, Erfüllung einer sittlichen oder Anstandspflicht G. 814. — Rückforderung wegen Nichteintritt des bezweckten Erfolges G. 815. — Herausgabe des durch unbefugte Verfügung Erlangten, auch Seitens Dritter G. 816. — Leistung gegen gesetzliches Verbot oder gute Sitten G. 817. — Uebernahme einer Verbindlichkeit gegen solche G. 817. — Umfang der Herausgabepflicht, Nutzungen, Ersatz für Beschädigung u. s. w., Ersatz des Werthes bei Unmöglichkeit der Herausgabe G. 818. — Kenntniß des Empfängers vom Mangel des rechtlichen Grundes, Annahme gegen gesetzliches Verbot oder gute Sitten G. 819. — Nichteintritt eines ungewissen Erfolges, Herausgabe von Nutzungen, Entrichtung von Zinsen G. 820. — Weigerung der Erfüllung einer Verbindlichkeit ohne Rechtsgrund auch nach Verjährung des Befreiungsanspruches G. 821. — Herausgabepflicht des Dritten, welchem die u. B. unentgeltlich zugewendet worden G. 822. — Herausgabe des durch unerlaubte Handlung Erlangten nach den Vorschriften über u. B. G. 852. — Anwendung der Vorschriften über u. B. bei Eigenthumsverlust durch Verbindung, Vermischung, Verarbeitung G. 951. — Herausgabe der B. beim Funde G. 977. — B. des Gesammtguts G. 1455; bei der Errungenschaftsgemeinschaft G. 1539 f. — Grundsätze der u. B. bei Herausgabepflicht des Erbschaftsbesitzers G. 2021; bei Unmöglichkeit der Auflage G. 2196.
Bergbau, Entschädigung E. 67.
Bergrecht, Fortbestand der Landesgesetze E. 67
Bergwerk, Nießbrauch an einem B. G. 1038. — Zugehörigkeit zur Nacherbschaft G. 2123.
Berichtigung des Inhalts des Grundbuchs G. 894 ff.; des Schiffsregisters G. 1263.

Beruf, s. Lebensberuf.
Berufung, als Beistand, G. 1694; als Vormund, Reihenfolge G. 1776; zur vorläufigen Vormundschaft G. 1907; zur Pflegschaft G. 1917; zur Erbschaft G. 1942. — Mehrheit von Berufungsgründen G. 1948, 1951.
Beschädigung fremder Sachen als Selbsthülfe G. 228 f., durch Thiere G. §§ 833 ff. — Anzeigepflicht der Nießbraucher bei B. G. 1042.
Beschlagnahme, Aufrechnung gegen beschlagnahmte Forderungen G. 392. — Wirkung der B. zu Gunsten eines Hypothekengläubigers auf die Haftung von Erzeugnissen u. s. w. der Grundstücks G. 1121 ff.
Beschränkte Geschäftsfähigkeit, s. Geschäftsfähigkeit, Geschäftsunfähigkeit.
Beschränkte persönliche Dienstbarkeiten G. 1090ff. — Landesgesetzliche Verbote solcher E. 115. — Uebergangsbestimmung für Besitzschutz derselben bis zur Anlegung des Grundbuchs E. 191.
Beschränkungen des Eigenthums, s. Begrenzung, Eigenthumsbeschränkungen.
Beschwerter, s. Auflage, Vermächtniß.
Besicht, Kauf auf B. G. 495 f.
Besichtigung, s. Vorlegung.
Besitz. Recht des Besitzers einer fremden Sache zur Befriedigung eines Gläubigers G. 268. — Berechtigung des zur Herausgabe eines Grundstücks verpflichteten Schuldners zur Aufgabe des B. bei Verzug des Gläubigers G. 303. — Der Besitzer eines Grundstücks für den aus Einsturz entstehenden Schaden verantwortlich G. 836. — Ersatzleistung, Rückgabe aus unerlaubter Handlung an den B. befreit von Ansprüchen des Eigenthümers G. 851. — Besitz im Allgemeinen G. 854 ff. — Besitzerwerb, thatsächliche Gewalt, Einigung des bisherigen Besitzers und des Erwerbers G. 854. — Thatsächliche Gewalt für einen Anderen, letzterer ist Besitzer G. 855. — Besitzverlust durch Aufgeben oder Verlieren der thatsächlichen Gewalt G. 856. — Vererblichkeit des B. G. 857. — Verbotene Eigenmacht, Fehlerhaftigkeit des Besitzes, Wirkung derselben für den Nachfolger im B. G. 858. — Nothwehr gegen v. E., Wiederbemächtigungsrecht, Nachtheile, Entsetzung aus Grundstücken G. 859. — Dieselben Rechte hat der für einen Andern Besitzende G. 860. — Anspruch auf Wiedereinräumung des B. bei Besitzentziehung gegen den fehlerhaft Besitzenden G. 861. Anspruch wegen Besitzstörung G. 862. — Einwendungen aus dem Recht zum Besitz oder zur Vornahme der Störung G. 863. — Erlöschen der Ansprüche aus v. E. G. 864. — Schutz des Besitzers von Theilen einer Sache G. 865; der Mitbesitzer G. 866; des B. einer auf ein fremdes Grundstück gelangten Sache G. 867. — Ausdehnung des Besitzschutzes auf den mittelbaren Besitz (Nießbraucher, Pfandgläubiger u. s. w.) G. 868. — Uebertragung des mittelbaren Besitzes G. 871. — Eigenbesitz G. 872. — Pflichten und Rechte des Besitzers gegenüber dem Eigenthümer G. 985 ff. (s. Eigenthumsanspruch). — Eigenthumsvermuthung zu Gunsten

des B. einer beweglichen Sache G. 1006. — Schutz des B. einer Grunddienstbarkeit G. 1029. — B. des Nießbrauchers G. 1036. — Gemeinschaftlicher B. des Nießbrauchers und des Eigenthümers an Inhaber- oder Orderpapieren G. 1081. — B. des Manns am eingebrachten Gute G. 1373; am Gesammtgut G. 1443. — Vermächtniß des B. einer Sache G. 2169. Uebergangsbestimmung für bestehendes Besitzverhältniß E. 180; für Besitzschutz von Grunddienstbarkeiten und beschränkten persönlichen Dienstbarkeiten bis zur Anlegung des Grundbuchs E. 191.

Besitzergreifung, als Form des Eigenthumserwerbs an Früchten, G. 955 f.

Besitzer, s. Besitz.

Besitzklage, s. Besitz.

Besitzschutz, s. Besitz.

Besitzstand bei Grenzverwirrung G. 920.

Besoldungen, Verjährung der Ansprüche aus Rückständen, G. 196. — Uebertragung der B., Landesgesetze E. 81.

Besondere Gerichte, Geltendmachung von Ansprüchen vor denselben, Verjährung G. 220.

Besserungsanstalt, Unterbringung eines Kindes G. 1666; eines Mündels G 1388. — Fortbestand von Landesgesetzen E. 135.

Bestätigung nichtiger Rechtsgeschäfte, Verträge G. 141; anfechtbarer Rechtsgeschäfte G. 144; Gerichtliche B. der Annahme an Kindesstatt G. 1741, 1753, 1754, 1756. — B. des Erbvertrages G. 2284.

Bestallung des Vormundes G. 1791, 1881, 1893.

Bestandtheile, wesentliche, einer Sache G. 93; eines Grundstückes G. 94 f. — Ein Grundstück als B. eines anderen G. 890. — Verbindung einer beweglichen Sache mit einem Grundstück zu w. B. G. 946; beweglicher Sachen zu w B. einer einheitlichen Sache G. 947. — Eigenthumserwerb an B. einer Sache G. 953 ff. — Haftung der B. eines Grundstücks für die Hypothek G. 1120 ff.

Bestellung des Vereinsvorstandes G. 27. — B. des Beistandes, Vormundes s. d. W.

Besteller, s. Werkvertrag.

Bestellungskosten bei Rückgabe des verpachteten landwirthschaftlichen Grundstücks G. 591 f.

Bestimmung der Leistung durch Einen der Vertragschließenden G. 315 f.; durch einen Dritten G. 317 ff.; der Person des letztwillig Bedachten durch einen Dritten, desgl. des Gegenstandes der Zuwendung G. 2065.

Betagte, s. Anfangstermin, Befristung. Vorzeitige Erfüllung einer b. Verbindlichkeit G. 813

Betrug, s. Täuschung.

Betrunkenheit, s. Trunkenheit.

Beugung des Rechts G. 839.

Beurkundung der Anmeldung zum Vereinsregister G. 77; des Stiftungsgeschäftes G. 81; des Vertrages G. 152, 154; der Anträge auf Ehelichkeitserklärung G. 1730. — Landesgesetze über B. von Rechtsgeschäften E. 141, 142. — Aenderungen der Gesetze betr. die Beurkundung des Personenstandes E. 40, 46.

Bevollmächtigung, s. Vollmacht.

Bewässerung, Fortbestand der Landesgesetze E. 65.

Bewaffnete Macht, Angehörige einer, Todeserklärung G. 15.

Beweggründe, s. Irrthum, Drohung, Täuschung.
Bewegliche Sachen, gewerbsmäßige Vermiethung derselben, Anspruchsverjährung G. 196. — Verpfändung b. S. zur Sicherheitsleistung G. 232, 237. — Schadensersatz beim Verkaufe von b. S., an denen Besitzrechte Dritter bestehen G. 440 f. — Verjährung des Anspruches auf Gewährleistung G. 477. — Erwerb und Verlust des Eigenthums an b. S. G. 929 ff.; Eigenthumsvermuthung zu Gunsten des Besitzers G. 1006. — Bestellung des Nießbrauchs an b. S. G. 1032; Ersitzung desselben G. 1033. — Erwerb b. S. mit Mitteln eines Kindes unter väterlicher Gewalt G. 1646.
Bewegliches Vermögen, s. Fahrnißgemeinschaft.
Beweis, Beweislast. Beweislast bei vertretbarer Unmöglichkeit der Leistung G. 282; des Schuldners bei Bestreiten der Verwirkung der Vertragsstrafe G. 345; bei behaupteter Uebermäßigkeit der Vertragsstrafe G. 343. — B. beim Rücktrittsrecht G. 358. — B. bei behaupteter nicht gehöriger Erfüllung nach Annahme der Leistung G. 363. — B. des Rechtsmangels beim Verkaufe G. 442. — Sicherung des B. bei Mängeln der verkauften Sache G. 477 ff. — B. des Vermiethers bei Hinderung des Gebrauches der Miethsache G. 542; des Unternehmers bei Rücktritt des Bestellers vom Werkvertrage wegen nicht rechtzeitiger Herstellung G. 636. Beweislast beim Verschulden Angestellter G. 831; bei versäumter Aufsichtspflicht G. 832; bei Verletzung durch Thiere G. 834; des Widerspruchs gegen Ueberbau G. 912. — B. des Grundes für Pflichttheilsentziehung G. 2336.
Beweisaufnahme bei Antrag auf Erbschein G. 2358.
Beweislast, Beweispflicht, s. Beweis.
Beweisurkunden, Herausgabe bei Uebertragung der Forderung G. 402; beim Kauf G. 444.
Bewirthschaftung eines verpachteten landwirthschaftlichen Grundstücks, Aenderung G. 583.
Bewußtlosigkeit, Nichtigkeit der Willenserklärung G. 105. — B. bei unerlaubten Handlungen G. 827. — Nichtigkeit der Ehe wegen B. bei Schließung G. 1325
Bienen, Bienenschwarm G. 961 ff. Verfolgung derselben G. 961; Betreten fremder Grundstücke G. 962; Oeffnen fremder Bienenwohnungen G. 962. — Miteigenthum an vereinigten ausgezogenen Bienenschwärmen G. 963. — B. in fremder besetzter Bienenwohnung G. 964.
Bigamie, s. Doppelehe.
Bilanz eines Erwerbsgeschäfts mit kaufmännischer Buchführung als Vormundschaftsrechnung G. 1841.
Billiges Ermessen bei Bestimmung der Leistung durch einen der Vertragschließenden G. 315; durch einen Dritten G. 317, 319.
Billigung bei Kauf auf Probe oder Besicht G. 495 f.
Blankoindossament, Nießbrauch an Orderpapieren mit B. G. 1081 ff. (s. auch Orderpapiere).
Blinde, Pflegschaft G. 1910.
Boden, s. Grund und Boden.
Bodenbestandtheile, Ausnutzung durch den Nießbraucher

G. 1037, den Vorerben G. 2123.
Börsenpreis, Verkauf geschuldeter Sachen zum B. G. 385; des Pfandes G. 1221, 1235; des verpfändeten, indossabelen Papiers G. 1295.
Bösliche Verlassung als Ehescheidungsgrund G. 1567.
Brandschaden, Versicherung der Nießbrauchssache gegen B. G. 1045 f.
Brauhaus, Zubehör G. 98. — B. in Nutzung von Realgemeinden, Uebergangsbestimmung E. 164.
Braut, s. Verlöbniß.
Brautgeschenke, Rückgabe beim Rücktritt G. 1301.
Brautkinder E. 208.
Briefwechsel zur Wahrung der Schriftform für Verträge G. 127.
Bruchtheile eines künftigen Vermögens, Vertrag auf Uebertragung ist nichtig G. 310. — Form des Vertrages auf Uebertragung eines B. des gegenwärtigen Vermögens G. 311. — Gemeinschaft nach B. G. 741. — B. beim Miteigenthum G. 1008. — Vorkaufsrecht am B. eines Grundstücks G. 1095; desgl. Reallast G. 1106; desgl. Hypothek G. 1114. — B. der Erbschaft G. 2087 ff. (s. Erbeinsetzung). — B. bei Vermächtniß G. 2153. — Uebergangsbestimmung für bestehende Gemeinschaft nach B. E. 173; für Miteigenthum nicht nach B. E. 181.
Bruder als Nacherbe G. 2109; als Vermächtnißnehmer G. 2163.
Buchforderung gegen Reich oder Bundesstaat, Umwandlung von Inhaberpapieren in solche zu Gunsten der Frau bei Gefährdung des eingebrachten Guts G. 1393; des Kindervermögens G. 1667; des Mündelvermögens G. 1815 f., 1820, 1853; der Nacherbschaft G. 2117 f. — Landesgesetze über B. E. 97. — S. auch E. 179.
Buchhypothek, s. Hypothek ohne Hypothekenbrief.
Büdnerrecht, landesgesetzliches, Fortbestand E. 63.
Bürgschaft, Bürge. Einreden der B., welche die Anspruchsverjährung nicht hemmen G. 202, 770. — B. zur Sicherheitsleistung G. 232, 239. — Uebergang der B. mit Abtretung der Forderung G. 401. — Erlöschen der B. bei Schuldübernahme G. 418. — Bürgschaft im Besonderen G. 765 ff.: Bürgschaftsvertrag, künftige, bedingte Hauptverbindlichkeit G. 765. — Schriftform G. 766. — Umfang der Haftung des Bürgen, Veränderung der Hauptverbindlichkeit, Kosten der Kündigung und Rechtsverfolgung G. 767. — Einreden aus der Person des Hauptschuldners G. 768. — Mitbürgen haften als Gesammtschuldner, keine Einrede der Theilung G. 769. — Anfechtungs-, Aufrechnungsrecht des Hauptschuldners G. 770. — Einrede der Vorausklage G. 771 ff.; erfolglose Zwangsvollstreckung G. 771, insbesondere bei Geldforderungen in das bewegliche Vermögen des Hauptschuldners; Pfandrecht, Zurückbehaltungsrecht gegen denselben G. 772. — Fälle, wo die Einrede ausgeschlossen ist G. 773. — Regreß der B. gegen den Hauptschuldner, Uebergang der Forderung des Gläubigers auf den B. unbeschadet besonderen Rechtsverhältnisses zwischen Hauptschuld-

ner und B. G. 774. — Haftung der Mitbürgen unter einander G. 774. — Anspruch des B. gegen den Hauptschuldner auf Befreiung oder Sicherheitsleistung G. 775. — Wirkung des Aufgebens eines Vorzugsrechts, eines Pfandrechts, Hypothek; Mitbürgschaft durch den Gläubiger G. 776. — Bürgschaft auf bestimmte Zeit G. 777. — Kreditauftrag wird nach den Vorschriften über B beurtheilt G. 778. — B. durch Vormund G. 1822.

Bundesangehörigkeit, siehe Staatsangehörigkeit.

Bundesrath, Verleihung der Rechtsfähigkeit an Vereine G. 23, E. 10. — Auflösung von Vereinen G. 44. — Genehmigung von Stiftungen G. 80.

Bundeskonsulate, Gesetz betr. die Organisation u. s. w. Aenderungen E. 38.

Bundesstaaten, Verleihung der Rechtsfähigkeit an Vereine G. 22. — Genehmigung von Stiftungen G. 80. — Aufrechnung gegen Forderungen der B. G. 395. — Ausgabe von Schuldverschreibungen auf den Inhaber, Genehmigung G 795. — Zuständigkeit für Befreiung von Ehehindernissen G. 1322; von bestimmtem Lebensalter bei Annahme an Kindesstatt G. 1745. — Ehelichkeitserklärung G. 1723. — Anlegung von Mündelgeld in Schuldverschreibungen eines B. G. 1807, 1815 f. — Buchforderungen der Nacherbschaft G. 2117. f. — Landesgesetze über Staatsschuldbuch der B. E. 97.

Buße, G. 847.

C.

Chikane G. 226.

Civilprozeßordnung, Geltung ihrer Vorschriften bei Zustellung von Willenserklärungen G. 132; bei Bekanntmachung der Kraftloserklärung von Vollmachtsurkunden G. 176. — Aenderungen der C. E. 1, 33. — S. auch E. 152.

Cautio Muciana G. 2075.

D.

Dampf, Zuführung von D. auf ein fremdes Grundstück G. 906.

Dampfschifffahrts-Unternehmungen, Landesgesetze über Schadloshaltung durch solche E. 125.

Damwild, Schaden durch D. G. 835.

Daraufgabe, G. 336 ff. — Zeichen des Vertragsabschlusses G. 336. — Anrechnung, Zurückgabe G. 337, 338.

Daraufgeld, s. Daraufgabe.

Darlehen, G. 607 ff. — Empfang von Geld oder vertretbaren Sachen mit Verpflichtung der Zurückerstattung in gleicher Art, Güte, Menge G. 607. — Bedungene Zinsen, Zahlungszeit G. 608. — Fälligkeit des D., Kündigung, Frist derselben G 609. — Darlehensversprechen, Befugniß zum Widerrufe G. 610. — Anwendung der Vorschriften über D. auf den Hinterlegungsvertrag über vertretbare Sachen G. 700. — D. einer Kreditanstalt, Erforderniß der Eintragung zu Hypothek G. 1115. — D. der Pfandleihanstalten E. 94.

Darlehenshypothek G. 1139, E 118.

Darlehensvertrag, s. Darlehen.

— Verwahrung vertretbarer Sachen als D. G. 700.
Datum der Eintragung im Grundbuch G. 879.
Dauer der Leihe G. 604. S. Zeit.
Deichrecht, Fortbestand der Landesgesetze E. 66.
Delegation, s. Schuldübernahme.
Deliktsobligationen, s. Schuldverhältnisse aus unerlaubten Handlungen, unerlaubte Handlungen.
Denunziation, s. Anzeige.
Deposition, s. Hinterlegung.
Depositum irregulare G. 700.
Dereliktion, s. Aufgeben.
Deszendenten, s. Abkömmlinge.
Deutscher, Pflicht zur Uebernahme von Vormundschaften G. 1785. — Anwendung des Deutschen Rechts auf D. E. 12 ff.
Deutsche Sprache, Protokoll über Testamentserrichtung G. 2240. — Erblasser, welcher der D. S. nicht mächtig G. 2244 f.
Deutsches Recht, Anwendung E. 12 ff.
Dienendes Grundstück, siehe Grunddienstbarkeiten.
Dienstbarkeiten G. 1018 ff. (S. im Uebrigen Grunddienstbarkeiten, Nießbrauch, persönliche Dienstbarkeiten.) — Fortbestand der Landesgesetze über Ablösung u. s. w. von D. E. 113, 114; — über D. an nicht ins Grundbuch eingetragenen Grundstücken E. 128.
Dienstberechtigter, s. Dienstvertrag.
Dienstboten, Dienstleute, s. Gesinde.
Dienste, Dienstleistungen, Anspruchsverjährung G. 196. — Werthvergütung für geleistete D. beim Rücktrittsrecht G. 346. — D. als Beitrag zur Gesellschaft, G. 706, 733. — Entschädigung für D., welche Dritten durch Verletzung einer Person entgangen sind G. 844. — Unentgeltliche D. des Hauskindes G. 1617. — D. des Vormundes, für welche Ersatz zu beanspruchen G. 1835.
Diensteinkommen, Abtretung von Ansprüchen auf D. G. 411, E. 80, 81.
Dienstsiegel, s. Siegel.
Dienstverhältniß, Aufsuchen eines neuen durch Dienstboten, Zeitgewährung dazu G. 629. — D. zum Erblasser, Auslegung der Bedeutung im Testament G. 2071.
Dienstverpflichteter, s. Dienstvertrag.
Dienstvermittelung, G. 655.
Dienstvertrag Minderjähriger G. 113. — D. im Allgemeinen G. 611 ff. Inhalt: Dienstleistung jeder Art, Vergütung G. 611; stillschweigende Vereinbarung der Vergütung (operae locari solitae), Taxe, Ueblichkeit G. 612; Leistung, Empfang der Dienste in Person G. 613; Vorleistung des Dienstverpflichteten, Zeit der Vergütung G. 614; Verzug des Dienstberechtigten in Annahme der Dienste G. 615; vorübergehende Verhinderung des Dienstverpflichteten, Anrechnung des aus Kranken- und Unfallversicherung Zukommenden G. 616; Krankheit des Dienstverpflichteten G. 617 f.; Fürsorgepflicht des Dienstberechtigten G. 618 f.; Endigung des D. durch Zeitablauf G. 620; Kündigung des D. von nicht bestimmter Dauer G. 620, 623 f.; von Dienstverhältnissen höherer Art (operae liberales) G. 622, 627; Außerordentliches Kündi-

gungsrecht G. 626 ff. — D. auf Lebenszeit, auf länger als fünf Jahre G. 624. — Stillschweigende Verlängerung des D. G. 625; Kündigung ohne Frist bei wichtigem Grunde G. 626; Regelung der gegenseitigen Ansprüche bei außerordentlicher Kündigung G. 628; Arbeits- und Führungszeugniß G. 630. — D., der eine Geschäftsbesorgung zum Gegenstande hat G. 675. — D. des Mündels G. 1822, 1827. — Uebergangsbestimmung für bestehendes Dienstverhältniß E. 171. — S. auch Werkvertrag, Gesinde.

Dies interpellat pro homine G. 284.

Differenzgeschäft G. 764.

Diligentia, s. Sorgfalt.

Dingliche Rechte, Berechnung der Verjährungszeit bei Rechtsnachfolge G. 221.

Dispensation, s. Befreiung.

Dispositionsbeschränkung, s. Verfügungsbeschränkung, Geschäftsfähigkeit, Geschäftsunfähigkeit.

Dissens beim Vertragsschluß G. 154 f.

Dolmetscher, Zuziehung bei Testamentserrichtung G. 2244 f., 2250.

Domizil, s. Wohnsitz.

Doppelehe, Ehehinderniß, G. 1309. — Nichtigkeit wegen D. G. 1326. — D. als Scheidungsgrund G. 1565, als Grund zur Entziehung des Pflichttheils von Ehegatten G. 2335.

Dreißig Jahre, Frist für Anfechtung von Willenserklärungen G. 121, 124. — Regelmäßige Verjährungsfrist G. 195; für rechtskräftig festgestellte Ansprüche G. 218. — Frist für Erlöschen des gläubigertischen Rechts auf einen hinterlegten Betrag G. 382. — Frist für Wiederkaufsrecht bei Grundstücken G. 503. — Miethvertrag auf länger als d. J. G. 567 — Vorlegungsfrist für Schuldverschreibung auf den Inhaber G. 1801. — D. J. Eigenbesitz von Grundstücken G. 900, 927. — Unwirksamkeit der Nacherbschaft G. 2109, des Vermächtnisses G. 2136 f.

Dritte, Leistung durch D. G. 267 f. Vertrag über den Nachlaß eines noch lebenden D ist nichtig G. 312. — Bestimmung der Leistung bei Verträgen durch D. G. 317 ff. — Versprechen der Leistung an einen D. G. 328 ff. — Leistung an D. als Erfüllung G. 362. — Begründung von Rechten D. an dem Gegenstande des Wiederkaufs G. 499. — Belastung eines vermietheten Grundstücks mit Rechten D., Verhältniß des Miethers G. 577 ff. — Ueberlassung der geliehenen Sache an D. G. 603. — Herausgabepflicht eines D., welchem die ungerechtfertigte Bereicherung vom Empfänger unentgeltlich zugewendet ist G. 822. — Zustimmung D. Berechtigter zur Aufhebung von Rechten an Grundstücken G. 876 f. — Rechte von D. an einer beweglichen Sache erlöschen mit deren Uebertragung G. 936; mit der Ersitzung G. 945; an verbundenen, vermengten, vermischten Sachen G. 949. — Schutz gutgläubiger D. bei Nichtigkeit der Ehe G. 1344. — Wirksamkeit der Verfügungsbeschränkungen der Frau gegen D. G. 1404. — Schutz gutgläubiger D. gegen Beendigung

der Verwaltung aus Nutznießung des eingebrachten Guts G. 1427; gegen Eheverträge G. 1435; gegen Beendigung der elterlichen Gewalt G. 1682. — Erbauseinandersetzung nach Ermessen eines D. G. 2048. — Bestimmung der Gültigkeit eines Testaments oder der bedachten Personen durch D. G. 2065. — Letztwillige Zuwendung mit Bedingung zu Gunsten eines D. G. 2076. — Bestimmung D. über Vermächtniß G. 2151, 2153 ff.; über letztwillige Auflage G. 2193; über Testamentsvollstrecker G. 2198.

Drohung bei Willenserklärung G. 123. — Anfechtung der Ehe wegen D. G. 1335, 1346. — Verhältniß der Kinder aus Ehen, welche wegen D. anfechtbar ist G. 1704. — Anfechtung letztwilliger Verfügung G. 2078. — Erbunwürdigkeit G. 2339.

Drucken, Eigenthumserwerb G. 950.

Dünger als Zubehör eines Landguts G. 98. — Zurücklassung der D. bei Beendigung der Pacht G. 593.

Durchschnittssumme bei Bestimmung einer Vertragsleistung durch mehrere Dritte G. 317.

E.

Ehe. Eingehung der E. G. 1303 ff.; Ehemündigkeit G. 1303; Einwilligung des gesetzlichen Vertreters bei beschränkter Geschäftsfähigkeit G. 1304; elterliche Einwilligung G. 1305; Ersetzung derselben durch das Vormundschaftsgericht G. 1308; Verbot der Doppelehe, Auflösung oder Nichtigkeitserklärung der früheren E. G. 1309; Hinderniß der Verwandtschaft, Schwägerschaft, Adoptivverwandtschaft G. 1310 f.; des Ehebruchs G 1312; Wartezeit der Frauen G. 1313; Auseinandersetzung mit den minderjährigen Kindern früherer E. G. 1314; Erlaubniß zur Eheschließung für Militärpersonen, Beamte, Ausländer G. 1315; Aufgebot G. 1316; Form der Eheschließung, Standesbeamter, Zuständigkeit G. 1317 ff.; Kompetenz für Dispens von Ehemündigkeit, Wartezeit, Hinderniß des Ehebruchs, Aufgebot G. 1322; kirchliche Verpflichtungen G. 1588. — Nichtigkeit und Anfechtbarkeit der Ehe G. 1323 ff. (s. Ungültigkeit). — Wirkungen der E. im Allgemeinen G. 1353 ff.: Eheliche Lebensgemeinschaft G. 1353; Bestimmung von Wohnort und Wohnung durch den Mann, Folgepflicht der Frau G. 1354; Familiennamen des Mannes erhält die Frau G. 1355; Leitung des Hauswesens durch die Frau G. 1356; Schlüsselgewalt der Frau G. 1357; Uebernahme persönlicher Leistungen durch die Frau, Kündigungsrecht des Mannes G. 1358; Haftung der Ehegatten für diligentia quam in suis G. 1359; Unterhaltspflicht der Ehegatten, abgesonderter Haushalt der Ehefrau G. 1360; Vermuthung, daß die im Besitze eines oder beider Ehegatten befindlichen Sachen dem Manne gehören (praesumtio Muciana), Ausnahmen G. 1362. — Scheidung der E. G. 1564 ff. (s. Ehescheidung). — Wirkung einer in Folge Adoptivverwandtschaft verbotenen Ehe G. 1771. — Anhörung der Ver-

wandten u. s. w. bei Eheschließung des Mündels G. 1847. — Uebergangsbestimmung für bestehende Ehen E. 198 ff.
Ehebruch, als Ehehinderniß G 1312. — Nichtigkeit der Ehe wegen E. G. 1328. — E. als Scheidungsgrund G. 1565.
Eheeinwilligung G. 1304 ff.
Ehefrau, Wohnsitz derselben G. 10 (s. im Uebrigen Ehe). — Vormundschaft der E. über den Mann G. 1900. — Landesgesetze über Anträge einer E. zum Staatsschuldbuch E. 97.
Ehegatten, Hemmung der Anspruchsverjährung G. 204. — Verhältniß der Unterhaltspflicht der E. zu derjenigen der Verwandten G. 1608. — Einwilligung zur Annahme an Kindesstatt G. 1746 ff. — Gesetzliches Erbrecht, Voraus des überlebenden Ehegatten G. 1931 ff. — Letztwillige Zuwendung am E. G. 2077. — Keine Mitwirkung bei Testamentserrichtung G. 2234. — Gemeinschaftliches Testament der E. G. 2265 ff. — Erbvertrag von E. G. 2275, 2279, 2280, 2290. — Form G. 2276. — E. sind pflichttheilsberechtigt G. 2303. — Entziehung des Pflichttheils G. 2335. — Erbverzicht G. 2346 f. — Beurtheilung persönlicher Beziehungen deutscher E. im Auslande nach deutschem Recht E. 14. — Uebergangsbestimmung für die persönlichen Rechtsverhältnisse der Ehegatten E. 199.
Ehegut, s. Eheliches Güterrecht.
Ehegutsgelder, Anlegung G. 1377.
Ehegutsverbindlichkeiten G. 1411 ff.
Ehehindernisse G. 1303 ff.
Eheliche Abstammung G. 1591 ff. (S. eheliche Kinder.) — Beurtheilung nach deutschem Rechte E. 18.
Ehelicher Aufwand, Tragung durch den Mann G. 1389, 1427; Beitrag der Frau G. 1371, 1427 ff., 1441. — E. A. aus dem Gesammtgut G. 1458, 1529.
Eheliche Gesinnung G. 1353.
Eheliches Güterrecht G. 1363 ff. — Gesetzliches Güterrecht G. 1363 ff.: Eingebrachtes Gut, Begriff G. 1363; Ausnahme von der Verwaltung und Nutznießung des Mannes G. 1364. — Vorbehaltsgut G. 1365 ff.: Nichtverwaltung des Mannes G. 1365. — Begriff des V. nach dem Gesetze G. 1366 f.; V. durch Ehevertrag G. 1368; durch letztwillige Verfügung G. 1369; Erwerb aus Rechten, welche zum V. gehören, aus Rechtsgeschäften über V. G. 1370; Anwendung der Vorschriften über Gütertrennung auf das V.; Beitrag der Frau zur Bestreitung des ehelichen Aufwandes G. 1371. — Sachen zum persönlichen Gebrauche der Frau G. 1366. — Verzeichniß des eingebrachten Guts, Feststellung des Zustandes durch Sachverständige G. 1372. — Besitz des Mannes am e. G. G. 1373; Pflicht zur ordentlichen Verwaltung und Auskunftsertheilung G. 1374. — Keine Verpflichtung der Frau durch Rechtsgeschäfte, Zustimmung derselben zur Verfügung über e. G. G. 1376. Fälle freier Verfügung des Mannes G. 1377; Voraussetzung ordnungsmäßiger Verwaltung G. 1374. — Anlegung von Geldern G. 1377; Verfügung über verbrauchbare Sachen G. 1377. — Verfügung über Inventar eines Grundstücks G. 1378. — Verweigerte

Zustimmung der Frau zu Rechtsgeschäften, Ergänzung durch das Vormundschaftsgericht G. 1379. — Befugniß des Mannes zu gerichtlicher Geltendmachung der Rechte am e. G. G. 1380. — Erwerb von beweglichen Sachen oder Rechten mit Mitteln des e. G. durch den Mann G. 1381. — Ergänzung von eingebrachten Haushaltsgegenständen G. 1382. — Nutznießung des e. G. G. 1383. — Kosten derselben und der Erhaltung G. 1384. — Tragung der Lasten G. 1385; der Zinsen und sonstigen wiederkehrenden Leistungen G. 1386. — Kosten eines Rechtsstreits, einer Vertheidigung der Frau G. 1387. — Haftung des Mannes als Gesammtschuldner neben der Frau G. 1388. — Tragung des ehelichen Aufwands aus dem e. G. G. 1389. — Aufwendungen auf das e. G. G. 1390. — Sicherheitsleistung bei Gefährdung des e. G. G. 1391. — Hinterlegung oder Umschreibung von Inhaber- und Orderpapieren G. 1392 f. — Gerichtliche Geltendmachung der Ansprüche seitens der Frau G. 1394. — Einwilligung des Mannes zur Verfügung der Frau über e. G. G. 1395. — Nachträgliche Genehmigung des Mannes zu Verträgen G. 1396 f. — Einseitige Rechtsgeschäfte G. 1398. — Rechtsgeschäfte, welche die Frau zu einer Leistung verpflichten G. 1399. — Rechtsstreit ohne Zustimmung des Mannes G. 1400 f. — Ergänzung der Zustimmung durch das Vormundschaftsgericht G. 1402. — Einseitige Rechtsgeschäfte bezüglich des e. G. oder bezüglich einer Verbindlichkeit der Frau G. 1403. — **Wirksamkeit der Verfügungsbeschränkung** der Frau gegen Dritte G. 1404. — Selbständiges Erwerbsgeschäft der Frau G. 1405. — Fälle, in denen die Frau der Zustimmung des Mannes zur Vornahme von Rechtsgeschäften oder Führung von Rechtsstreitigkeiten nicht bedarf G. 1406 f. — Nichtübertragbarkeit des Rechtes der Verwaltung und Nutznießung des e. G. G. 1408. — Vertretung des unter Vormundschaft stehenden Mannes in seinen Rechten und Pflichten gegen das e. G. G. 1409. — Schuldenhaftung des e. G. G 1410 ff.: Keine Haftung für Schulden des Mannes G. 1410. — Unbedingte Haftung für Verbindlichkeiten der Frau G. 1411. — Haftung für solche, die nach Eingehung der Ehe mit Zustimmung des Mannes übernommen sind, für Kosten eines Rechtsstreits G. 1412. — Keine Haftung für Verbindlichkeiten in Folge Erwerbs von Vorbehaltsgut nach Eingehung der Ehe G. 1413 f. — Lasten des Vorbehaltsguts im Verhältnisse der Ehegatten zu einander G 1415 f. — Ersatz aus dem Vorbehaltsgut an das e. G. und umgekehrt G. 1417. — Klage der Frau auf Aufhebung der Verwaltung und Nutznießung, Voraussetzungen G. 1418. — Konkurs des Mannes G. 1419. — Todeserklärung des Mannes G. 1420. — Herausgabe und Rechnungslage G. 1421. — Wirkung des Urtheils auf Herausgabe auf den Zeitpunkt der Klageerhebung zurück G. 1422. — Endigung von Mieth- und Pachtverhältnissen G. 1423. — Fortführung der Verwaltung **durch den Mann bis zur Kennt-**

niß von der Beendigung G. 1424. — Wiederherstellung der Verwaltung und Nutznießung G. 1425. — *Gütertrennung* G. 1426 ff. (s. d. W.). — *Vertragsmäßiges Güterrecht* G. 1432 ff. (s. Ehevertrag, Gütergemeinschaft, Errungenschaftsgemeinschaft, Fahrnißgemeinschaft). — Beurtheilung des ehelichen Güterrechts nach fremdem Recht bei Ausländern E. 15.

Eheliche Kinder, Wohnsitz G. 11. — Einwilligung der Eltern zur Eheschließung G. 1305 ff. — *Eheliche Kinder im Allgemeinen* G 1591 ff.: Empfängniß und Geburt in der Ehe, Empfängniß vor, Geburt in der Ehe, Vermuthung der Beiwohnung des Mannes innerhalb der Empfängnißzeit G. 1591. — Empfängnißzeit G. 1592. — Geltendmachung der Unehelichkeit G. 1593. — Frist der Anfechtung G. 1594. — Keine Vertretung; Vertreter des geschäftsunfähigen Mannes G. 1595. — Anfechtungsklage gegen das Kind bei dessen Leben G. 1596; nach seinem Tode Erklärung gegenüber dem Nachlaßgerichte G. 1597. — Anerkennung der Ehelichkeit G. 1598. — Anfechtung der Anerkennung G. 1599. — Vorzeitige Wiederverheirathung der Ehefrau und Geburt innerhalb 270 Tagen nach Auflösung der ersten Ehe G. 1600. — Rechtsverhältnisse zwischen Eltern und ehelichen Kindern G. 1594 ff., 1616 ff. (s. Eltern). — Ehelichkeitserklärung giebt die Stellung eines e. K. G. 1736; ebenso Annahme an Kindesstatt G. 1757. — Beurtheilung der ehelichen Abstammung, des Rechtsverhältnisses zwischen Eltern und ehelichen Kindern nach Deutschem Recht E. 18 f.; Uebergangsbestimmungen für dasselbe E. 203 ff.

Eheliche Lebensgemeinschaft G. 1353 ff.

Eheliche Nutznießung G. 1373 ff.

Ehelichkeitserklärung, s. Legitimation. Aussetzung der Erbtheilung vor Entscheidung über E. G. 2043.

Ehemann, ausländischer, Verschollenheit E. 9.

Ehemündigkeit G. 1303.

Eherechtliches Register, s. Güterregister.

Ehescheidung G. 1564 ff.: Scheidungsgründe: Ehebruch, Doppelehe, widernatürliche Unzucht G. 1565. — Lebensnachstellung G. 1566. — Bösliche Verlassung G. 1567. — Ehrloses, unsittliches Verhalten, grobe Mißhandlung G. 1568. — Geisteskrankheit G 1569. — Verzeihung G. 1570. — Frist zur Erhebung der Scheidungsklage G. 1571 f. — Ausgeschlossene Scheidungsgründe dürfen nicht wieder geltend gemacht werden G. 1573. — Entscheidung der Schuldfrage (*schuldiger Theil*) im Urtheil G. 1574. — Trennung von Tisch und Bett G. 1575 f. — Namensführung der geschiedenen Frau G. 1577. — Unterhaltspflicht des schuldigen Ehegatten G. 1578 ff. — Geldrente G. 1580. — Wiederverheirathung G. 1581. — Uebergang der Unterhaltspflicht auf die Erben des Verpflichteten G. 1583. — Unterhaltspflicht bei Scheidung wegen Geisteskrankheit G. 1583. — Widerruf von

Schenkungen G. 1584. — Beitrag der Frau zu den Kosten des Unterhalts eines gemeinschaftlichen Kindes G. 1585. — Sorge für Person und Vermögen der Kinder G. 1635 ff, E. 206. — Einfluß der E. auf letztwillige Zuwendungen G. 2077. — Ehescheidungsgründe berechtigen zur Entziehung des Pflichttheils G. 2335. — Anwendung fremden Rechts bei E. E. 17. — Uebergangsbestimmung über E. E. 201, 206.

Eheschließung G. 1299 ff. S. im Uebrigen unter Ehe (Eingehung). — Anwendung fremden Rechts auf E. E. 13. — Aenderung der Gesetze über E. E. 40, 46.

Ehevermittelung G. 656.

Ehevertrag G. 1432 ff.: Begriff G. 1415, 1432. — Verbot des E. nach nicht mehr bestehenden, nach ausländischem Recht, Ausnahmen G. 1433. — Form des E. G. 1434. — Schutz gutgläubiger Dritter G. 1435. — Gütertrennung durch E. G. 1436 (s. Gütergemeinschaft, Errungenschaftsgemeinschaft, Fahrnißgemeinschaft). — E. zur Ausschließung der fortgesetzten Gütergemeinschaft G. 1510. — Entstehung von eingebrachtem Gut der Errungenschaftsgemeinschaft durch E G. 1523; desgl. von Vorbehaltsgut G. 1526; von eingebrachtem Gut der Fahrnißgemeinschaft G. 1553. — Eintritt der fortgesetzten Gütergemeinschaft nach Fahrnißgemeinschaft durch E. G 1557. — E. ausländischer Ehegatten E. 15. — Uebergangsbestimmung über E. zur Regelung des Güterstandes E. 200.

Ehrenrechte, aberkannte, keine Zeugenschaft bei Eheschließung G. 1318. — Unfähigkeit zur Vormundschaft G. 1781. — Keine Zeugenschaft bei Testamenten G. 2237.

Ehrloses Verhalten als Ehescheidungsgrund G 1568. — Entziehung des Pflichttheils G. 2333.

Eidliche Vernehmung, Unfähigkeit dazu macht unfähig zum Testamentszeugen G. 2237.

Eidesstatt, Verpflichtung des Vormundes durch Handschlag an E. G. 1789; des Familienraths G. 1870. — E. Versicherung bei Antrag auf Erbschein G. 2356, 2357.

Eigenbesitz, Begriff G. 872. — Verantwortlichkeit des E. für den durch Einsturz eines Gebäudes verursachten Schaden G. 836. — 30 Jahre E. bei Grundstücken G. 900, 927. — E. als Voraussetzung der Ersitzung G. 937 f. — Fruchterwerb des Eigenbesitzers durch Trennung G. 955.

Eigener Nutzen, s. Verwendungen.

Eigenmacht, s. Selbsthülfe, Verbotene Eigenmacht.

Eigenschaft, zugesicherte, s. Gewährleistung. — Irrthum über Eigenschaften einer Person oder Sache bei Willenserklärungen G. 119. — Anfechtung der Ehe bei Irrthum über persönliche E. G. 1333.

Eigenthum an Grundstücken, Form der Uebertragung durch Vertrag G. 313. — Verletzung des E. G. 823. — Verschaffung des E. beim Kauf G. 433. — Uebertragung des E. an Grundstücken, Eintragung ins Grundbuch G. 873. — **Inhalt des Eigenthums** G. 903 ff.: Be-

fugniß beliebiger Verfügung, Ausschließung der Einwirkung Anderer G. 903. — Ausnahme vom Rechte, die Einwirkung Dritter auszuschließen, wenn diese zur Abwendung gegenwärtiger Gefahr nothwendig ist G. 904. — Inhalt und Begrenzung des E. an Grundstücken G. 905 ff. (S. Grundstücke.) — Erwerb und Verlust des E. an Grundstücken G. 925 ff. (S. Grundstücke.) — Erwerb und Verlust des E. an beweglichen Sachen G. 929 ff.: Uebertragung durch Rechtsgeschäft, Uebergabe, Einigung über den Eigenthumsübergang G. 929. — Vereinbarung mittelbaren Besitzes des Erwerbers G. 930. — Abtretung des Anspruchs auf Herausgabe der Sache G. 931. — Erwerb in gutem Glauben G. 932 ff — Erwerb des E. an gestohlenen, verlorenen Sachen G. 935. — Erlöschen der Rechte Dritter mit der Uebertragung G. 936. — Ersitzung G 937 ff. — Verbindung, Vermischung, Verarbeitung G. 946 ff. — Ersatzansprüche für den Rechtsverlust daraus G. 951. — E. an einem Schuldscheine, sonstigen Urkunden, Hypotheken- u. s. w. Briefen G. 952. — Erwerb des Eigenthums an Erzeugnissen und sonstigen Bestandtheilen, Trennung, Aneignung, Besitzergreifung G. 953 ff. — Aneignung herrenloser Sachen, wilder Thiere, Bienen G. 958 ff. — Fund G. 965 ff. — Schutz des E., s Eigenthumsanspruch. — Uebergangsvorschrift für bestehendes E. E. 181. — Uebergangsvorschrift für unvollendete Ersitzung des E. E. 185, 189; für Erwerb, Verlust, Belastung des E. an Grundstücken bis zur Anlegung des Grundbuchs E. 189.

Eigenthumsanspruch G. 985 ff.: Herausgabepflicht des Besitzers G. 985. — Einrede des berechtigten Besitzes G. 986. — Herausgabe der nach der Rechtshängigkeit gezogenen oder zu ziehenden Nutzungen G. 987; der vorher gezogenen Nutzungen bei unentgeltlichem Besitze G. 988. — Schadensersatz für verschuldete Verschlechterung u. s. w. der Sache G. 989. — Haftung des unredlichen Besitzers G. 990. — Unredlichkeit des mittelbaren Besitzers G. 991. — Haftung des Besitzers in Folge strafbarer Handlungen G. 992. — Haftung des redlichen Besitzers G. 993. — Ersatz für nothwendige Verwendungen des Besitzers G 994 f. — Nicht nothwendige Verwendungen des redlichen Besitzers G. 996. — Wegnahmerecht hinsichtlich einer mit der herauszugebenden Sache verbundenen andern Sache G. 997. — Herausgabe eines landwirthschaftlichen Grundstücks, nicht getrennte Früchte G. 998. — Verwendungen eines Vorbesitzers, Ersatzpflicht des Eigenthümers für Verwendungen, welche vor seinem Eigenthumserwerbe gemacht sind G. 999. — Zurückbehaltungsrecht des Besitzers wegen Verwendungen G. 1000. — Geltendmachung des Ersatzanspruchs für Verwendungen, Genehmigung Seitens des Eigenthümers oder Wiedererlangung der Sache durch denselben, Frist der Geltendmachung G. 1001 f. — Aufforderung an

den Eigenthümer zur Genehmigung der Verwendungen, Verfahren bei ohne Erklärung verstrichener bezüglicher Frist G. 1003. — Beeinträchtigung des Eigenthums ohne Besitzentziehung (actio negatoria) G. 1004. — Aufsuchen und Wegnahme einer auf ein fremdes Grundstück gelangten Sache durch den Eigenthümer G. 1005. — Eigenthumsvermuthung zu Gunsten des Besitzers einer beweglichen Sache G. 1006. — Anspruch auf Herausgabe aus früherem Besitze gegen den unredlichen Besitzer, gestohlener u. s. w. Sachen auch gegen den redlichen Besitzer G. 1007. — E. bei Miteigenthum G. 1011.

Eigenthumsbeschränkungen, s. Begrenzung (auch Eigenthum). Landesgesetze über E. im öffentlichen Interesse E. 52 f., 109, 111, 119.

Eigenthümergrundschuld G. 1196 f.

Eigenthümerhypothek G. 1163, 1168, 1170

Einbringung von Sachen bei Gastwirthen G. 701 ff.

Einfriedigungen, Ausbesserungspflicht des Pächters G. 582.

Eingebrachtes Gut, Begriff G 1363. — Inventarfrist bei Erbschaft einer Frau, welche zum e. G gehört G. 2008 (s. eheliches Güterrecht, Errungenschaftsgemeinschaft, Fahrnißgemeinschaft.

Eingebrachte Sachen des Miethers, Pfandrecht des Vermiethers an denselben G. 559 ff.; desgl. Pfandrecht des Verpächters G. 581, 585. — E. S. des Gastes, Haftung des Gastwirthes G. 701 ff.; Pfandrecht des Gastwirthes an denselben G. 704

Eingetragene Vereine G. 55 ff.

Einheitliches Grundstück G. 890, E. 119.

Einheitliche Sache, Herstellung durch Verbindung, Vermischung G. 947 f.

Einigung der Betheiligten über den Eintritt der Rechtsänderung an Grundstücken G. 873.

Einlage des Gesellschafters G. 707, 733.

Einlassungspflicht des Erben, nicht vor Annahme der Erbschaft G. 1958.

Einlösung von mit Nießbrauch belasteten Inhaberpapieren G. 1083.

Einlösungsrecht beim Pfand G. 1249.

Einrechnung der Ersitzungszeit des Rechtsvorgängers G. 943; des Erbschaftsbesitzers G. 944.

Einreden, welche die Anspruchsverjährung nicht hemmen G. 202. — E. des Versprechenden beim Versprechen einer Leistung an Dritte G. 334. — E. schließen Aufrechnung aus G. 390. — E. gegen abgetretene Forderungen G. 404. — E. des Schuldübernehmers G. 417; des Bürgen G. 768 ff.; des Angewiesenen G. 784, 792; des Ausstellers von Schuldverschreibungen auf den Inhaber G 796. — Erfüllung einer Verbindlichkeit, der eine peremtorische E. entgegensteht G. 813. — E. gegen Ansprüche wegen Besitzentziehung, Besitzstörung G. 863; gegen Eintragung einer Vormerkung in das Grundbuch G. 886. — E. des Eigenthümers gegen die Hypothek G. 1137 ff., 1157. — E. des Verpfänders G. 1211, 1254. — Aufschie-

bende E. des Erben gegenüber den Nachlaßgläubigern G. 2014 ff.
Einseitige Rechtsgeschäfte Minderjähriger G. 111. — Anfechtung e. Rechtsgeschäfte G. 143; Vornahme durch Bevollmächtigte G. 174; durch Vertreter ohne Vertretungsmacht G. 180. — Zustimmung (Einwilligung, Genehmigung) zu e. R. G. 182 ff. — E. R. der Frau über eingebrachtes Gut G. 1398. — E. R. bezüglich des eingebrachten Guts oder einer Verbindlichkeit der Frau G. 1403. — E. R. des Vormunds G. 1831.
Einsicht des Vereinsregisters G. 79; von Urkunden, Verlegung G. 810; des Güterrechtsregisters G. 1563; der Vormundschaftspapiere durch den Gegenvormund G. 1799; der Akten des Nachlaßgerichts über Testamentsvollstrecker G. 2228; des Testaments G. 2264; der Akten über Erbschaftskauf G. 2384.
Einspruch von Verwaltungsbehörden gegen Eintragung eines Vereins G. 61 f.
Einstimmigkeit bei Gesellschaft G. 711.
Einsturz eines Gebäudes oder Werkes, Entschädigungspflicht G. 836; Schutz gegen die Gefahr solchen Einsturzes G. 908.
Einstweilige Verfügungen zur Eintragung einer Vormerkung in das Grundbuch G. 885; eines Widerspruchs gegen die Richtigkeit des Grundbuchs G. 899. — E. V. zur Sicherung der ersten Unterhaltsrate für ein uneheliches Kind und der Ansprüche der Mutter schon vor der Geburt G. 1716.
Eintragung von Vereinen in das Vereinsregister G. 21, 55. — Kosten der E. des Käufers in das Grundbuch G. 449. — E. in das Grundbuch, Bedingung der Uebertragung des Eigenthums, der Belastung von Grundstücken G. 873. — E. in das Grundbuch, Rangverhältniß der eingetragenen Rechte G. 879 f. — E. eines Rangvorbehalts G. 881; eines Ultimats G. 882; einer Vormerkung G. 883 ff — E. der vertragsmäßigen Rente für Ueberbau in das Grundbuch G. 914. — E. in das Güterrechtsregister G. 1558 ff. — E. eines Schuldverhältnisses in ein öffentliches Buch, Uebergangsbestimmung E 179.
Eintragungsbewilligung als Voraussetzung des Erwerbes von Eigenthum und sonstigen Rechten an Grundstücken G. 873 f. — E. für Vormerkungen G. 879 f.; für einen Widerspruch gegen die Richtigkeit des Grundbuchs G. 899.
Einwendungen, s. Einreden.
Einweisung des muthmaßlichen Erben in den Nachlaßbesitz bei Verfahren auf Todeserklärung E. 161, 162.
Einwilligung des Minderjährigen zur Volljährigkeitserklärung G. 4; des Gewalthabers zu derselben G. 4. — E. des gesetzlichen Vertreters zu Willenserklärungen Minderjähriger G. 107; zu deren Verträgen G. 108 ff.; zu einseitigen Rechtsgeschäften G. 111; Dritter zu Verträgen, Rechtsgeschäften G. 183; zu Verfügungen über einen Gegenstand G. 185. — E. zur Eheschließung G. 1304 ff. — Anfechtbarkeit der Ehe bei Mangel derselben G. 1331. — E. des Mannes zu Verfügungen

der Frau über das eingebrachte Gut G. 1395; der Frau zu Verfügungen des Mannes über das Gesammtgut G. 1444 ff. — Keine Pflicht der Eltern zur Aussteuer der Töchter bei deren Heirath ohne E. G. 1621. — E. der Mutter des Kindes zur Ehelichkeitserklärung G. 1726. — E. zur Annahme an Kindesstatt G. 1746 ff.; zur Eheschließung des Mündels G. 1847; des Nacherben zu Verfügungen des Vorerben G. 2120.

Einwirkung auf fremde Grundstücke, Zulässigkeit G. 906. — Verbot G. 907.

Einziehung einer gemeinschaftlichen Forderung G. 754; einer mit Nießbrauch belasteten Forderung G. 1074. — E. unrichtigen Erbscheins G. 2361.

Eisenbahnunternehmungen, Anspruchsverjährung G. 196 — Einheitliche Grundstücke E. 112. — Landesgesetze über Schadloshaltung durch E. E. 125.

Eisenbahnbetrieb, Landesgesetze über Schadensersatz aus solchen E. 105.

Elchwild, Schaden durch E. G. 835.

Elsaß-Lothringen als Bundesstaat E. 5.

Eltern, elterliche Gewalt, elterliches Recht, Hemmung der Anspruchsverjährung zwischen E. und Kindern G. 204. — Vermuthung, daß E. für den ihren Abkömmlingen gewährten Unterhalt keinen Anspruch erlangen wollen G. 685. — Einwilligung der E. zur Eheschließung G. 1305 ff. — Verwirkung der e. G. durch den überlebenden Ehegatten, Aufhebung der fortgesetzten Gütergemeinschaft G. 1495. — Allgemeine Vorschriften über das Rechtsverhältniß zwischen Eltern und ehelichen Kindern G. 1616 ff.: Familiennamen der Kinder G. 1616. — Unentgeltliche Dienstleistungen des Kindes G. 1617. — Vermuthung, daß das Kind für Aufwendungen im elterlichen Hausstande keinen Ersatz verlangt G. 1618. — Ueberlassung der Vermögensverwaltung an die Eltern G. 1619. — Pflicht zur Aussteuer für eine Tochter G. 1620, Verweigerung bei Heirath ohne elterlichen Consens, bei Berechtigung zur Pflichttheilsentziehung G. 1621, keine zweimalige Aussteuer G. 1622, Unübertragbarkeit, Verjährung des Anspruchs G. 1623. — Pflicht zur Ausstattung eines Kindes G. 1624 f. — Ausstattung eines Kindes aus dessen Vermögen G. 1625. — Elterliche Gewalt G. 1626. — Elterliche Gewalt des Vaters G. 1627 ff.: Sorge für die Person des Kindes G. 1628, E. 203. — Bestellung eines Pflegers G. 1629. — Vertretung des Kindes G. 1630. — Erziehungsrecht, Bestimmung des Aufenthalts G. 1631. — Anspruch auf Herausgabe des Kindes G. 1632. — Vertretung verheiratheter Tochter G. 1633. — Konkurrirendes Recht der Mutter G. 1634. — Sorge für die Person des Kindes im Falle der Ehescheidung G. 1635; im Falle der Eheauflösung bei Aufhebung der Todeserklärung G. 1637. — Persönlicher Verkehr mit den Kindern G. 1636. — Vermögens-Verwaltung G. 1638 ff.: Ausschließung

derselben durch Anordnung Dritter von Todeswegen oder unter Lebenden, Surrogationsprinzip G. 1638. — Befolgung der Anordnungen Dritter in diesen Fällen G. 1639. — Vermögensverzeichniß G. 1640. — Schenkungen aus dem Vermögen des Kindes G. 1641. — Anlegung von Kindergeldern G. 1642. — Fälle der erforderlichen Genehmigung des Vormundschaftsgerichts zu Rechtsgeschäften G. 1643. — Keine Ueberlassung von Gegenständen an das Kind, zu deren Veräußerung die Genehmigung des Vormundschaftsgerichts erforderlich ist G. 1644. — Erwerbsgeschäft im Namen des Kindes G. 1645. — Erwerb beweglicher Sachen mit Mitteln des Kindes G. 1646. — Konkurs des Vaters G. 1647. — Ersatz von Aufwendungen des Vaters G. 1648. — Elterliche Nutznießung G. 1649 ff., E. 203; Ausnahmen, freies Vermögen G. 1650 f. — Anwendung der Grundsätze über Nießbrauch G. 1652. — Verbrauchbare Sachen, Geld G. 1653. — Lasten, Haftung, Kosten von Rechtsstreit, Vertheidigung G. 1654. — Erwerbsgeschäft G. 1655. — Nutznießung mit Ausschluß der Verwaltung G. 1656 f. — Unübertragbarkeit der Nutznießung G. 1658. — Stellung der Gläubiger des Kindes G. 1659. — Verbindlichkeiten des Kindes im Verhältnisse zum Vater G. 1660. — Endigung der Nutznießung, Heirath G. 1661. — Verzicht G. 1662. — Einfluß der Endigung auf Mieth- und Pachtverhältnisse von Grundstücken, Landgütern G. 1663. — Diligentia quam in suis G. 1664. — Aufsicht und Fürsorge des Vormundschaftsgerichts G. 1665 ff.; Gefährdung der Person des Kindes, Unterbringung in einer Anstalt, Entziehung der Vermögensverwaltung bei Verletzung der Unterhaltspflicht G. 1666. — Gefährdung des Vermögens, Vermögensverzeichniß, Rechnungslegung, Hinterlegung von Werthpapieren, Kostbarkeiten G. 1667. — Sicherheitsleistung G. 1668 ff. — Wiederverheirathung des Vaters, Vermögensverzeichniß, Auseinandersetzung G. 1669. — Verantwortlichkeit des Vormundschaftsrichters G. 1674. — Mitwirkung des Gemeindewaisenraths G. 1675. — Ruhen der elterlichen Gewalt G. 1676 ff.: Geschäftsunfähigkeit, beschränkte Geschäftsfähigkeit, Pflegschaft für den Vater G. 1676. — Thatsächliche Verhinderung des Vaters G. 1677. — Fortbestand der Nutznießung G. 1678. — Beendigung der elterlichen Gewalt G. 1679 ff.: Todeserklärung G. 1679, E. 160. — Verwirkung G. 1680. — Aufhören der Vermögensverwaltung, Herausgabe, Rechnungslegung G. 1681. — Fortführung der Geschäfte durch den Vater, Verhältniß zu gutgläubigen Dritten G. 1682. — Tod des Kindes G. 1683. — Elterliche Gewalt der Mutter G. 1684 ff.: Fälle des Eintretens G. 1684 f. — Anwendung der Vorschriften über e. G. des Vaters G. 1686. — Bestellung eines Beistandes G. 1687 ff. — Anlegung von Kindergeld G. 1691. — Vermögensverzeichniß G. 1692. —

Uebertragung der Vermögensverwaltung auf den Beistand G. 1693. — Sorge der minderjährigen Mutter für Person des Kindes G. 1696. — Wiederverheirathung G. 1697. — Sorge für Person des Kindes neben dem Vormunde G. 1698. — S. auch Kinder (Rechtliche Stellung der K. aus nichtigen Ehen). — Beschränkte elterliche Gewalt der unehelichen Mutter G. 1707. — Einfluß der Verheirathung des Vaters auf dessen etwaige e. G. über ein für ehelich erklärtes Kind G. 1740. — E. G. bei Annahme an Kindesstatt G. 1760 f. — Anwendung der Vorschriften über e. G. bei Vormund G. 1800. — E. G. als Voraussetzung der Benennung eines Vormundes G. 1777; der Anordnung befreiter Vormundschaft G 1856; der Anordnung des Familienraths G. 1868. — Eltern sind gesetzliche Erben zweiter Ordnung G. 1925. — Pflichttheilsrecht G. 2303, 2309. — Beurtheilung des Rechtsverhältnisses zwischen Eltern und Kindern nach deutschem Rechte E. 19, — Uebergangsbestimmungen hinsichtlich desselben E. 203 ff.

Elterliche Nutznießung. Verhältniß der Unterhaltspflicht minderjähriger Kinder zur e. N. an ihrem Vermögen G. 1605. - E. N. im Allgemeinen G. 1649 ff. (s. Eltern). -- Vertragsmäßige Ausschließung der N. am Vermögen des angenommenen Kindes G. 1767.

Elterliche Vermögensverwaltung G. 1688 ff. (s. Eltern).

Emanzipation des französischen, badischen Rechts, Uebergangsbestimmung E. 154.

Emphyteuse, s. Erbpachtrecht.

Empfängnißzeit G. 1591 f, 1717, 1720.

Empfangene, noch nicht geborene Personen, Unterhaltspflicht eines Getödteten denselben gegenüber geht auf den Thäter über G. 844. — Erben G. 1923. — Unterhaltsanspruch der schwangeren Mutter G. 1963, 2141. -- Aussetzung der Erbtheilung G. 2043. - Erbeinsetzung noch nicht empfangener Personen G. 2101, 2105 f. -- Vermächtniß G. 2162, 2178.

Empfangsbekenntniß, s. Quittung.

Empfehlung G. 676.

Ende des Monats G. 192.

Endtermin bei Rechtsgeschäften G. 163; bei Erbeinsetzung, Nacherbschaft G. 2104 ff.

Entbindungskosten G. 1715, E. 21.

Enteignungsrecht E. 52 f., 109.

Enterbung, s. Ausschließung, Entziehung des Pflichttheils — E. in guter Absicht G. 2338.

Entgelt, s. Vergütung.

Enthebung, s. Entlassung.

Entlassung des Vormundes G. 1790, 1886 ff.; des Mündels aus dem Staatsverband G. 1827, 1847; E. von Mitgliedern des Familienraths 1871, 1878; des Testamentsvollstreckers G. 2227.

Entleiher, s. Gebrauchsleihe.

Entmündigung G. 6. - Beschränkte Geschäftsfähigkeit Entmündigter G. 114 f. — E. des Mannes ist Grund der Aufhebung der Verwaltung und Nutznießung des eingebrachten Guts G. 1418, 1425. — Beitrag der Frau zum ehelichen Aufwand bei E. des Mannes G. 1428. — Aufhebung der Gütergemeinschaft bei E. des Mannes

wegen Verschwendung G. 1468; der fortgesetzten Gütergemeinschaft G. 1495. — Unfähigkeit Entmündigter zum Amte des Vormunds G. 1780, 1885; zum Familienrath G. 1841. — E. Volljähriger, Vormundschaft G. 1865. — Vorläufige Vormundschaft bei Antrag auf E. G. 1906 ff. Keine Fähigkeit zur Testamentserrichtung G. 2229 f.; Zurücknahme eines Testaments G. 2253. — E. von Ausländern E. 8. — Uebergangsbestimmungen E. 155 f.

Entsagung, s. Ausschlagung, Verzicht.

Entsetzung des Thäters verbotener Eigenmacht bei Besitz von Grundstücken G. 859.

Entscheidung, s. Urtheil.

Entschädigung, s. Schadensersatz.

Entwässerung, Fortbestand der Landesgesetze E. 65.

Entwehrung, s. Gewährleistung.

Entziehung der Geschäftsführung beim Gesellschaftsvertrag G 712; des Besitzes G. 861. — E. des Pflichttheils G. 2333 ff.

Erbbaurecht. Verletzung eines E. durch Ueberbau G. 916. — Begriff des E. G. 1012; Ausdehnung G. 1013. — Kein E. an Theilen, Stockwerken eines Gebäudes G. 1014; Form des begründenden Vertrages, Erklärung vor dem Grundbuchamt G. 1015, E. 143. — Fortbestand des E. bei Untergang des Gebäudes G. 1016; Anwendung der Vorschriften für Grundstücke, Eigenthumserwerb und Eigenthumsanspruch G. 1017. — Uebergangsbestimmung für bestehendes E. 184.

Erbe. E. des Stifters, Widerruf der Stiftung G. 81. — Einreden des E., welche die Anspruchsverjährung nicht hemmen G. 202, 2014 f. — Kein Vorkaufsrecht bei Verkauf an gesetzlichen E. G. 511. — E. des Miethers, Kündigungsrecht desselben G. 569. — E. des Auftraggebers, Pflichten desselben G. 672. — E. des Beauftragten G. 673; des Besitzers G. 857; des Verpflichteten aus einer Vormerkung zum Grundbuch G. 884. — E. des Bestellers haften aus dem Vorkaufsrecht G. 1097. — Uebergang der Unterhaltspflicht des schuldigen Theils bei Ehescheidung auf dessen E. G. 1582. — Begriff des E. G. 1922. — Rechtliche Stellung des E. 1942 ff. (s. Erbschaft); Haftung für Nachlaßverbindlichkeiten G. 1967 ff., 2013, 2016 (s. Nachlaßverbindlichkeiten, Nachlaßgläubiger, Nachlaßverwaltung, Inventar, Einreden). — Mehrheit von E., s. Miterben.

Erbeinsetzung, Begriff, Wort „Erbe" nicht erforderlich G. 2087. — Eins. auf die Erbschaft nicht erschöpfende Bruchtheile, Konkurrenz der gesetzlichen Erbfolge G. 2088; Erhöhung der Bruchtheile G. 2089. — Verhältnißmäßige Minderung bei Bruchtheilen über das Ganze hinaus G. 2090. — Einsetzung von Erben ohne Bestimmung der Erbtheile G. 2091; mit theilweiser Bestimmung derselben G. 2092. — Gemeinschaftlicher Erbtheil G. 2093. — Anwachsung G. 2094 f. — Ersatzerbe G. 2096 f. — Einsetzung eines Nacherben G. 2100 ff — E im Erbvertrag G. 2251 ff. — Zuwendung des Pflichttheils keine E. G. 2304.

Erbeinsetzungsvertrag G. 2274

ff.; keine Vertretung beim Abschluß G. 2274; Geschäftsfähigkeit, beschränkte bei Ehegatten und Verlobten G. 2275; Form G. 2276; Verwahrung, Hinterlegungsschein G. 2277; letztwillige vertragsmäßige Verfügungen G. 2278; Anwendung der Vorschriften über letztwillige Zuwendungen G. 2279; gegenseitiger Erbvertrag von Ehegatten G. 2280; Anfechtung, Berechtigte, Frist G. 2281 ff. — Bestätigung G. 2284; Ausschluß der Anfechtung G. 2285; unbeschränktes Recht zur Verfügung unter Lebenden G. 2286; Schenkungen G. 2287; vertragsmäßiges Vermächtniß G. 2288; Aufhebung früherer letztwilliger Verfügungen, soweit sie den vertragsmäßig Bedachten beeinträchtigen G. 2289. — Aufhebung des E. durch Vertrag, Form, Vertretung G. 2290; Aufhebung von Vermächtnissen und Auflagen durch Testament G. 2291. — Aufhebung eines Erbvertrags durch gemeinschaftliches Testament G. 2292; vorbehaltenes Rücktrittsrecht G. 2293; Verfehlung des Bedachten, welche zur Entziehung des Pflichttheils berechtigt G. 2294; Vertrag mit Rücksicht auf Verpflichtungen des Bedachten gegen Erblasser G. 2295; Rücktrittserklärung, Form G. 2296; Rücktritt durch Testament nach dem Tode des Mitkontrahenten G. 2297; Aufhebung des ganzen Erbvertrages bei Nichtigkeit einer einzelnen Verfügung oder Rücktritt G. 2298; einseitige Verfügungen im Vertrage, Analogie des Testaments G. 2299. — Eröffnung des E. G. 2300; Schenkung auf den Todesfall G. 2301. — Testirfreiheit G. 2302.

Erbentsagung, s. Ausschlagung, Verzicht.

Erbenzeugniß, s. Erbschein.

Erbfähigkeit, Voraussetzung des Ueberlebens G. 1923. -- Nasciturus G. 1933.

Erbfall, Begriff G. 1922. — Maßgebend für Pflichttheilsanspruch G. 2317; für Vermächtnißanspruch G. 2160.

Erbfolge. Vertrag künftiger gesetzlicher Erben über Erbtheil oder Pflichttheil G. 312. — Erwerb der Frau durch E. ist Vorbehaltsgut des gesetzlichen Güterrechts G 1369; der allgemeinen Gütergemeinschaft G. 1440; der Fahrnißgemeinschaft G. 1556 — Gesetzliche Erbfolge G. 1922 ff: Erbfall, Erbschaft, Erbe, Erbtheil G. 1922. — Bestimmung nach der Zeit des Erbfalls, noch nicht geborene Personen G. 1923. — Gesetzliche Erben erster Ordnung, Abkömmlinge, Erbfolge nach Stämmen G. 1924. — Zweite Ordnung, Eltern und deren Abkömmlinge G. 1925 — Dritte Ordnung, Großeltern und deren Abkömmlinge G. 1926. — Mehrfacher Erbtheil in den drei ersten Ordnungen G. 1927. — Vierte Ordnung, Urgroßeltern und deren Abkömmlinge G. 1928. — Fünfte Ordnung, entferntere Voreltern G. 1929. — Berufung nach Ordnungen G. 1930. — Gesetzliches Erbrecht der Ehegatten G. 1931 ff.; Voraus desselben G. 1932. — Mehrere Erbtheile, Vereinigung G. 1935. — Erbrecht des Fiskus G, 1936. — Einseitige Verfügung von Todeswegen (Testament, letztwillige Verfügung, Vermächtniß,

Auflage) G. 1937 ff. — Erbvertrag G. 1941. — Gesetzliche E. neben Erbeinsetzung G. 2088.
Erblegitimation, s. Erbschein.
Erblosigkeit, s. Fiskus.
Erbpachtrecht, landesgesetzliches, Fortbestand E. 63.
Erbrecht, gütergemeinschaftliches G. 1482 ff. — Kein E. des an Kindesstatt Annehmenden G. 1759. — Vertragsmäßige Ausschließung des E. des angenommenen Kindes G. 1767. — S. Erbfolge. — Anwendung deutschen E. auf Deutsche im Auslande, Ausländer im Inlande E. 24 f. — Uebergangsbestimmung E. 213.
Erbschaft. Nießbrauch an einer E. G. 1089. — Annahme oder Ausschlagung einer E. durch die Frau ohne Zustimmung des Mannes G. 1406, 1453. — Erwerb einer E. durch die Frau als Vorbehaltsgut bei Gütergemeinschaft G. 1461. — Verfügung über dem Mündel zustehende E., gerichtliche Genehmigung G. 1822. — Begriff der E. G. 1922. — Anfall der E. G. 1942. — Ausschlagung G. 1943 ff.: Frist G. 1944. — Form G. 1945. — Zeit der Annahme oder Ausschlagung G. 1946. — Keine Bedingung oder Zeitbestimmung G. 1947. — Angabe des Berufungsgrundes G. 1948. — Irrthum G. 1949. — Keine Annahme oder Ausschlagung eines Theils der Erbschaft G. 1950. — Verschiedenheit der Berufungsgründe G. 1951. — Vererblichkeit des Rechts der Annahme oder Ausschlagung G. 1952. — Folgen der Ausschlagung G. 1953. — Anfechtung der Annahme oder Ausschlagung G. 1954 ff. — Vor der Annahme keine Klage der Gläubiger gegen den Erben G. 1958. — Besorgung erbschaftlicher Geschäfte durch den Erben vor Ausschlagung G. 1959. — Fürsorge des Nachlaßgerichts G. 1960 ff. (s. Nachlaßgericht). — Erbschaftserwerb religiöser Orden, Landesgesetze E. 87.
Erbschaftliches Liquidationsverfahren E. 213.
Erbschaftsanspruch: Herausgabepflicht des Erbschaftsbesitzers G. 2018. — Erwerb durch Rechtsgeschäft mit Erbschaftsmitteln G. 2019. — Nutzungen, Früchte G. 2020. — Grundsätze der ungerechtfertigten Bereicherung G. 2021. — Verwendungen G 2022. — Verschlechterungen, Untergang, Unmöglichkeit der Herausgabe G. 2023. — Böser Glaube des Erbschaftsbesitzers G. 2024. — Strafbare Handlung, verbotene Eigenmacht des Erbschaftsbesitzers G. 2025. — Keine Ersitzung desselben G. 2026. — Auskunftspflicht G. 2027; der Hausgenossen, Offenbarungseid G. 2028. — Rechtsnachfolger des Erbschaftsbesitzers G. 2030. — Analogie des Erbschaftsanspruches bei unrichtiger Todeserklärung für Herausgabe des Vermögens G. 2031.
Erbschaftsbesitzer, Begriff G. 2018 (s Erbschaftsanspruch). — Anrechnung der Ersitzungszeit des E. für den Erben G. 499.
Erbschaftserwerb, s. Erbschaft.
Erbschaftsgegenstände beim Erbschaftsanspruch G. 2018 ff
Erbschaftskauf: Form des Vertrages G. 2371. — Wegfall von Vermächtnissen, Auflagen, Ausgleichungspflicht zu Gunsten des Käufers G. 2372. — Nacherb-

schaft, Anwachsung, Vorausvermächtniß, Familienpapiere, Bilder G. 2373. — Herausgabepflicht des Verkäufers, Surrogation G. 2374. — Ersatzpflicht für unentgeltliche Verfügungen G. 2375. — Gewährleistung für Rechtsmängel, Fehler der Erbschaftssachen G. 2376. — Aufhebung der Vereinigung G. 2377. — Erfüllung der Nachlaßverbindlichkeiten durch den Käufer G. 2379. — Nutzungen, Zinsen, Abgaben, Lasten G. 2379. — Gefahr G. 2380. — Verwendungen G. 2381. — Rechte der Nachlaßgläubiger G. 2382 f. — Inventar G. 2383. — Anzeigepflicht vom Verkauf an Nachlaßgericht, Einsicht der Akten G. 2384. — Veräußerung einer Erbschaft durch andere Verträge, Schenkung G. 2385.

Erbschein, Begriff G. 2353. — Erfordernisse des Antrags auf Ertheilung G. 2354. — Vorlegung letztwilliger Verfügung G 2355. — Nachweis durch öffentliche Urkunden, sonstige Beweismittel, eidesstattliche Versicherung G. 2356. — Gemeinschaftlicher Erbschein G. 2357. — Beweiserhebungen des Nachlaßgerichts, öffentliche Aufforderung zur Anmeldung von Erbrechten G. 2358. — Ertheilung G. 2359. — Anhörung der Betheiligten bei Erbstreit, Privatverfügung von Todeswegen G. 2360. — Einziehung, Kraftloserklärung des unrichtigen E. G. 2361. — Herausgabepflicht, Auskunftspflicht desjenigen, welchem unrichtiger E. ertheilt ist G. 2362. — E. für den Vorerben, Angabe der Nacherbfolge G. 2363; des Testamentsvollstreckers G. 2364. — Vermuthung für Richtigkeit des E. G. 2365. — Schutz der Rechtsgeschäfte gutgläubiger Dritter mit dem durch E. Legitimirten G. 2366 f. — E. an den Testamentsvollstrecker G. 2368. — E. für außerdeutsche Erbschaft G. 2369. — E. über Nachlaß eines für todt Erklärten bei Aufhebung der Todeserklärung, Schutz gutgläubiger Dritter G. 2370.

Erbtheil, Begriff G. 1922. — Bruchtheile der Erbschaft G. 2087 ff. (s. Erbeinsetzung). — Gemeinschaftlicher E. G. 2093.

Erbtheilung, s Auseinandersetzung (unter Miterben). — Erbtheilungs-Vertrag eines Mündels G. 1822.

Erbunwürdigkeit eines Abkömmlings bei fortgesetzter Gütergemeinschaft G. 1506. — Gründe der E. G. 2339. — Geltendmachung durch Anfechtung G. 2340. — Berechtigter G. 2341. — Anfechtungsklage G. 2342. — Verzeihung G. 2343. — Wirkung der Anfechtung G. 2344. — Anfechtung des Vermächtnisses, des Pflichttheilsanspruchs wegen E. G. 2345.

Erbvertrag, Begriff G. 1941. — Uebergangsbestimmung E. 214 (s. Erbeinsetzungsvertrag, Erbverzicht, Vermächtnißvertrag).

Erbverzicht eines Abkömmlings auf seinen Antheil am Gesammtgut der fortgesetzten Gütergemeinschaft G. 1517. — E. der gesetzlichen Erben, Beschränkung desselben auf Pflichttheilsrecht G. 2346. — Genehmigung des Vormundschaftsgerichts, des gesetzlichen Vertreters G. 2347. — Form G. 2348. — Wirkung auf Abkömmlinge des Verzichtenden G. 2349. — Verzicht zu

Gunsten eines Anderen, eines Abkömmlings zu Gunsten der anderen und der Ehegatten G. 2350. — Aufhebung des E. G. 2351. — Verzicht auf Zuwendung aus Testament oder Erbvertrag G. 2352. — Uebergangsbestimmung über Erbverzichtsvertrag E. 217.

Erdboden, unzulässige Vertiefung G. 909.

Erdkörper unter einem Grundstück G. 905.

Erfüllung von Verträgen, welche Vertreter ohne Vertretungsmacht schlossen G. 179. — E. Zug um Zug G. 274. — E. der Schuldverhältnisse E. 362 ff.: Bewirkung der Leistung an den Gläubiger, an einen Dritten G. 362. — Beweislast des Gläubigers bei Behauptung der nicht gehörigen Erfüllung nach Annahme der Leistung G. 363. — Annahme anderer Leistung — an Erfüllungsstatt G. 364. — Befriedigung des Gläubigers durch Uebernahme neuer Verbindlichkeit G. 364. — Gewährleistung bei Hingabe an Erfüllungsstatt G. 365. — Theilweise Erfüllung bei Mehrheit von Schuldverhältnissen G. 366. — Anrechnung zunächst auf Kosten und Zinsen G. 367. — Quittung, Kosten derselben G 368 f. — Ermächtigung des Ueberbringers der Quittung zur Zahlungsannahme G. 370. — Rückgabe des Schuldscheins G. 371.

Erfüllungsstatt, Annahme einer Leistung an E. G. 364 f. — Gewährleistung bei Hingabe an E. G. 365. — Leistung an E. bei Gesammtschuldverhältniß G. 422.

Erfüllungsübernahme G. 329.

Ergänzung der Sicherheitsleistung G. 240; der Einlage des Gesellschafters G. 707; des Pflichttheils bei Auseinandersetzung der fortgesetzten Gütergemeinschaft G. 1505. — Vorbehalt der E. letztwilliger Verfügung G. 2086. — E. des Pflichttheils G. 2305, 2325 ff.

Erhaltung der Anlage zur Ausübung einer Grunddienstbarkeit G. 1020 f.

Erhaltungspflicht des Vermiethers G. 536; des Entleihers G. 601; bei gemeinschaftlichem Gegenstande G. 744, 748; des Nießbrauchers G. 1041; des Vorerben G. 2124.

Erhöhung des Beitrages des Gesellschafters G. 707.

Erklärung des gesetzlichen Vertreters zu Verträgen Minderjähriger G. 108.

Erlaß der Schuld G. 397. — E.-vertrag bei Gesammtschuldverhältniß G 423.

Erlaubniß zur Eheschließung für Militärpersonen u. s. w. G. 1315; für Beamte und Religionsdiener zur Uebernahme der Vormundschaft G. 1784.

Erlöschen der Vollmacht G. 168 f.; der Stiftung G. 88; der Schuldverhältnisse G. 362 ff.; des Auftrages G. 671 ff.; der Rechte Dritter an einer tradirten Sache G. 936; an einer durch Ersitzung erworbenen Sache G. 945; an verbundenen, vermengten, vermischten Sachen G. 949; des Nießbrauchs G. 1061, 1063; des Pfandrechts G. 1252 ff.; des Amtes des Testamentsvollstreckers G. 2225.

Ermächtigung Minderjähriger durch den gesetzlichen Vertreter zu selbständigem Erwerbsgeschäfte G. 112; zu Dienst- und

Arbeitsverträgen G. 113. — E. eines unzuständigen Standesbeamten G. 1321.

Ernennung von Testamentsvollstreckern G. 2197 ff.

Erneuerung von Schuldverschreibungen auf den Inhaber G. 798. — E. durch den Nießbraucher G. 1041 ff.

Erneuerungsscheine, Hinterlegung bei Sicherheitsleistung G. 234. — E. für eine Schuldverschreibung auf den Inhaber G. 805. — Besitz des E. bei Nießbrauch an dem Inhaberpapier G. 1081 f. — Hinterlegung der E. der Inhaberpapiere von Mündeln G. 1814; durch den Vorerben G. 2116.

Eröffnung des Testaments G. 2260 f., 2263; gemeinschaftlichen Testaments G. 2273; des Erbvertrags G. 2300.

Errungenschaftsgemeinschaft G. 1519 ff: *Gesammtgut* G. 1519; *Eingebrachtes Gut* (Vermögen bei Eintritt der G., Erwerb von Todeswegen, Schenkung, Ausstattung, durch Rechtsgeschäft nicht übertragbare Gegenstände, Ehevertrag, Surrogation, Erwerb aus e. G., aus auf dasselbe sich beziehenden Rechtsgeschäften) G. 1520 ff. — Verwaltung des e. G. G. 1525. — *Vorbehaltsgut* der Frau, kein V. des Mannes G. 1526. — Vermuthung für Gesammtgut G. 1527. — Aufnahme eines Verzeichnisses über das eingebrachte Gut, Feststellung dessen Zustandes durch Sachverständige G. 1528. — Tragung des ehelichen Aufwandes, der Lasten des eingebrachten Guts aus dem Gesammtgut G. 1529. — *Gesammtgutsverbindlichkeiten* sind alle Verbindlichkeiten des Mannes, bestimmte Verbindlichkeiten der Frau G. 1530 ff.; gesammtschuldnerische Haftung des Mannes G. 1530; Erwerbsgeschäft der Frau G. 1533; Unterhaltspflicht der Frau G. 1534. — G., welche im Verhältnisse der Ehegatten zu einander nur dem einen oder dem andern zur Last fallen G. 1535 ff.; Ausstattung eines Kindes durch den Mann G. 1538. — Ersatz für Bereicherung des eingebrachten Guts aus dem Gesammtgut und umgekehrt G. 1539. — Vermuthung, daß verbrauchbare Sachen des e. G. zur Bereicherung des G. dienten G. 1540. — Zeitpunkt der Ausgleichung zwischen G. und e. G. G. 1541. — Klage auf Aufhebung der E. G. 1542. — Beendigung der E. durch Konkurs des Mannes G. 1543; durch Todeserklärung G. 1544. — Eintritt der Gütertrennung nach Beendigung der E. G. 1545. — Auseinandersetzung G. 1546. — Klagerecht der Frau des für todt erklärten Ehegatten auf Wiederherstellung der E. nach Aufhebung des Konkurses bezw. der Todeserklärung G. 1547 f. — Unterhaltspflicht der Ehegatten gegenüber Verwandten bei E. G. 1604.

Ersatz, s. Schadensersatz, Kosten. — E. von Verwendungen G. 257, 273. — Einfluß der Rechtshängigkeit auf den Anspruch G. 292.

Ersatzberufung, s. Ersatzerbe.

Ersatzerbe: Einsetzung G. 2096. — E. gilt für Nichtkönnen und Nichtwollen der Erben G. 2097. — Gegenseitige E. G. 2098. — Vorzug des E. vor Anwachsung G. 2099. — Nacherbe gilt als E. G. 2102.

Ersatzgeld bei Pfändung E. 89.
Erschütterungen, Zuführung auf ein fremdes Grundstück G. 906.
Ersitzung, Eigenthumserwerb an beweglichen Sachen durch E. G. 937 ff.: Eigenbesitz, Ersitzungszeit, guter Glaube G. 937; Vermuthung der Fortdauer des Eigenbesitzes G 938. — E. gegen Geschäftsunfähige, gegen Nachlaß, bei Hemmung der Verjährung des Eigenthumsanspruchs G. 939 — Unterbrechung der E., Verlust des Eigenbesitzes G. 940. — Geltendmachung des Eigenthumsanspruchs G. 941. — Beginn neuer E. nach Beendigung der Unterbrechung G. 942. — Anrechnung der Besitzzeit des Rechtsvorgängers G. 943; der Ersitzungszeit des Erbschaftsbesitzers für den Erben G. 944. — Erlöschen der Rechte Dritter nach vollendeter E. G. 945. — E. des Nießbrauchs an einer beweglichen Sache G. 1033. — E. des Erbschaftsbesitzers gegenüber dem Erben G. 2026. — Uebergangsbestimmung für unvollendete E. E. 185, 189.
Erstattung, s. Schadensersatz.
Ertragswerth eines Landguts, Feststellung G. 1515, 2049, 2312, E. 137.
Erwählter Wohnsitz, Uebergangsbestimmung E. 157.
Erwerb, s. Besitz, Eigenthum, Erbschaftserwerb.
Erwerbsbeschränkungen für juristische Personen E. 86; für Orden E. 87.
Erwerbsfähigkeit, Aufhebung der Verminderung durch Körperverletzung, Rentenanspruch G. 843.
Erwerbsgeschäft, selbständiges Minderjähriger G. 112; einer Ehefrau G. 1405, 1452, 1462; bei Errungenschaftsgemeinschaft G. 1524, 1533. — E. im Namen eines Kindes unter väterlicher Gewalt G. 1645. — E. eines Hauskindes G. 1651, 1655; eines Mündels G. 1822, 1823, 1825, 1841.
Erwerbsunfähigkeit, Voraussetzung des Unterhaltsanspruchs G. 1602.
Erwerbs- und Wirthschaftsgesellschaften bayerischen Rechts, Uebergangsbestimmung E. 165.
Erzeugnisse eines Grundstückes, wesentliche Bestandtheile, solange sie mit dem Boden zusammenhängen G. 94. — E. einer Sache als Frucht G. 99. — Eigenthumserwerb an den Erzeugnissen einer Sache G. 953 ff. — Haftung der E. eines Grundstücks für die Hypothek G. 1120 ff. — Erstreckung des Pf. auf Erzeugnisse G. 1212.
Erzieher, Dienstverhältniß, Kündigung desselben G. 622, 627, 628.
Erziehungsanstalten, Anspruchsverjährung G. 196. — Unterbringung eines Kindes in E. G. 1666; eines Mündels G. 1838.—Fortbestand von Landesgesetzen E. 135, 136.
Erziehungskosten G. 1610.
Erziehungsrecht, Erziehungspflicht aus elterlicher Gewalt G. 1631, 1686, 1696.
Esel, Gewährleistung bei Verkauf G. 481 ff.
Eviktion, s. Entwehrung.
Expropriation, s. Enteignungsrecht.

F.

Fabrik, Zubehör G. 98.
Fabrikanten, Verjährung ihrer Ansprüche G. 196.
Fabrikarbeiter, Verjährung ihrer Ansprüche G. 196.
Fall der Nacherbfolge G. 2139.
Fälligkeit, Zahlung einer unverzinslichen Schuld vor F., Zwischenzinsen G. 272. — Verzinsung der Geldschuld von F. ab G. 291. — Anrechnung der Erfüllung bei Mehrheit von gleichartigen Schuldverhältnissen auf die fälligen Schulden G. 366. — F. des Darlehens G. 609. — F. der Forderung als Voraussetzung der Befriedigung aus dem Pfandrechte G. 1228, 1282.
Fahrlässigkeit G. 276 f. — Haftung des Schuldners für jede F. bei Verzug G. 287; nur für grobe F. bei Annahmeverzug G. 300. — F. bei unerlaubten Handlungen G. 823. — F. Verletzung der Amtspflicht G. 839. — F. des Erben bei überschuldetem Nachlasse G. 1980.
Fahrnißgemeinschaft G. 1559 ff. (s. Gemeinschaft des beweglichen Vermögens und der Errungenschaft).
Fälschung von Urkunden über letztwillige Verfügung, Erbunmündigkeit G. 2339.
Familie, s. Unterbringung.
Familienangehörige des Erblassers, Unterhaltsanspruch G. 1969.
Familienbilder bei Erbschaftskauf G. 2373.
Familienfideikommisse, Fortbestand der Landesgesetze E. 59.
Familienname des Mannes erhält die Frau G. 1355. — Beeinträchtigung des Rechts zur Führung eines F. G. 12. — F. der geschiedenen Frau G. 1577. — F. des ehelichen Kindes G. 1616; des unehelichen Kindes G. 1706; des angenommenen Kindes G. 1758, 1772.
Familienrath, Angabe desselben in der Bestallung des Vormundes G. 1791. — F. im Allgemeinen G. 1858 ff. (s. Vormundschaft). — F. bei Vormundschaft über Volljährige G. 1905. — S. auch E. 160, 210.
Familienrechtliche Ansprüche, Verhältnisse, keine Verjährung G. 195, 200.
Familienschriftstücke in Erbschaft G. 2047; bei Erbschaftskauf G. 2373.
Familienstand, nicht zu ermittelnder Minderjähriger, Bestellung eines Vormundes G. 1773.
Fasanen, Schaden durch F. G. 835.
Faustpfandrecht, s. Pfandrecht (an beweglichen Sachen).
Fehler, s. Gewährleistung (für Mängel).
Fehlerhafter Besitz G. 858 ff.
Feiertag bei Fristberechnung G. 193.
Feldfrevel E. 89, 107.
Fernsprechanstalt, Vertragsantrag durch F. G. 147.
Festnahme von Personen als Selbsthülfe G. 229 f.
Feststellung des Zustandes der Nießbrauchssache G. 1034. (S. Sachverständige.)
Feststellungsklage unterbricht Verjährung G 209.
Festungen, s. Rayongesetz.
Feuersgefahr, s. Versicherung.
Fideikommiß, s. Familienfideikommiß.
Finden, Finder, s. gefundene Sachen.

Finderlohn G. 971.
Fische in Teichen, Privatgewässern G. 960.
Fischereirecht, Fortbestand der Landesgesetze E. 69.
Fiskus, Anfall von Vereinsvermögen G. 45 f. — Haftung für Schaden durch Vertreter G. 89. — Aneignung aufgegebener Grundstücke G. 928. — Recht des F. auf den Versteigerungserlös aus gefundenen Sachen G. 981. — Erbrecht des F. G. 1936. — Feststellung desselben G. 1964 ff. — Inventarfrist G. 2011. — F. nicht gesetzlicher Erbe bei Nacherbschaft G. 2104. — hinsichtlich Vermächtnisses G. 2149. — Landesgesetze über Recht des Fiskus auf Sicherungshypothek E. 91; über gesetzliches Erbrecht des F. E. 138; über Ansprüche an den Nachlaß von Armen E. 139.
Fixgeschäft, Rücktrittsrecht G. 361.
Flößereirecht, Flößrecht, Fortbestand der Landesgesetze E. 65.
Flußbett, verlassenes, Fortbestand der Landesgesetze E. 65.
Forderung, s. Leistung. — Erfüllung der F. s. Erfüllung. — Hinterlegung der F. s. Hinterlegung. — Aufrechnung der F. s. Aufrechnung. — Erlaß der F. s. Erlaß. — Vereinigung der F. s. Vereinigung. — Uebertragung der F. s. Uebertragung. — Verpfändung von F. als Mittel der Sicherheitsleistung G. 232, 236, 238. — Verkauf von F., Haftung für nomen verum G. 437; für nomen bonum G 438. — Verkauf einer gemeinschaftlichen F. G. 754. — F. aus unerlaubter Handlung G. 853. — Nießbrauch an F. G. 1074, 1076 ff. — Pfandrecht an F. G. 1279 ff. — Vermächtniß einer F. G 2173, 2175.
Form, der Anmeldung zum Vereinsregister G. 77; der Rechtsgeschäfte G. 125 ff.: Nichtigkeit Mangels F. G. 125. — Schriftform G. 126. — F. der Vollmachtertheilung G. 167; der Zustimmung G. 182; des Vertrages über ganzes Vermögen G. 311; des Vertrages unter zukünftigen gesetzlichen Erben über Erbtheil oder Pflichttheil G. 312; des Vertrages über Eigenthum an Grundstücken G. 313; der Erklärung über Ausübung des Wiederkaufsrechtes G. 497; der Ausübung des Vorkaufsrechts G. 505; des Schenkungsversprechens G. 518; des Miethvertrages über Grundstücke G. 566; des Pachtvertrages G. 581; des Schuldversprechens G. 780, 782; des Schuldanerkenntnisses G. 781, 782; der Anweisung G. 783; der Annahme der Anweisung G. 784; der Uebertragung der Anweisung G. 792; der Einigung zur Uebertragung des Grundstückseigenthums G. 873, E. 142; der Auflassung G. 925; der Begründung des Erbbaurechts G. 1015; des Nießbrauchs an beweglichen Sachen G. 1032; des Verzeichnisses bei Nießbrauch an einem Sachinbegriff G. 1035; der Abtretung der Hypothek G. 1154; der Eheschließung G. 1317 ff.; der Anfechtung der Ehe nach dem Tode des nicht berechtigten Ehegatten G. 1342; des Ehevertrages G. 1434; des Verzichts eines Abkömmlings auf seinen Antheil am Gesammtgut G. 1491; der Erklärung der Auf-

hebung der fortgesetzten Gütergemeinschaft G. 1492; des Vertrages über Anrechnung der Abfindung eines Abkömmlings G. 1501; der Zustimmung des anderen Ehegatten zu letztwilligen Verfügungen über den Antheil eines Abkömmlings am Gesammtgute der fortgesetzten Gütergemeinschaft G. 1516; zu Erbverzicht eines Abkömmlings G. 1517; der Eintragung in das Güterrechtsregister G. 1560 f.; der Anfechtung der Ehelichkeit eines verstorbenen Kindes G. 1597; des Verzichts auf elterliche Nutznießung G. 1662; der Einwilligungserklärung zur Annahme an Kindesstatt G. 1748; der Erbschaftsausschlagung G. 1945; der Verfügung eines Miterben über seinen Antheil G. 2033; der Anfechtung letztwilliger Verfügungen G. 2081; der Einwilligung des Nacherben zu Verfügungen des Vorerben G. 2121; der Ernennung eines Testamentsvollstreckers G. 2197 f.; des Testamentes G. 2231 ff.; des Erbvertrags G. 2276 f.; des Rücktritts von demselben G. 2296; des Erbverzichts G. 2348; der Aufhebung desselben G. 2351; des Erbschaftskaufs G. 2371 — Maßgebende Gesetze für die F. der Rechtsgeschäfte E. 11.

Fortgesetzte Gütergemeinschaft, s. Gütergemeinschaft.

Forstwirthschaftliche Grundstücke in Nutzung von Realgemeinden, Uebergangsbestimmung E. 164.

Forstwirthschaftsbetrieb, Anspruchsverjährung G. 196.

Frachtfuhrleute, Verjährung ihrer Ansprüche G. 196. — Auslieferung der Kaufsache an F., Tragung der Gefahr G. 447.

Französisches Recht, Uebergangsbestimmungen E. 154, 156, 157, 200, 208, 211.

Frauen. Außereheliche Beiwohnung mit Frauenspersonen mit Hinterlist u. s. w. G. 825; Entschädigung G. 847. — Wartezeit bei neuer Eheschließung G. 1313. — Unterhaltspflicht der F. gegenüber Verwandten im Verhältniß zum ehelichen Güterstande G. 1604. — Bestellung zum Vormunde G. 1783. — Ablehnung G. 1786; Entlassung G. 1887.

Freie Verfügung, Anordnung bei Nacherbfolge gilt als V. auf den Ueberrest G. 2137.

Freies Vermögen des Hauskindes G. 1650 f.

Freiheit, s. Freiheitsentziehung.

Freiheitsentziehung G. 823. — Entschädigung Dritter, welchen durch F. Dienste entgangen sind G. 845. — Entschädigung für F. G. 847.

Freiwillige Gerichtsbarkeit, Gesetz E. 1.

Freizügigkeit, Gesetz über die, Aenderungen E. 37.

Fremdes Recht, Anwendung E. 7 ff., 27 f.

Frist für Todeserklärung G. 14 ff.; für Anfechtung von Willenserklärungen G. 121, 124. — Fristbestimmung für Annahme von Vertragsanträgen G. 148. — Fristen im Allgemeinen G. 186 ff.: Anfang G. 187; Berechnung nach Tagen, Wochen, Monaten, Jahren G. 188 ff.; Verlängerung G. 190. — F. zur Herstellung bei Schadensersatzpflicht G. 250. — F.bestimmung Seitens des Gläubigers zur Bewirkung der Leistung nach rechts-

kräftiger Verurtheilung des Schuldners G. 283, 325. — F.-bestimmung bei Leistungsverzug aus gegenseitigen Verträgen G. 326. — F. für Ausübung des Rücktrittsrechts G. 355; zur Wandelung G. 466; zur Erklärung über Billigung beim Kauf auf Probe oder Besicht G. 496; für Ausübung des Wiederkaufsrechts G. 503; des Vorkaufsrechts G. 510; für Widerruf der Schenkung G. 532; für Kündigung des Darlehens G. 609; für Kündigung des Dienstverhältnisses G. 620 ff.; zur Beseitigung von Mängeln beim Werkvertrage G. 634; zu Handlungen des Bestellers, welche zur Herstellung des Werkes erforderlich sind G. 642; bei Auslobung G. 658; bei Preisbewerbung G. 661; der Kündigung des Gesellschaftsvertrages G. 723 ff.; für Erwerb des Eigenthums an Grundstücken durch Eigenbesitz G. 900; für Anmeldung von Rechten an gefundenen Sachen G. 973, 977, 981; der Geltendmachung des Ersatzanspruchs für Verwendungen gegen Eigenthumsanspruch G. 1002; zur Genehmigung der Verwendungen durch den Eigenthümer G. 1003; zur Anfechtung der Ehe G. 1339; zur Genehmigung von Verfügungen der Frau über eingebrachtes Gut durch den Mann G. 1396; zur Genehmigung von Verfügungen des Mannes über Gesammtgut G. 1448; zur Erhebung der Ehescheidungsklage G. 1571; der Anfechtung der Ehelichkeit eines Kindes G. 1594; der Erbschaftsausschlagung G. 1944; der Anfechtung der Annahme oder Ausschlagung G. 1954; zur Anmeldung von Nachlaßforderungen G. 2061; zur Anfechtung letztwilliger Verfügung G. 2082; zur Anfechtung des Erbvertrags G. 2283.

Fruchtgenuß, zeitliche Bestimmungen wegen desselben G. 101

Früchte einer Sache, eines Rechts G. 99. — Herausgabe von F., Ersatz verwendeter Kosten G. 102. — Gesetzliches Pfandrecht des Verpächters eines landwirthschaftlichen Grundstücks an den F. G. 585. — F. eines gemeinschaftlichen Gegenstandes G. 743. — Ueberfallen von F. auf fremdes Grundstück G. 911. — F. des Baums auf der Grenze G. 923. — Eigenthumserwerb an den Früchten durch Trennung G. 953 ff. — Noch nicht getrennte F. bei Herausgabe eines landwirthschaftlichen Grundstücks G. 998. — Erwerb der F. durch den Nießbraucher G. 1039. — Herausgabepflicht des Erbschaftsbesitzers G. 2020. — Theilung der F. unter Miterben G. 2038. — Ordnungswidriger F.bezug des Vorerben G. 2133 — F. des Vermächtnißgegenstandes G. 2184.

Fürsorge für Wittwen und Waisen, Aenderung der Gesetze betr. dieselbe E. 48, 49, 51.

Führungszeugniß beim Dienstvertrage G. 630.

Fundlohn, s. Finderlohn.

Fundrecht, s. Gefundene Sachen.

Fungible Sachen, s. Vertretbare Sachen.

Furcht, s. Drohung.

Fütterungskosten von Hausthieren, Ersatz bei Wandelung wegen Hauptmängel G. 488. — F. gemietheter Thiere G. 547; geliehener Thiere G. 601.

G.

Garnisonort, Wohnsitz der Militärpersonen am G. G. 9.

Gase, Zuführung von G. auf ein fremdes Grundstück G. 906.

Gastwirthe, Verjährung ihrer Ansprüche G. 196. — Einbringung von Sachen bei G. G. 701 ff.: Schadensersatz für eingebrachte Sachen des Gastes, Haftung des G. für seine Leute, nicht abwendbar durch Anschlag G. 701. — Haftung für eingebrachte Gelder, Werthpapiere und Kostbarkeiten G. 702. — Anzeigepflicht des Gastes bei eingetretenem Verluste und Schaden G. 703. — Gesetzliches Pfandrecht des G. an den eingebrachten Sachen des Gastes G. 704.

Gattung als Gegenstand der Leistung G. 243, 279. — Gewährleistung bei Verkauf einer G. G. 480. — Verkauf eines der G. nach bestimmten Hausthieres G. 491; Schenkung G. 524; Vermächtniß G. 2155, 2182 f.

Gebäude, wesentliche Bestandtheile eines Grundstücks G. 94 f. — Einfügung von Sachen in ein G. zu vorübergehendem Zweck G. 95. — Zubehör eines G. G. 98. — Ausbesserungspflicht des Pächters G. 582. — Einsturz eines G., Entschädigungspflicht G. 836 ff. — Schutz gegen die Gefahr des Einsturzes G. 908. — Ueberschreitung der Grenze bei Errichtung von G. (Ueberbau) G. 912 ff. — An Theilen von G. kein Erbbaurecht G. 1014. — Wohnungsrecht an G. G. 1093. — Landesgesetzliche Vorschriften über Herstellung zerstörter G. in anderer Lage E. 110; über Miteigenthum an G. E. 131.

Gebäudeversicherung, Haftung für die Hypothek G. 1128.

Gebot, Gebundensein an ein G. bei Versteigerung G. 156.

Gebrauch. Veränderungen oder Verschlechterungen durch ordnungsmäßigen G. der Miethsache G. 548. — Vertragswidriger G. der Miethsache G. 550. — Nichtausübung des G. durch den Miether G. 552. — G. eines gemeinschaftlichen Gegenstandes G. 743.

Gebrauchsleihe G. 598 ff.: Erforderniß der Unentgeltlichkeit, der Gebrauchsgestattung G. 598. — Haftung des Verleihers G. 599. — Arglist des Verleihers, Schadensersatzpflicht bei Rechts- oder Sachmangel G. 600. — Erhaltungskosten, Fütterungskosten, Verwendungen des Entleihers, Recht zur Wegnahme von Einrichtungen G. 601. — Veränderungen u. Verschlechterungen durch den Gebrauch G. 602. — Vertragswidriger Gebrauch, Ueberlassung an Dritte G. 603. — Rückgabe, Dauer der Leihe G. 604. — Kündigung der Leihe (Selbstbedarf, vertragswidriger Gebrauch, Tod des Entleihers) G. 605. — Verjährung der Ansprüche des Verleihers und Entleihers G. 606.

Gebrauchsrecht, s. Persönliche Dienstbarkeiten.

Gebrechen, Ablehnung der Vormundschaft G. 1786. — Pflegschaft wegen G. G. 1910, 1920.

Geburt, Vollendung derselben als Beginn der Rechtsfähigkeit G. 1. — Tag der G. bei Berechnung des Lebensalters G. 187. — Zahl der vermittelnden

G. bestimmt den Verwandtschaftsgrad G. 1589.
Geburtshelfer, Verjährung ihrer Ansprüche G. 196.
Gefängnißstrafe, Verwirkung der elterlichen Gewalt G. 1680.
Gefahr, Umkommen in gemeinsamer G. G. 20. — G. als Voraussetzung der Selbsthülfe, Selbstvertheidigung G. 226 ff. — G. der Uebersendung von Geld G. 270. — Uebergang der G. bei Annahmeverzug auf den Gläubiger G. 300. — G. der hinterlegten Sache G. 379. — G. beim Kaufe G. 446, 447, 451; bei Uebernahme des Inventars eines verpachteten Grundstücks nach Schätzungswerth G. 587 ff.; beim Werkvertrage G. 644 f. — Haftung des Geschäftsführers ohne Auftrag bei dringender G. G. 680. — G. der Vorlegung von Sachen und Urkunden G. 811. — G. der durch unerlaubte Handlung entzogenen Sache G. 848. — Zulässige Einwirkung Dritter auf fremde Sachen zur Abwendung von G. G. 904. — Anzeigepflicht des Nießbrauchers bei G. G. 1042. — Uebergang der G. beim Erbschaftskauf G. 2380.
Gefundene Sachen G. 965 ff.: Anzeigepflicht des Finders G. 965. — Verwahrungspflicht, Versteigerung verderbbarer u. s. w. Sachen G. 966. — Ablieferung an die Polizeibehörde G. 967. — Haftung des Finders G. 968. — Befreiung durch Herausgabe an den Verlierenden G. 969. — Ersatz für Aufwendungen G. 970. — Finderlohn G. 971. — Zurückbehaltungsrecht des Finders wegen Aufwendungen und Finderlohn G. 972. — Eigenthumserwerb des Finders nach einem Jahre G. 973. — Verpflichtung Empfangsberechtigter zur Erklärung auf Aufforderung des Finders G. 974. — Pflichten der Polizeibehörde G. 975. — Verzicht des Finders, Uebergang seiner Rechte auf die Gemeinde des Fundorts G. 976. — Herausgabe der Bereicherung, dreijährige Verjährung G. 977. — Behandlung der in den Geschäftsräumen oder Beförderungsmitteln einer öffentlichen Behörde oder Verkehrsanstalt gefundenen oder sonst in deren Besitz gelangten Sachen unbekannter Empfangsberechtigter G. 978 ff. — Schatz G. 984.
Gegenleistung, s. Gegenseitige Verträge. — Bestimmung der G. durch den Berechtigten G. 316. — Hinterlegung bei Verpflichtung des Gläubigers zu G. G. 373.
Gegenseitige Verträge G. 320. ff. (S. Vertrag.) — G. Ersatzerbeinsetzung G. 2098. — G. Erbvertrag von Ehegatten G. 2280.
Gegenvormund. Mehrere Gegenvormundschaften, Ablehnung der Vormundschaft G. 1786. — Bestellung eines G. 1792. — Wirkungskreis G. 1799. — Mitwirkung bei Anlegung von Mündelgeld G. 1809 f. — Genehmigung von Verfügungen über Ansprüche des Mündels G. 1812 f., 1832. — Anhörung des G. G. 1826, 1836. — Haftung des G. G. 1833. — Ordnungsstrafen G. 1837. — Auskunftsertheilung G. 1839. — Vorlegung der Vormundschaftsrechnung G. 1842, 1854, 1891. — Ausschließung der Bestellung eines G. G. 1852. — Tod des

G. G. 1894. — Entlassung des G. G. 1895. — G. bei Vormundschaft über Volljährige G. 1903 f.; bei Pflegschaft G. 1915. — S. auch E. 136, 160, 210.

Gehalt, s. Diensteinkommen.

Geheimer Vorbehalt bei Willenserklärungen G. 116.

Gehülfen, Verjährung der Ansprüche gewerblicher G. G. 196. — G. des Beauftragten, Haftung für deren Verschulden G. 664; desgl. des Verwahrers G. 691. — G. bei unerlaubten Handlungen, gesammtschuldnerische Haftung G. 830. — G. des Richters oder Notars, Unfähigkeit zum Testamentszeugen G. 2237. — Fortbestand der Landesgesetze über Haftung der Beamten für ihre G. E. 78.

Geisteskrankheit, Entmündigung G. 6. — Geschäftsunfähigkeit G. 104. — Theilung des Gesammtguts bei Scheidung der Ehe wegen G. G. 1478. — Scheidung der Ehe wegen G. G. 1569; Unterhaltspflicht des andern Ehegatten G. 1583. — Uebergangsbestimmung für Entmündigung wegen G. E. 155.

Geistesschwäche, Entmündigung G. 6. — Beschränkte Geschäftsfähigkeit G. 114 f. — Unfähigkeit zum Vormunde G. 1780; zum Familienrath G. 1865. — Testamentserrichtung G. 2229. — Widerruf des Testaments G. 2253. — Nichtigkeit der Ehe G. 1325. — Geschäftsunfähigkeit G. 104. — Nichtigkeit der Willenserklärung G. 105. —Uebergangsbestimmungen für Vormundschaft über G. E. 210, 211.

Geistesstörung bei unerlaubten Handlungen G. 827.

Geistliche, Abtretung von Gehaltsansprüchen G. 411. — Kündigung des Miethverhältnisses bei Versetzung G. 570; nicht bei Pachtverhältniß G. 596. — Fortbestand der Landesgesetze über Ansprüche der G. aus ihrem Amtsverhältnisse E. 80; über Uebertragung derselben E. 81.

Geistliche Gesellschaften. Fortbestand der Landesgesetze über deren Rechtsfähigkeit E. 84.

Geld, Hinterlegung zur Sicherheitsleistung G. 232, 233, 235. — Kosten der Uebersendung einer Leistung in G. G. 270. — Hinterlegung von G. als Leistung G. 372. — G. als Gegenstand des Darlehens G. 607. — Haftung des Gastwirthes für eingebrachtes G. G. 702. — G. als Gegenstand der Anweisung G. 783. — Eigenthumserwerb an gestohlenem u. s. w. G. G. 935, 1006 f. — Einziehung einer verpfändeten Geldforderung G. 1288. — Erhebung und Anlegung von G. der Frau durch den Mann G. 1376 f. — G. als Gegenstand elterlicher Nutznießung G. 1653.

Geldrente. Vorausleistung G. 760. — G. als Entschädigung für Körper- oder Gesundheitsverletzung G. 843, als Erfüllung einer dem Getödteten obliegenden Unterhaltspflicht gegen Dritte vom Tödter zu zahlende G. G. 844. — Zahlung einer G. an den Dritten als Ersatz für Dienste des Verletzten G. 845. — Geldrente als Entschädigung für Ueberbau G. 912 ff., E. 116; für Duldung eines Nothweges G. 917, E. 116. — G. zur Erfüllung der Unterhaltspflicht der Ehegatten G. 1361; des schuldigen Theils bei

Ehescheidung G. 1580. — G. zum Unterhalt G. 1612, 1710.

Geldschuld, inländische, ausländische G. 244; Münzsorte G. 245. — Verzinsung einer G. von Rechtshängigkeit, Fälligkeit ab G. 291. — Aufhören der Zinsverpflichtung bei Annahmeverzug G. 301.

Geldstrafen, s. Ordnungsstrafe.

Gemeinden, Aufrechnung gegen Forderungen derselben G. 395. — Rechte der G. des Fundorts an gefundenen Sachen G. 976. — Fortbestand der Landesgesetze über Haftung der G. für ihre Beamten E. 77.

Gemeindevorsteher, Testamentserrichtung vor demselben G. 2249, 2252, 2262, E. 150.

Gemeindewaisenräthe, Mitwirkung bei elterlicher Vermögensverwaltung G. 1675; bei Auswahl des Vormundes G. 1779; bei Beaufsichtigung der Vormundschaft G 1849 ff. — Anhörung bei Zusammensetzung des Familienraths G. 1862.

Gemeine Gefahr, Betriebe mit solcher, Landesgesetze über Schadensersatz E. 105.

Gemeinheitstheilung, Fortbestand der Landesgesetze E. 113.

Gemeinschaft G. 741 ff.: Gemeinschaft nach Bruchtheilen G. 741. — Vermuthung für Gleichheit der Antheile G. 742. — Gebrauch des gemeinschaftlichen Gegenstandes, Früchte G. 743. — Verwaltung des gemeinschaftlichen Gegenstandes, Pflicht der Einwilligung im Voraus zu nothwendigen Erhaltungsmaßregeln G. 744. — Stimmenmehrheit für Verwaltung und Benutzung G. 745; Wirkung bezüglicher Bestimmungen für und gegen Sondernachfolger G. 746. — Verfügung über den Antheil, über den gemeinschaftlichen Gegenstand im Ganzen G. 747. — Antheilsmäßige Tragung der Lasten und Erhaltungskosten G. 748. — Aufhebung der G.: Recht auf dieselbe, zeitige Ausschließung derselben G. 749; Einfluß des Todes eines Theilhabers G. 750; Wirkung der Vereinbarung über Aufhebung für und gegen Sondernachfolger, der Pfändung eines Antheils G. 751. — Art der Theilung: In Natur, bei gleichen Theilen Loos G. 752; Verkauf, Versteigerung unter den Theilhabern G. 753. — Einziehung, Verkauf einer gemeinschaftlichen Forderung G. 754. — Berichtigung von Schulden der Theilhaber bei der Theilung G. 755. — Ansprüche der Theilhaber gegen einander G. 756. — Gewährleistung bei Zutheilung eines gemeinschaftlichen Gegenstandes an einen Theilhaber G. 757. — Unverjährbarkeit des Anspruches auf Aufhebung der G. G. 758. — G. des Jagdrechts, Ersatz des Wildschadens G 835. — Gemeinschaftlicher Besitz des Nießbrauchers und des Eigenthümers an Inhaber- oder Orderpapieren G. 1081. — Stellung des Pfandgläubigers am Antheil eines Miteigenthümers zur G. G. 1258. — G. der Miterben G. 2032 ff. — Uebergangsbestimmung für bestehende G. nach Bruchtheilen E. 173, nicht nach Bruchtheilen E. 181.

Gemeinschaft des beweglichen Vermögens und der Errungenschaft (Fahrnißgemeinschaft) G. 1549 ff.: Begriff, An-

wendung der Vorschriften über allgem. Gütergemeinschaft G. 1549. — Eingebrachtes Gut G. 1550; insonderheit unbewegliches Vermögen G. 1551; unübertragbare Rechte G. 1552; Bestimmung durch Ehevertrag G. 1553; Surrogation G. 1554. — Kein Vorbehaltsgut des Mannes G. 1555. — Verhältniß der Verbindlichkeiten der Ehegatten zu einander, wenn sie aus Erwerb stammen, der theils Gesammtgut, theils eingebrachtes Gut ist G. 1556. — Eintritt der fortgesetzten Gütergemeinschaft durch Ehevertrag G. 1557. — Unterhaltspflicht der Ehegatten gegenüber Verwandten G. 1604.

Gemeinschaftlicher Antheil beim Vermächtniß, Anwachsung G. 2158.

Gemeinschaftlicher Erbtheil G. 2093.

Gemeinschaftliche Sache, s. Miteigenthum.

Gemeinschaftliches Testament der Ehegatten G. 2265 ff.; über Antheil eines Abkömmlings am Gesammtgut G. 1516. — Aufhebung eines Erbvertrags durch g. T. G. 2292. — Uebergangsbestimmung E. 215.

Gemeinschuldner, s. Konkurs.

Genehmigung. Staatliche G. der Stiftung G. 80. — G. der Verträge Minderjähriger durch gesetzlichen Vertreter G. 107 ff. — G. von Verträgen, welche von einem Dritten ohne Vertretungsmacht abgeschlossen sind G. 177 ff. — Widerruf derselben G. 178. — Schadensersatzpflicht oder Erfüllungspflicht des Dritten G. 179. — G. von Verträgen und einseitigen Rechtsgeschäften G. 184. — G. des Gläubigers für Schuldübernahme G. 415; der Geschäftsführung ohne Auftrag G. 684. — Staatliche G. zur Ausgabe von Schuldverschreibungen auf den Inhaber G. 795. — G. der Verwendungen des Besitzers einer Sache durch den Eigenthümer G. 1001, 1003. — G. des Mannes zu Verfügungen der Frau über eingebrachtes Gut G. 1396 f.; der Frau zu Verfügungen des Mannes über Gesammtgut G. 1448 f. — G. des Vormundschaftsgerichts zur Ablehnung der fortgesetzten G. durch den überlebenden Ehegatten G. 1484. — G. des der Mutter zur Ausübung der elterlichen Gewalt bestellten Beistandes G. 1690. — G. des Antrages auf Ehelichkeitserklärung durch das Vormundschaftsgericht bei beschränkter Geschäftsfähigkeit der Interessenten G. 1729; zur Erhebung und Anlegung von Mündelgeld G. 1809 ff. — Fälle der erforderlichen G. zu Handlungen des Vormunds G. 1819 ff. — G. des Erbvertrags G. 2275; des Erbverzichts G. 2347.

Genericsche Obligationen, s. Gattung.

Gerade Linie der Verwandtschaft G. 1589. — Unterhaltspflicht der Verwandten in g. L. G. 1601. — Keine Mitwirkung bei Testamentserrichtung G. 2234.

Geräthschaften als Zubehör eines Gebäudes, eines Landgutes G. 94.

Geräusch, Zuführung von G. auf fremdes Grundstück G. 906.

Gerechtigkeiten, s. Berechtigungen.

Gerichtliche Form, Beurkundung des Vertrages G. 128.

— G. Beglaubigung des Handzeichens G. 126, 129. — G. Beurkundung von Verträgen G. 152. — G. F. des Vertrages über ein Vermögen G. 311; des Vertrages unter zukünftigen gesetzlichen Erben über Erbtheil oder Pflichttheil G. 312; über Eigenthumsübertragung an Grundstücken G. 313; des Schenkungsversprechens G. 518; des Ehevertrages G. 1434; des Verzichts eines Abkömmlings auf seinen Antheil am Gesammtgut G. 1491; der Erklärung der Aufhebung der fortgesetzten Gütergemeinschaft durch den überlebenden Ehegatten G. 1492; des Vertrages über Anrechnung der Abfindung eines Abkömmlings G. 1501; der Zustimmung des anderen Ehegatten zu letztwilligen Verfügungen über Antheil der Abkömmlinge am Gesammtgut G. 1516; zu Erbverzicht eines Abkömmlings G. 1517; der Anträge auf Ehelichkeitserklärung G. 1730; der Einwilligungserklärung zur Annahme an Kindesstatt G. 1748; des Annahmevertrages G. 1750; der Verfügung eines Miterben über seinen Antheil G. 2033; der Anfechtung des Erbvertrags G. 2282; des Rücktritts von demselben G. 2296; des Erbverzichts G. 2348; der Aufhebung desselben G. 2351; des Erbschaftskaufs G. 2371. — Landesgesetze über F. von Rechtsgeschäften E. 141, 142. — S. auch E. 151.

Gerichtsschreiber beim Testament G. 2233 ff.

Gerichtsverfassungsgesetz, Aenderungen E. 1, 33.

Gerichtsvollzieher, Zustellung von Willenserklärungen G. 132. — Anspruchsverjährung G. 196. — Oeffentliche Versteigerung G. 383

Gerüche, Zuführung auf fremdes Grundstück G. 906.

Gesammtgläubiger, s. Gesammtschuldverhältniß.

Gesammtgrundschuld an mehreren Nachlaßgrundstücken, von welchen eines Gegenstand eines Vermächtnisses G. 2168.

Gesammtgut bei allgemeiner Gütergemeinschaft G. 1438 ff. (s. unter Gütergemeinschaft); bei fortgesetzter Gütergemeinschaft G. 1485; bei Errungenschaftsgemeinschaft G. 1519; bei Fahrnißgemeinschaft G. 1550. — Inventarfrist bei Erbschaft einer Ehefrau, welche zum G. gehört G. 2008. — Ausgleichungspflicht der Zuwendungen an Abkömmlinge aus dem G. 2054 — Berücksichtigung beim Pflichttheilsanspruch G. 2331.

Gesammtgutsverbindlichkeiten G. 1459 ff. (s. Gütergemeinschaft). — G. der fortgesetzten Gütergemeinschaft G. 1488 f., 1499; der Errungenschaftsgemeinschaft G. 1530 ff.

Gesammthypothek G. 1132, 1172, 1173, 1174, 1181, 1182 (s. auch Hypothek).

Gesammtpreis, Wandelung beim Verkaufe mehrerer Sachen gegen G. G. 469, 471; Minderung G. 472. — G. beim Vorkaufsrecht G. 508.

Gesammtrentenschuld an mehreren Nachlaßgrundstücken, von denen eins Gegenstand des Vermächtnisses G. 2168.

Gesammtschuldner, s. Gesammtschuldverhältniß. Liquidatoren

eines Vereins haften als G. G. 53 desgl. die Mitglieder eines nicht rechtsfähigen Vereins G. 54; desgl. Mitbürgen G. 769. — Haftung mehrerer Eigenthümer eines Grundstücks für die einzelnen Leistungen aus Reallast als G. G. 1108. — Haftung des Mannes als G. neben der Frau für deren Verbindlichkeiten G. 1388; bei Gesammtgut G. 1459; bei Errungenschaftsgemeinschaft G. 1530. — Haftung mehrerer Vormünder als G. G. 1833; mehrerer Erben bei ungetheilter Erbschaft G. 2058; mehrerer Testamentsvollstrecker G. 2219.

Gesammtschuldverhältniß G. 420 ff.: Begriff G. 421; Erfüllung durch einen Gesammtschuldner G. 422. — Erlaßvertrag mit einem Gesammtschuldner G. 423. — Verzug des Gläubigers gegenüber einem Gesammtschuldner G. 424. — Verschulden eines einzelnen Betheiligten, sonstige Thatsachen, welche nur für und gegen den Einzelnen wirken G. 425. — Verhältniß der Gesammtschuldner unter sich, im Zweifel Verpflichtung zu gleichen Antheilen, Rechte des den Gläubiger befriedigenden G. G. 426. — Gemeinschaftliche Verpflichtung zu theilbarer Leistung erzeugt im Zweifel G. G. 427. — Gesammtgläubiger, Begriff G. 428; Verzug eines Gesammtgläubigers, Vereinigung von Forderung und Schuld in dessen Person G. 429; Uebertragung Seitens eines Gesammtgläubigers G. 429; Verhältniß der Gesammtgläubiger unter sich, im Zweifel gleiche Antheile G. 430. — Untheilbare Leistungspflicht Mehrerer erzeugt G. G. 432. — Verhältniß des Schuldners einer untheilbaren Leistung zu mehreren Berechtigten G. 432. — G. bei Gemeinschaft G. 755. — G. bei Betheiligung Mehrerer an unerlaubten Handlungen G. 830, 840.

Gesammtschwarm von Bienen G. 963.

Geschäftsbetrieb Minderjähriger G. 112.

Geschäftsbesorgung, gewerbsmäßige, Anspruchsverjährung G. 196. — G. als Gegenstand eines Dienst- oder Werkvertrages G. 675.

Geschäftsfähigkeit, beschränkte, hindert Begründung und Aufhebung des Wohnsitzes G. 8. — G. im Allgemeinen G. 104 ff. — Beschränkte G. der Minderjährigen über 7 Jahre G. 106 ff.; der Entmündigten und unter vorläufige Vormundschaft Gestellten G. 114, 115. — Willenserklärung gegenüber beschränkt Geschäftsfähigen G. 131. — Beschränkte G. des Vertreters G. 165. — Anspruchsverjährung bei beschränkter G. G. 206. — Eheeinwilligung des gesetzlichen Vertreters bei beschränkter G. G. 1304; Anfechtung der Ehe mangels derselben G. 1331. — B. G. eines Ehegatten, Anfechtung der Ehe durch gesetzlichen Vertreter G. 1336 f. — B. G. der Frau, Einfluß auf die Verwaltung und Nutznießung des eingebrachten Guts G. 1364. — B. G. eines Ehegatten, Vertrag auf allgemeine Gütergemeinschaft G. 1437. — B. G. des Vaters, Ruhen der elterlichen Gewalt G. 1676. — B. G. eines bei Ehelichkeitserklärung

Betheiligten, Genehmigung des Vormundschaftsgerichts G 1729. — B.G. bei Annahme an Kindesstatt G. 1751; des Testamentsvollstreckers G. 2201; des Testators G. 2229. — G. erforderlich für Erbvertrag G. 2275. — Anfechtung eines Erbvertrags bei b. G. G. 2282; vertragsmäßige Aufhebung G. 2290; Rücktritt G. 2296; Erbverzicht G. 2347. — G. zu beurtheilen nach Staatsangehörigkeit E. 17. — G. von Ausländern E. 17.

Geschäftsführer, s. Geschäftsführung (ohne Auftrag).

Geschäftsführung des Vereinsvorstandes G. 27; bei der Gesellschaft G. 709 ff., 729, 730.

Geschäftsführung ohne Auftrag G. 677 ff.: Begriff, Pflichten des Geschäftsführers G. 677. — Uebernahme gegen den Willen des Geschäftsherrn, Schadensersatz G. 678; bei öffentlichem Interesse oder gesetzlicher Unterhaltspflicht G. 679. — Haftung des Geschäftsführers bei dringender Gefahr G. 680. — Pflicht des Geschäftsführers zur Anzeige, Rechnungslegung, Herausgabe G. 681. — Geschäftsunfähigkeit des Geschäftsführers, Haftung für Bereicherung G. 682. — Ansprüche des Geschäftsführers auf Ersatz der Aufwendungen (negotium utiliter gestum) G. 683; auf Bereicherung G. 684; bei Genehmigung der G. G. 684. — Kein Anspruch, wenn Geschäftsführer ohne den Willen handelte, solchen zu erlangen, Vermuthung dafür, daß bei Unterhalt von Eltern und Abkömmlingen dieser Wille fehlte G. 685. — Irrthum über die Person des Geschäftsherrn G. 686. — G. im eigenen Interesse, Meinung, daß das fremde G. ein eigenes sei G. 687.

Geschäftsherr, s. Geschäftsführung (ohne Auftrag). — Haftung des G. für unerlaubte Handlungen der Angestellten G. 831.

Geschäftsräume einer öffentlichen Behörde oder Verkehrsanstalt, Fund in denselben G. 978 ff.

Geschäftsunfähigkeit findet Begründung und Aufhebung des Wohnsitzes G. 8. — G. im Allgemeinen G. 104 ff. — Aufzählung der Geschäftsunfähigen G. 104. — Nichtigkeit der Willenserklärung G. 105. — Eintritt der G. nach Abgabe einer Willenserklärung G. 130. — Willenserklärung gegenüber Geschäftsunfähigen G. 131. — G. des Antragenden vor Annahme des Vertrages G. 153. — Anspruchsverjährung gegen g. Personen G. 206. — Eintretende G. des Auftraggebers, Einfluß auf den Auftrag G. 672. — G. des Geschäftsführers ohne Auftrag, Haftung G. 682; eines Betheiligten bei der Anweisung G. 791. — Verpflichtung des Ausstellers von Schuldverschreibungen auf den Inhaber, welche nach Eintritt seiner G. in den Verkehr gelangt sind G. 794. — Ersitzung gegen G G. 939. — Nichtigkeit der Ehe wegen G. G. 1325. — G. eines Ehegatten, Anfechtung der Ehe durch gesetzlichen Vertreter G. 1336, 1337, 1340. — Anfechtung der Ehelichkeit eines Kindes durch gesetzlichen Vertreter des g. Mannes G. 1595. — G. des Vaters, Ruhen der elterlichen Gewalt G. 1676. — G. schließt von Bestellung zum Vormunde aus G. 1780; vom Familien-

rath G. 1865; zum Testamentsvollstrecker G. 2201. — Anfechtung eines Erbvertrags bei G. G. 2282. — Erbverzicht G. 2347. — G. von Ausländern E. 7.

Geschäftsverhältniß zum Erblasser, Auslegung der Bedenkung im Testament G. 2071.

Geschwister, Eheverbot G. 1310.

Gesellen, Verjährung ihrer Ansprüche G. 196.

Gesellschaft, Anwendung der Vorschriften über G. auf nicht rechtsfähige Vereine G. 14, 54. — G. im Allgemeinen G. 705 ff.: Gesellschaftsvertrag G. 705. — Nothwendigkeit der Beitragsleistung, fungible Sachen, Consumtibilien, Dienste G. 706. — Erhöhung, Ergänzung des Beitrages G. 707. — Haftung für diligentia quam in suis G. 708. — Geschäftsführung G. 709 ff.: gemeinschaftliche aller Gesellschafter, Stimmeneinheit, Stimmenmehrheit, G. 709; Uebertragung an einzelne Gesellschafter G. 710; Widerspruch G. 711; Entziehung, Kündigung der Geschäftsführung G. 712. — Rechte und Pflichten der zur Geschäftsführung berufenen Gesellschafter G. 713; Vertretung gegenüber Dritten G. 714 f. — Recht der Gesellschafter, sich vom Stande der G. zu unterrichten G. 716. — Nichtübertragbarkeit der gegenseitigen Ansprüche aus dem G.-verhältnisse G. 717. — Gesellschaftsvermögen G. 718 ff.: Umfang 718; keine Verfügung über den Antheil, Theilung, Aufrechnung G. 719 f.; Rechnungsabschluß, Gewinnvertheilung G. 721; Antheile am Gewinn und Verlust G. 722. — Kündigung der G. 723 ff.: bei unbestimmter, bestimmter Zeitdauer G. 723; bei G. auf Lebenszeit G. 724; durch den Gläubiger bei Pfändung des Antheils eines Gesellschafters G. 725. — Auflösung der G. G. 726 ff.: Erreichung, Unmöglichkeit des Zwecks G. 726; Tod eines Gesellschafters, Pflichten des Erben G. 727; Konkurs eines Gesellschafters G. 728; Fortdauer der Befugniß zur Geschäftsführung G. 729. — Auseinandersetzung G. 730 ff.: Beendigung schwebender Geschäfte, gemeinschaftliche Geschäftsführung aller Gesellschafter G. 730; Anwendung der Grundsätze über Theilung der Gemeinschaft G. 731; Rückgabe von zur Benutzung überlassenen Sachen eines Gesellschafters G. 732; Berichtigung zunächst der Schulden, dann der Einlagen G. 733; Theilung des Ueberschusses G. 734; Deckung bei Ueberschuldung G. 735. — Ausscheiden eines Gesellschafters G. 736 ff.: Bestimmungen des G.-vertrages darüber G. 736; Ausschließung G. 737; Auszahlung des Antheils, Zurückgabe von benutzten Sachen, Befreiung von Schulden, Sicherheitsleistung, Anwachsung des Antheils des Ausscheidenden G. 738; Haftung des Ausscheidenden bei Ueberschuldung G. 739; Theilnahme am Gewinn und Verlust aus schwebenden Geschäften, Pflicht der bleibenden Gesellschafter zur Rechenschaft und Auskunftsertheilung G. 740. — G.vertrag des Mündels G. 1822.

Gesellschaftsvermögen G. 718 ff. (S. Gesellschaft.)

Gesellschafterinnen, Dienstverhältniß, Kündigung G. 622, 627, 628.
Gesetz, Uebertragung einer Forderung kraft G. G. 412. — G. jede Rechtsnorm E. 1.
Gesetzliche Erbfolge, Erben, s. Erbfolge — Auslegung der testamentarischen Einsetzung der g. E. G. 2066. — G. E. als Bedachte beim Vermächtniß G. 2149.
Gesetzliches Güterrecht G. 1363 ff.
Gesetzliche Pfandrechte, s. Pfandrecht. Anwendung der Vorschriften über vertragsmäßiges Pfandrecht auf g. Pf. G. 1257.
Gesetzliche Vertreter, s. Vertreter.
Gesetzliche Zinsen G. 246.
Gesinde des Richters oder Notars, Unfähigkeit zu Testamentszeugen G. 2237.
Gesinderecht, Fortbestand landesgesetzlicher Vorschriften E. 95.
Gestohlene Schuldverschreibung auf den Inhaber, Verpflichtung des Ausstellers G. 794. — Eigenthumserwerb an g. Sachen G. 935. — Keine Eigenthumsvermuthung für den Besitzer g. S. gegenüber dem Bestohlenen G. 1006. — Herausgabe g. S. G. 1007.
Gesundheit. Gesundheitsgefährliche Wohnung, Miethe G. 544. — Verletzung der G. G. 823; durch Thiere G. 833 f.; durch Einsturz eines Gebäudes G. 836 ff. — Art der Entschädigung G. 843. — Ersatz an Dritte für Dienstleistungen des Verletzten G. 845. — Geldentschädigung, auch wo kein Vermögensschaden entstanden G. 847.
Getränkeverabreichung, gewerbsmäßige, Anspruchsverjährung G. 196.
Gewährfristen bei dem Verkaufe von Hausthieren G. 482 ff.
Gewährleistung bei Hingabe an Erfüllungsstatt G. 365; von Rechtsmängeln beim Kaufe G. 434 ff. — G. wegen Mängel der veräußerten Sache G. 459 ff.: Haftung für Freisein von erheblichen Fehlern im Zeitpunkte des Ueberganges der Gefahr auf den Käufer, Haftung für zugesicherte Eigenschaften G. 459. — Nichthaftung bei Kenntniß des Erwerbers und grobfahrlässiger Unkenntniß desselben G. 460. — Mängel beim öffentlichen Pfandverkauf G. 461. — Wandelung, Minderung G. 462 ff.: Wahlrecht des Käufers G. 462. — Schadensersatz statt W. oder M. beim Mangel zugesicherter Eigenschaft oder arglistig verschwiegenem Mangel G. 463. — Verlust der Ansprüche durch vorbehaltlose Annahme der Sache G. 464. — Vollzug der W. oder M. G. 465. — Fristbestimmung des Verkäufers bei Erbieten zur W. G. 466. — Anwendung der Vorschriften über vertragsmäßiges Rücktrittsrecht auf die W. G. 467. — W. bei zugesagter bestimmter Größe des verkauften Grundstückes G. 468. — W. beim Verkauf mehrerer Sachen G. 469. — Mängel der Hauptsache, Nebensache G. 470. — W. bei Gesammtpreis und Mangel einzelner Sachen G. 471. — Berechnung bei M. G. 472. — M. wenn neben dem Geldkaufpreise andere auf nicht vertretbare Sachen gerichtete Leistungen bedungen sind G. 473. — Gel-

tendmachung der M. von oder gegen Mehrere G. 474. — Weitere M. oder W. wegen anderer Mängel G. 475. — Ausschließung der G. durch Vertrag G. 476. — Verjährung der Ansprüche des Käufers G. 477 ff. — Berechtigung des Käufers zur Zahlungsweigerung nach Ablauf der Verjährung G. 478. — Recht auf Lieferung mangelfreier Sachen an Stelle mangelhafter bei Kauf von nur der Gattung nach bestimmten Sachen G. 480. — G. bei Veräußerung von Hausthieren G. 481 ff.: Arten der Hausthiere G. 481. — Hauptmängel, Gewährfristen, Bestimmung durch Kaiserl. Verordnung G. 482. — Beginn der Gewährfrist G. 483. — Vermuthung für Bestehen des innerhalb der Gewährfrist sich zeigenden Mangels im Zeitpunkte des Gefahrüberganges G. 484. — Anzeigepflicht des Käufers, Folgen der Unterlassung G. 485. — Verlängerung, Abkürzung der Gewährfrist G. 486. — Ausschluß der Minderungsklage, Wandelung, Tod des Thieres, Nutzungen G. 487. — Ersatz von Fütterungs- und sonstigen Kosten G. 488. — Versteigerung des Hausthiers G. 489. — Verjährung des Wandelungsanspruches G. 490. — Verweigerung der Kaufpreiszahlung nach Ablauf der Verjährung, Aufrechnung des Schadensersatzanspruches G. 490. — Verkauf eines nur der Gattung nach bestimmten Thieres G. 491. — G. für einen nicht zu den Hauptmängeln gehörenden Fehlern G. 492. — Anwendung der Vorschriften über G. auf entgeltliche Verträge außer Kauf G. 493. — G. des Schenkers für Rechtsmängel G. 523; für Sachmängel G. 524. — G. des Vermiethers G. 537 ff.; beim Werkvertrage, Minderung, Wandelung G. 633 ff.; bei Zutheilung eines gemeinschaftlichen Gegenstandes an einen Theilhaber G. 757. — G. bei Ausstattung G. 1624. — G. bei Vermächtniß G. 2182 f.; bei Erbschaftskauf G. 2376; bei Schenkung einer Erbschaft G. 2385.

Gewalthaber, Einwilligung zur Volljährigkeitserklärung G. 4.

Gewalt, höhere, sammt Anspruchsverjährung G. 203. — G. entbindet den Gastwirth von Haftung für eingebrachte Sachen G. 701. — Thatsächliche G. als Voraussetzung des Besitzerwerbes G. 854 f. — G. gegen verbotene Eigenmacht G. 859. — Verhinderung rechtzeitiger Inventarerrichtung durch h. G. G. 1996.

Gewerbebetrieb, selbständiger eines Minderjährigen G. 112. — Verjährung von Ansprüchen aus G. G. 196. — Ort der Leistung im G. 269, 270 — Landesgesetze über Sicherheitsleistung für einen G. E. 90.

Gewerbliche Anlagen, Zubehör G. 98.

Gewerbliche Arbeiter, Verjährung ihrer Ansprüche G. 196.

Gewerblicher Betrieb, Gebäude zu solchem, Zubehör G. 98. — Pachtvertrag über G. B. bei Mündelgut G. 1822.

Gewerbeordnung, G. 44, 62. — Aenderungen E. 36.

Gewinn, entgangener als Gegenstand des Schadensersatzes G. 252.

Gewinnantheilsscheine, Hinterlegung zur Sicherheitsleistung

G. 234. — Keine Kraftloserklärung derselben G. 799. — Vorlegungsfrist G. 801. — Verluste von G. 804. — Erneuerung G. 805. — Besitz der G. bei Nießbrauch am Inhaberpapier G. 1081. — G. verpfändeter Werthpapiere G. 1296. — G. von Mündelgeld G. 1814, 1818. — Uebergangsbestimmungen E. 174 f.

Gewinnvertheilung bei der Gesellschaft G. 721.

Gewohnheit der Rückkehr gezähmter Thiere G. 960.

Gleichartigkeit der Leistungen als Voraussetzung der Aufrechnung G. 387.

Gleichzeitigkeit des Todes in gemeinsamer Gefahr G. 20.

Goldsachen als Pfand, Versteigerung 1240.

Gottesdienstliche Gebäude, Platz darin, Landesgesetze E. 133.

Gräben, Ausbesserungspflicht des Pächters G. 582. — G. zwischen zwei Grundstücken G. 921 f.

Grad der Verwandtschaft G. 1589, der Schwägerschaft G. 1590.

Graviren, Eigenthumserwerb G. 950.

Grenze. Grenzanlagen G. 907 ff., Ueberschreitung der G. bei Errichtung eines Gebäudes (Ueberbau) G. 912 ff. — Abmarkung der G. G. 919. — Grenzverwirrung G. 920. — Baum auf der G. 923.

Grobe Fahrlässigkeit G. 277. — Bei Annahmeverzug G. 300. — Haftung des Schenkers G. 521. — G. F. des Miethers bei Unkenntniß von Mängeln G. 539. — Haftung des Verleihers G. 599. — Haftung des Geschäftsführers ohne Auftrag bei dringender Gefahr G. 680. — G. F. schließt den guten Glauben aus G. 932. — Haftung des Finders G. 968.

Großeltern, Vermuthung dafür, daß G. für den ihren Abkömmlingen gewährten Unterhalt keinen Anspruch erlangen wollen G. 685. — G. gesetzliche Erben dritter Ordnung G. 1926.

Großjährigkeit, s. Minderjährigkeit, Volljährigkeit.

Großvater, Berufung zur Vormundschaft G. 1776, 1899 f.

Grundbuch, s. Grundstücke (Absatz: Allgemeine Vorschriften über Rechte an Grundstücken). Rente für Ueberbau wird nicht in das G. eingetragen G. 914. — Auflassung vor dem Grundbuchamt G. 925, E. 142; desgl. Verzicht auf das Eigenthum G. 928; desgl. Begründung des Erbbaurechts G. 1015, E. 143. — G. bei allgemeiner Gütergemeinschaft G. 1438. — Landesgesetze über Uebertragung von Grundstücken, welche nicht im Grundbuch eingetragen sind E. 127 f. — Uebergangsvorschriften für Anlegung des G. E. 186 ff.

Grundbuchordnung E. 1.

Grunddienstbarkeiten. Beeinträchtigung einer G. durch Ueberbau G. 916. — G. im Allgemeinen G. 1018 ff.: Begriff der G. G. 1018. — Begrenzung des Inhalts, Vortheil des herrschenden Grundstücks G. 1019. — Schonende Ausübung, Erhaltung der zur Ausübung der G. dienenden Anlage G. 1020. — Bauliche Anlagen G. 1021. — Verlegung des Ausübungsorts bei auf einen Theil des belasteten Grundstücks beschränkter G. G. 1023. — Zusammentreffen

mit anderer G oder Nutzungsrecht G. 1024. — Theilung des herrschenden Grundstücks G. 1025; des dienenden G. G. 1026. — Schutz der G. G. 1027; der Ausübung durch den Besitzer G. 1029. — Verjährung bei Anlage auf dienendem Grundstück G. 1028. — Landesgesetzliche Verbote von G. E. 115. — Uebergangsbestimmung für bestehende G. E. 184, 187; für Besitzschutz derselben bis zur Anlegung des Grundbuchs E. 191.

Grundloses Haben, Herausgabepflicht G. 812.

Grund und Boden, mit demselben verbundene Sachen G. 94, 95.

Grundschuld. Verpfändung einer G. als Sicherheitsleistung G. 232, 238. — Pflicht des Verkäufers zur Beseitigung einer auf dem Kaufgegenstande haftenden G. G. 439. — Aenderung des Ranges einer G. im Grundbuch G. 880. — Nießbrauch an einer G. G. 1080. — Grundschuld im Allgemeinen G. 1191 ff.: Entstehung, Begriff G. 1191. — Anwendung der Vorschriften üb. die Hypothek G. 1192. — Kündigung der G. G. 1193. — Ort der Zahlung G. 1194. — Grundschuldbriefe auf den Inhaber G. 1195. — Eigenthümergrundschuld G. 1196 f. — Verwandlung der G. in eine Hypothek und umgekehrt G. 1198. — Pfandrecht an einer G. G. 1291. — G. bei Fahrnißgemeinschaft G. 1551. — Anlegung von Mündelgeld in G. G. 1807; Verfügung des Vormundes darüber G. 1819, 1821. — Verfügung des Vorerben G. 2114. — G. auf vermachten Grundstücken G. 2165 ff. — Beschränkung der G. durch Landesgesetz E. 60, 117, 118. — Uebergangsbestimmung für bestehende G. bis zur Anlegung des Grundbuchs E. 195.

Grundschuldbriefe, Eigenthum daran G. 952. — G. auf den Inhaber G. 1195.

Grundstücke, wesentliche Bestandtheile derselben G. 94, 95. — Rechte als B. eines Grundstücks G. 96 — Zubehör G. 97. — Früchte G. 99. — Aufgabe des Besitzes eines herauszugebenden G. bei Verzug des Gläubigers G. 303. — Form des Vertrages auf Eigenthumsübertragung am G. G. 313, E. 142. — Veräußerung eines G., Uebernahme einer Schuld, für welche eine Hypothek am G. besteht, durch den Erwerber G. 416. — Pflicht des Verkäufers eines G. zur Löschung nicht bestehender Rechte im Grundbuche G. 435; Nichthaftung für Freiheit von öffentlichen Abgaben und Lasten G. 436. — Herausgabe von Beweisurkunden G. 444. — Eintragung des Käufers eines G. in das Grundbuch vor Uebergabe, Wirkung auf die Gefahr G. 446. — Wandelung bei zugesagter bestimmter Größe des verkauften G. G. 468. — Verjährung der Ansprüche des Käufers von G. auf Gewährleistung G. 477. — Wiederkaufsrecht bei G., Frist G. 503. — Stundung des Kaufpreises, Sicherheitsleistung dafür bei Vorkaufsrecht am G. G. 509. — Frist für Ausübung des V. an G. G. 510. — Zusicherung bestimmter Größe eines vermietheten G. G. 537. — Gesetzliches Pfandrecht des Vermiethers eines G. G. 559 ff. — Kündi-

gungszeit bei vermietheten G. G. 565. — Form des Miethvertrages über G. G. 566. — Veräußerung vermietheter G., Kauf bricht nicht Miethe G. 571 ff. — Pacht eines landwirthschaftlichen G. G. 582 ff. — Werkvertrag über Arbeiten an einem G., Verjährung der Ansprüche des Bestellers G. 638. — Störung des Besitzes von G. durch verbotene Eigenmacht, Recht der Entsetzung G. 859. — Schutz des Besitzes einer auf ein fremdes G. gelangten Sache G. 867. — Allgemeine Vorschriften über Rechte an Grundstücken G. 873 ff.: Uebertragung, Belastung des Eigenthums durch Eintragung in das Grundbuch nach Einigung der Betheiligten, Gebundensein derselben an die Einigung G. 873, E. 142. — Eintragungsbewilligung G. 874. — Aufhebung von Rechten an G., Löschung G. 875 f. — Aenderungen des Inhaltes eines Rechts am G. G. 877. — — Wirkung später eintretender Verfügungsbeschränkung des Berechtigten G. 878. — Rangverhältniß der eingetragenen Rechte an einem G. nach Reihenfolge und Zeitfolge G. 879, Erfordernisse der Aenderung der Rangordnung G. 880. — Rangvorbehalt G. 881 — Eintragung eines Ultimats G. 882. — Vormerkung zur Sicherung von Ansprüchen auf Eintragung, Zulässigkeit und Wirkung G. 883. — Haftung des Erben des Verpflichteten aus der V. G. 884. — Voraussetzungen der Eintragung (einstweilige Verfügung oder Bewilligung) G. 885. — Beseitigung der V. auf Grund einer peremtorischen Einrede G. 886. — Erlöschen der V. bei unbekanntem Gläubiger durch Aufgebot G. 887. — Vereinigung des Eigenthums und des Rechts am Grundstücke G. 889. — Vereinigung mehrerer Grundstücke zu einem G. durch Eintragung in das Grundbuch, ein G. als Bestandtheil eines andern G. 890. — Oeffentlicher Glaube des Grundbuchs G. 892 ff.: Vermuthung der Richtigkeit G. 892; für den Erwerber eines Rechts am G. gilt der Inhalt des Grundbuchs als richtig, falls er nicht die wahre Rechtslage kennt, Zeitpunkt solcher Kenntniß G. 892. — Ausdehnung dieses Schutzes über den Fall des Rechtserwerbes hinaus auf Leistungen an den durch das Grundbuch Berechtigten, andere Verfügungen z. B. Kündigung G. 893. — Recht des wirklich Berechtigten auf Berichtigung des Grundbuchs, Nichtverjährbarkeit solcher Ansprüche G. 894 ff. — Eintragung eines Widerspruchs gegen die Richtigkeit des Grundbuchs G. 899. — Erwerb des Eigenthums durch Eintragung in das Grundbuch und 30 jährigen Eigenbesitz, desgl. anderer Rechte, welche zum Besitze des G. berechtigen G. 900. — Verjährung des zu Unrecht gelöschten Rechts an einem fremden G., des nicht eingetragenen kraft Gesetzes entstandenen Rechts G. 901. — Keine Verjährung der Ansprüche aus eingetragenen Rechten, Widerspruchsrechten, mit Ausnahme von Rückständen wiederkehrender Leistungen und aus Schadensersatz G. 902. — In-

halt und Begrenzung des Eigenthums an G. G. 905 ff.: Raum über und unter der Oberfläche G. 905. — Zuführung von Gasen, Dämpfen u. s. w. G. 906. — Unzulässige Anlagen an der Grenze G. 907. — Schutz gegen Gefahr des Einsturzes eines Gebäudes oder Werkes G. 908. — Vertiefen des Erdbodens, Gefährdung des Nachbargrundstücks G. 909. — Ueberhang von Wurzeln, Zweigen G. 910. — Ueberbau, Entschädigung durch Geldrente für Duldung desselben G. 912 ff.; Rang der Rente gegenüber anderen Rechten am belasteten Grundstück, keine Eintragung in das Grundbuch G. 914; Ueberlassung des Baugrundes G. 915; Verletzung eines Erbbaurechts oder einer Dienstbarkeit durch den Ueberbau G. 916. — Nothweg, Geldrente für Duldung desselben G. 917 f. — Abmarkung der Grenze von G. G. 919. — Grenzverwirrung G. 920. — Trennung zweier Grundstücke durch einen Zwischenraum, Rain, Graben u. s. w., Vermuthnng für gemeinschaftliche Benutzungsberechtigung der Nachbarn, Unterhaltungskosten, Grundsätze der Gemeinschaft G. 921 f. — Unverjährbarkeit der Ansprüche aus dem Nachbarrecht G. 924. — Erwerb und Verlust des Eigenthums an G. G. 925 ff.: Auflassung, keine Bedingung oder Zeitbestimmung zulässig G. 925, E. 193. — Erwerb des Zubehörs G. 926. — Ausschluß des Eigenthümers durch Aufgebotsverfahren nach dreißigjährigem Eigenbesitz eines Anderen G. 927. — Aufgabe des Eigenthums durch Verzicht, Aneignung des aufgegebenen Grundstücks durch den Fiskus G. 928. — Verbindung einer beweglichen Sache mit einem G. zu wesentlichem Bestandtheil G. 946. — Herausgabe eines landwirthschaftlichen G. G. 998. — Gemeinschaftliche Grundstücke G. 1009 f. — Dienstbarkeiten eines G., s. Grunddienstbarkeit. — Nießbrauch an G. G. 1037, 1038, 1043, 1044, 1047, 1048, 1056, 1062. — Beschränkte persönliche Dienstbarkeiten an G. G. 1090 ff. — Vorkaufsrecht an G. G. 1094 ff. — Reallast an G. G. 1105 ff. — Mieth- und Pachtverhältnisse an G., welche zum eingebrachten Gute gehören G. 1423. — Verfügung des Mannes über G., welche zum Gesammtgut gehören G. 1445. — G. bei Fahrnißgemeinschaft, desgl. Rechte am G. G. 1551. — G. in elterlicher Nutznießung G. 1663. — Anlegung von Mündelgeld in inländischen G. G. 1807 — Verfügung des Vormunds über G. des Mündels G. 1821; des Vorerben über G. oder Rechte an solchen G. 2113; desselben durch Verpachtung oder Vermiethung G. 2135 — G. als Vermächtnißgegenstand G. 2165 ff., 2182. — Landesgesetzliche Beschränkungen der Veräußerung oder Belastung von G. E. 60, 61; des Erwerbes derselben durch Ausländer E. 88. — Anlagen und Betriebe auf G. im öffentlichen Gebrauche, Landesgesetze über Schadensersatz E. 106. — Landesstrafgesetze zum Schutz von G. E. 107; über Regelung der Rechte an G. bei Herstellung zerstörter Gebäude in anderer Lage E.

110; über Zusammenlegung von G. E. 113; über Verbote der Belastung von G. mit Grunddienstbarkeiten u. s. w. E. 115; mit Hypotheken u. s. w. E. 117, 118; Veräußerungs-, Theilungsbeschränkungen E. 119 ff.; über Uebertragung von G. von einem Kommunalverbande auf den andern oder den Staat E. 126; von G., welche nicht im Grundbuch eingetragen sind E. 127; über Aneignung von G. E. 129; über Gemeinschaftsverhältniß an bebauten G. E. 131; über Form des Vertrages über G. E. 142, 143; über Erwerb und Verlust von Eigenthums- und sonstigen Rechten an G. bis zur Anlegung des Grundbuchs E. 189 ff., über vererbliche und übertragbare Nutzungsrechte an G. E. 196.

Gütergemeinschaft, allgemeine G. 1437 ff.: Vereinbarung durch Ehevertrag, nicht durch gesetzlichen Vertreter, Genehmigung des Vormundschaftsgerichts G. 1437. — Verhältniß während bestehender G.: Gesammtgut, Begriff, Eintritt der Gesammtgutseigenschaft kraft Gesetzes, Verhältniß bei Rechten, welche Eintragung in das Grundbuch erfordern G. 1438. — Ausgenommene Gegenstände, welche durch Rechtsgeschäft nicht übertragen werden können G. 1439. — Vorbehaltsgut, Beitrag der Frau zum ehelichen Aufwand G. 1440 f. — Ausschluß der Theilung des Gesammtguts, Aufrechnung gegen Forderungen desselben G. 1442. — Verwaltungsrecht des Mannes G. 1443. — Fälle, in denen Zustimmung der Frau erforderlich (Verfügung über das ganze Gesammtgut, über Grundstücke, Schenkungen) G. 1444 ff. — Ersetzung der Zustimmung der Frau durch Vormundschaftsgericht G. 1447. — Rechtsgeschäfte des Mannes ohne Zustimmung der Frau, Genehmigung G. 1448. — Geltendmachung des Rechts, über welches der Mann einseitig verfügt hat, durch die Frau G. 1449. — Vornahme von Rechtsgeschäften durch die Frau bei Krankheit oder Abwesenheit des Mannes G. 1450. — Ersetzung der Zustimmung des Mannes durch das Vormundschaftsgericht bei persönlichen Angelegenheiten der Frau G. 1451. — Selbständiges Erwerbsgeschäft der Frau G. 1452. — Annahme, Ausschlagung von Erbschaften, Verzicht auf Pflichttheil, Ablehnung von Schenkungen, Inventarerrichtung über Erbschaft durch die Frau G. 1453. — Fortsetzung eines Rechtsstreits durch die Frau G. 1454. — Bereicherung des Gesammtguts G. 1455. — Verantwortlichkeit des Mannes für die Verwaltung, Schadensersatz G. 1456. — Verwaltung durch Vormund des Mannes G. 1457. — Ehelicher Aufwand G. 1458. — Gesammtguts-Verbindlichkeiten G. 1459 ff.: Haftung beider Ehegatten, Haftung des Mannes als Gesammtschuldner G. 1459. — Beschränkte Haftung für Verbindlichkeiten der Frau, Haftung für Kosten eines Rechtsstreits derselben G. 1460. — Keine Haftung für Verbindlichkeiten der Frau aus Erbschaft oder Vermächtniß, welche als Vorbehaltsgut erworben werden aus sonstigem Vorbehaltsgut

G. 1461 f. — Gesammtguts-verbindlichkeiten, welche nur demjenigen Ehegatten zur Last fallen, in dessen Person sie entstanden sind (unerlaubte Handlung, Verbindlichkeiten aus Vorbehaltsgut, Rechtsstreit) G. 1463 ff. — Ausstattung eines gemeinschaftlichen Kindes durch den Mann G. 1465. — Verwendung von Gesammtgut in Vorbehaltsgut und umgekehrt durch den Mann G. 1466. — Zeit der Ersatzleistung an Gesammtgut oder Vorbehaltsgut des Mannes G. 1467. — Aufhebung der Gütergemeinschaft: Klage der Frau G. 1468; des Mannes G. 1469. — Zeitpunkt der Aufhebung, Gütertrennung G. 1470. — Auseinandersetzung: Gemeinschaftliche Verwaltung bis zur A. G. 1472. — Erwerb für das Gesammtgut G. 1473. — Berichtigung der Gesammtgutsverbindlichkeiten G. 1475. — Theilung des Ueberschusses, Grundsätze der Gemeinschaft, Uebernahme einzelner Sachen nach Werth, Anrechnung G. 1476 f. — Theilung im Falle der Scheidung G. 1478. — Rückwirkende Kraft des die Auflösung der G. aussprechenden Urtheils G. 1479. — Haftung der Ehegatten für nicht berichtigte Gesammtgutsverbindlichkeiten nach der Theilung G. 1480 f. — Auflösung kinderloser Ehe durch den Tod G. 1482. — Fortgesetzte Gütergemeinschaft mit gemeinschaftlichen Abkömmlingen G. 1483 ff.: Zugehörigkeit des Antheils des verstorbenen Ehegatten am Gesammtgut, Gemeinschaft seiner Erben mit dem Ueberlebenden G. 1483. — Ablehnung der F. G. durch den Ueberlebenden G. 1484. — Umfang des Gesammtguts der F. G. G. 1485. — Fortbestand des Vorbehaltsguts G. 1486. — Stellung des überlebenden Ehegatten und der Abkömmlinge zum Gesammtgut G. 1487. — Gesammtgutsverbindlichkeiten G. 1488 f. — Tod eines Abkömmlings, Verbleib seines Antheils am Gesammtgut G. 1490; desgl. Verzicht G. 1491; Aufhebung der F. G. durch Erklärung des überlebenden Ehegatten G. 1492. — Endigung durch Wiederverheirathung G. 1493; durch Tod, Todeserklärung des überlebenden Ehegatten G. 1494. — Klagerecht der Abkömmlinge auf Aufhebung G. 1495 f. — Auseinandersetzung G. 1497 ff.: Lasten des überlebenden Ehegatten G. 1499. — Anrechnung der Verbindlichkeiten des verstorbenen Ehegatten auf den Antheil der Abkömmlinge G. 1500; der Abfindung eines Abkömmlings auf den Antheil der übrigen, abweichende Vereinbarung G. 1501. — Berechtigung des überlebenden Ehegatten zur Uebernahme des Gesammtguts oder einzelner Gegenstände nach Werth G. 1502. — Theilung der Abkömmlinge unter einander G. 1503. — Haftung für die Gesammtgutsverbindlichkeiten nach Größe ihrer Antheile G. 1504. — Ergänzung des Pflichttheils G. 1505. — Erbunwürdigkeit eines Abkömmlings G. 1506. — Zeugniß des Nachlaßgerichts über Fortsetzung der G. G. 1507. — Ausschließung der F. G. durch

Ehevertrag G. 1508; durch letztwillige Verfügung G. 1509. — Beerbung bei ausgeschlossener F. G. G. 1510. — Ausschließung eines Abkömmlings von der F. G. durch letztwillige Verfügung G. 1511 ff. — Zuwendung von dessen Antheil an Dritte G. 1514. — Letztwillige Verfügung dahin, daß ein Abkömmling einzelne Gegenstände, ein Landgut, bei der Theilung zum Werthe übernehmen soll G. 1515. — Zustimmung des anderen Ehegatten zu solchen letztwilligen Verfügungen G. 1516; zu Erbverzicht eines Abkömmlings G. 1517. — Verbot von Anordnungen, welche von den gesetzlichen Bestimmungen über F. G. abweichen G. 1518. — Eintritt der F. G. nach Fahrnißgemeinschaft G. 1557. — Unterhaltspflicht der Ehegatten gegenüber Verwandten bei G. G. 1604.

Gütergemeinschaftliche Erbfolge G. 1483 ff. (s. Gütergemeinschaft).

Gütergemeinschaftliches Erbrecht G. 1483 ff. (s. Gütergemeinschaft).

Güterregister G. 1558 ff.: Führung beim Amtsgericht des Wohnsitzes des Mannes G. 1558 f. — Stellung und Form des Antrages auf Eintragung G. 1560 f. — Veröffentlichung der Eintragung G. 1562. — Einsicht des G. G. 1563.

Güterstand, gesetzlicher G. 1363 ff. (s. Eheliches Güterrecht). — Uebergangsbestimmungen für den G. bestehender Ehen E. 200.

Gütertrennung G. 1426 ff. — Eintritt G. 1426. — Beitrag der Frau zum ehelichen Aufwand G. 1427 f. — Vermuthung der fehlenden Absicht, Ersatz zu verlangen G. 1429. — Ueberlassung der Vermögensverwaltung an den Mann G. 1430. — Wirksamkeit der G. gegenüber Dritten G. 1431. — G. durch Ehevertrag G. 1436; nach Aufhebung der Gütergemeinschaft G. 1470; der Errungenschaftsgemeinschaft G. 1545. — G. bei Wiederaufhebung der Trennung von Tisch und Bett G. 1587.

Gutachten, s. Anhören.

Guter Glaube beim Erwerb des Zubehörs eines Grundstücks G. 926; beim Erwerb beweglicher Sachen durch Uebergabe G. 932 ff., 936; als Erforderniß der Ersetzung G. 937; als Erforderniß des Fruchterwerbes G. 955; bei Aneignung von Früchten G. 957; Pflichten und Rechte des gutgläubigen Besitzers gegen Ansprüche aus dem Eigenthum G. 988 ff.; Schutz des gutgläubigen Nießbrauchers gegen den Eigenthümer G. 1058; des gutgläubigen Pfanderwerbers G. 1207 ff.; des gutgläubigen Käufers trotz nicht bestehenden Pfandrechts G. 1244; des gutgläubigen Dritten bei Nichtigkeit der Ehe G. 1344; desgl. der gutgläubigen Ehegatten G. 1345 ff.; gutgläubiger Dritter gegenüber Eheverträgen G. 1435; gegenüber der Beendigung der Verwaltung und Nutznießung am eingebrachten Gut G. 1424; der Beendigung der elterlichen Gewalt G. 1682; Mangel des g. G. beim Erbschaftsbesitzer G. 2024; G. G. Dritter bei Verwaltung der Nacherbschaft G. 2129; bei Rechtsgeschäften mit dem durch

Erbschein legitimirten Erben G. 2366 f., 2370.
Gutsherrlich-bäuerliche Verhältnisse, Fortbestand der Landesgesetze E. 113, 114.
Gutsübernahme mit Abfindung Dritter G. 330.

H.

Haftgeld, s. Daraufgabe.
Haftung, Haftpflicht. H. des Vereins für Handlungen des Vorstandes G. 31; der Liquidatoren eines Vereins G 53; H. juristischer Personen des öffentlichen Rechts für ihre Vertreter G. 89; des Schuldners für Vorsatz und Fahrlässigkeit G. 276 f., für Vertreter G. 278; bei Leistungsverzug G. 287; des Schuldners bei Annahmeverzug G. 300; des Käufers, s. Gewährleistung; des Schenkers 521; des Verleihers G. 599; des Beauftragten für Substituten, Gehülfen 665; des Geschäftsführers ohne Auftrag G. 677 ff.; des Verwahrers G. 690 f.; des Gastwirths für eingebrachte Sachen des Gastes G. 701 ff.; des Gesellschafters G. 708; aus unerlaubten Handlungen G. 823 ff.; für fremde Handlungen G. 831; für Verletzung durch Thiere G. 833 f.; für Untergang u s. w. einer dem Berechtigten durch unerlaubte Handlung entzogenen Sache G. 848; des Erben aus Vormerkung zum Grundbuche G. 884; des Finders G. 968; des Besitzers gegenüber dem Eigenthumsanspruch G. 987 ff. — Persönliche H. des Eigenthümers für die einzelnen Leistungen aus Reallast G. 1108. — Umfang der H. des Grundstücks für die Hypothek 1118. — Gegenstände der H. für die Hypothek außer dem Grundstück G. 1120 ff. — H. der Versicherungsgelder G. 1127 ff. — Umfang der H. des Pfandes G. 1210. — H. des Pfandgläubigers G. 1214, 1215, 1217, 1223, 1226, 1243, 1251. — Umfang der H. des verpfändeten Schiffes G. 1264. — H. des Mannes für Verbindlichkeiten der Frau G. 1388, 1530; des eingebrachten Guts für Schulden nach gesetzlichem Güterrecht G. 1388, 1410, 1530; des Gesammtguts für Schulden G. 1459 ff.; aus elterlicher Nutznießung G. 1654, 1664; des Vormundschaftsrichters G. 1674, 1848; des Vormundes G. 1833; der Mitglieder des Familienraths G. 1872; des Erben für die Nachlaßverbindlichkeiten G. 1967 ff.; bei mehreren Erbtheilen G. 2007; unbeschränkte H. G. 2013, 2016; des Erbschaftsbesitzers, s. Erbschaftsanspruch; der Miterben G. 2036, 2058 ff.; des Nacherben G. 2144; des Vorerben G. 2145; des Beschwerten bei Vermächtniß G. 2182 ff.; des Testamentsvollstreckers G. 2219; des Erbschaftsverkäufers G. 2374 ff.; bei Schenkung einer Erbschaft G. 2385.
Fortbestand der Landesgesetze über Haftung des Staates, der Gemeinde u. s w. für ihre Beamten E. 77; der Beamten für Stellvertreter und Gehülfen E. 78; der Sachverständigen für Grundabschätzungen E. 79.
Haftpflichtgesetz, Aenderungen E. 42.
Halbjahr, Fristberechnung G. 189.
Halbtheilung, bei Auflösung der Gütergemeinschaft G. 1476;

der fortgesetzten Gütergemeinschaft 1498.
Handarbeiter, Verjährung ihrer Ansprüche G. 196.
Handelsmäkler, Verkauf von geschuldeten Sachen durch H. G. 385, 457 f.; von Pfandsachen G. 1221.
Handgeld, s. Daraufgabe.
Handlungsfähigkeit, s. Geschäftsfähigkeit.
Handlungen, s. strafbare, unerlaubte H.
Handschlag an Eidesstatt, des Vormundes 1789; des Familienraths G. 1870.
Handwerker, Verjährung ihrer Ansprüche G. 196.
Handzeichen unter Urkunden G. 126, 129.
Hannover, Mitglieder des vormaligen Königshauses, Anwendung des B.G.B. E. 57.
Hauptmängel beim Verkauf von Hausthieren G. 482 ff.
Hauptsache, G. 97 ff. — Wandelung wegen Mängel der H. G. 470.
Hauptschuldner, s. Bürgschaft.
Häuslerrecht, landesgesetzliches, Fortbestand E. 63.
Häusliche Gemeinschaft, s. eheliche Lebensgemeinschaft. — H. G. mit dem Erblasser, Auskunftspflicht, Offenbarungseid G. 2028.
Häuslicher Wirkungskreis der Frau G. 1356 ff.
Haushaltsgegenstände, Ergänzung G. 1382. — H. als Voraus des überlebenden Ehegatten G. 1932.
Hauskinder, s. elterliche Gewalt.
Hausstand, Aussteuer für den H. der Töchter G. 1620 ff. — Ausstattung für H. der Kinder G. 1624 f.
Hausthiere, Gewährleistung beim Verkaufe derselben G. 481 ff. — Beschädigung durch H. G. 833.
Hausverfassungen des hohen Adels E. 58.
Hauswesen, Leitung durch die Ehefrau G. 1356 ff.
Hebammen, Verjährung ihrer Ansprüche G. 196.
Hecke zwischen zwei Grundstücken G. 921 f.
Heilanstalten, Anspruchsverjährung G. 196.
Heirathsregister, Eintragung einer nichtigen Ehe in das H., Konvaleszenz G. 1324. — Behandlung der Kinder aus nichtigen Ehen bei Nichteintragung G. 1699.
Hemmung der Anspruchsverjährung G. 202 ff.; bei Gewährleistung G. 477; wegen Mängel des Werkes G. 639; bei Schuldverschreibung auf den Inhaber G. 802; der dreißigjährigen Frist zum Erwerbe des Eigenthums an Grundstücken durch Eigenbesitz G. 900; der Verjährung des Eigenthumsanspruchs, Einfluß auf die Ersitzung G. 939.
Herabsetzung der Gegenleistung, s. Minderung. — Richterliche H. der Vertragsstrafe G. 343; bei Maklerlohn für Dienstvermittelung G. 655.
Herausgabe von Früchten, Ersatz der Kosten der Gewinnung G. 102; von Sachen, Wegnahme von Einrichtungen G. 258. — H. eines Inbegriffs von Gegenständen G. 260. — Zurückbehaltungsrecht bei H. von Gegenständen G. 273. — Einfluß der Rechtshängigkeit auf den Anspruch zur H. bestimmten Gegenstandes, von Nutzungen, Verwendungen G. 292. — Berechtigung des zur H. eines Grundstücks verpflichteten Schuldners zum Aufgeben des Besitzes bei Verzug des Gläubigers G. 303.

— H. des Erhaltenen beim Auftrage G. 667; bei Geschäftsführung ohne Auftrag G. 681; der ungerechtfertigten Bereicherung G. 812 ff.; der Sache an den Eigenthümer G. 985 ff.; des eingebrachten Guts G. 1421 ff.; eines Kindes G. 1632. — H.pflicht des Erbschaftsbesitzers G. 2018 ff.; des Vorerben G. 2130 ff. — H. des unrichtigen Erbscheins G. 2362. — H.pflicht des Erbschaftsverkäufers G. 2374 ff.

Heres ex certa re G. 2087.

Herrenlose Sachen, Begriff G. 959; Eigenthumserwerb durch Aneignung G. 958. — H. Thiere G. 960; Bienen G. 961 ff.

Herrschendes Grundstück, s. Grunddienstbarkeiten.

Herstellung von Sachen, s. Verarbeitung. — H. des früheren Zustandes bei Schadensersatzpflicht G. 249 ff.

Hinterleger, s. Verwahrer.

Hinterlegung von Schuldbeträgen bei Auflösung eines Vereins G. 52; von Geld oder Werthpapieren als Mittel der Sicherheitsleistung G. 232 ff.; H. durch Dritte zur Befriedigung des Gläubigers G. 262; von Geld und Werthpapieren zur Erfüllung der Leistung G. 372 ff.: Ort der H., Vorbedingung derselben G. 372; H. bei Verpflichtung zur Gegenleistung G. 373; Hinterlegungsstelle G. 374; Anzeige der H. an den Gläubiger G. 374; Zeitpunkt der H. bei Uebersendung an die H.stelle durch die Post G. 375. — Rücknahme der hinterlegten Sache, Ausschluß derselben' G. 376. — Keine Pfändung des Rechtes der Rücknahme, Einfluß des Konkurses auf dasselbe G: 377. — Wirkung der H. bei ausgeschlossener Rücknahme G. 378. — Wirkung der Rücknahme G. 379. — Gefahr der hinterlegten Sache, Zinsen, Nutzungen G. 379. — Erklärung des Schuldners zur Empfangsberechtigung des Gläubiges G. 380. — Kosten der H. G. 381. — Erlöschen des Gläubigerrechts auf den hinterlegten Betrag nach 30 Jahren G. 382. — H. des Erlöses von zur H. nicht geeigneten (öffentlich) versteigerten Sachen G. 383 ff. — H. bei Gesammtschuldverhältniß G. 422. — H einer untheilbaren Leistung durch den Schuldner bei mehreren Forderungsberechtigten G. 432. — H. des Erlöses versteigerter Hausthiere bei Wandelungsklage G. 489. — H. der ausgelobten Belohnung bei Anspruch Mehrerer G. 660. — H. eines mit einem Nießbrauche belasteten Kapitals G. 1077; desgl. eines Inhaber- oder Orderpapiers G. 1082. — H. der fälligen Hypothekenforderung G. 1142; des Hypothekenkapitals für unbekannten Gläubiger G. 1171; der Pfandsache G. 1217. — H. zur Befriedigung des Pfandgläubigers G. 1224. — H. der Leistung aus einer verpfändeten Forderung G. 1281. — H. bei Gefährdung von Inhaberpapieren, welche zum eingebrachten Gut gehören G. 1392; von Werthpapieren u. s. w. des Kindervermögens G. 1667. — H. der ersten Unterhaltsrate für uneheliche Kinder schon vor der Geburt G. 1716. — H. von Mündelgeld G. 1808, E. 144; von Werthpapieren des Mündels G. 1814, 1818, 1853; von

Leistungen an mehrere Erben G. 2039; von Inhaberpapieren durch den Vorerben G. 2116. — Landesgesetzliche Bestimmungen über H. E. 145, 146.
Hinterlegungsschein üb. Testament G. 2246, Erbvertrag G. 2277.
Hinterlegungsstellen G. 233, 372 ff., 380, 1808, 1814, 2116. — Landesgesetze über H. — E. 144.
Hinterlegungsvertrag (Verwahrung) G. 688 ff.: Aufbewahrung einer beweglichen Sache G. 688. — Stillschweigende Vergütung G. 689. — Haftung des Verwahrers G. 690. — Im Zweifel keine Substitutionsbefugniß des Verwahrers, Haftung für Substituten und Gehülfen G. 691. — Abweichung von der vereinbarten Art der A., Anzeigepflicht G. 692. — Aufwendungen des Verwahrers, Verzinsung derselben G. 693. — Schadensersatzpflicht des Hinterlegers G. 694. — Zeit der Zurückgabe G. 695 f. — Ort derselben, Holschuld G. 697. — Verzinsung hinterlegter Gelder G. 698. — Zeit der Entrichtung vereinbarter Vergütung G. 699. — H. vertretbarer Sachen (depositum irregulare), Darlehensvertrag G. 700.
Hinüberragen von Wurzeln und Zweigen in fremdes Grundstück G. 910.
Hochzeitsgeschenke, Voraus des überlebenden Ehegatten G. 1932.
Höhere Gewalt, s. Gewalt.
Hohenzollern, fürstliche Familie, Anwendung des B.G.B. E. 57.
Holschuld, Verzug des Gläubigers bei Verbaloblation G. 295. — Verwahrung G. 697. — H. aus öffentlichen Cassen, Landesgesetze E. 92.
Honorar der Lehrer, Anspruchsverjährung G. 196.
Hülfskassen, Aufrechnung der Beiträge gegen Hebungen G. 394.
Hypothek bleibt bestehen trotz Verjährung des Anspruchs G. 223. — H.bestellung an inländischen Grundstücken als Sicherheitsleistung G. 232. — Verpfändung von H.forderungen als Sicherheitsleistung G. 232, 238. — Uebergang der H. mit Abtretung der Forderung G. 401. — Uebernahme einer Schuld, für die eine H. besteht G. 416. — Erlöschen der H. bei Schuldübernahme G. 418. — Pflicht des Verkäufers zur Beseitigung von H. am Kaufgegenstande G. 439. — Aufgeben einer H. durch den Gläubiger, Wirkung auf die Bürgschaft G. 776. — Aenderung des Ranges einer H. im Grundbuch G. 880. — Eigenthum an dem H.briefe G. 952. — Hypothek im Allgemeinen G. 1113 ff.: Begriff G. 1113. — H. an Bruchtheilen des Grundstücks G. 1114. — Bezeichnung der Forderung im Grundbuch (Gläubiger, Geldbetrag, Zinssatz) G. 1115. — Hypothekenbrief, Ausschließung der Ertheilung, Uebergabe des Hypothekenbriefs G 1116 f. — Erstreckung der H. auf gesetzliche Zinsen, Kosten der Kündigung und Rechtsverfolgung G. 1118. — Nachträgliche Eintragung der Verzinslichkeit oder Erhöhung des Zinssatzes, der Zahlungszeit, des Zahlungsorts G. 1119. — Gegenstände der Haftung G. 1120 ff. — Haftung der Versicherungsgelder G. 1127 ff. — Zuschreibung eines anderen Grundstückes, Erstreckung der

H. auf dasselbe G. 1131. — Gesammthypothek (an mehreren Grundstücken) G. 1132. — Schutz des Gläubigers gegen Verschlechterung des Grundstücks und Zubehör G. 1133 ff. — Nichtigkeit der Verträge über Nichtveräußerung oder Nichtbelastung des Grundstücks G. 1136. — Einreden des Eigenthümers gegen die H. G. 1137 ff., 1157. — Kündigung der H. G. 1141. — Recht des Eigenthümers auf Befriedigung des Gläubigers bei fälliger Forderung, Hinterlegung, Aufrechnung G. 1142. — Uebergang der Forderung auf den Eigenthümer, welcher nicht persönlicher Schuldner G. 1143. — Aushändigung des Hypothekenbriefs an ihn G. 1144. — Theilweise Befriedigung des Gläubigers, Theilhypothekenbrief G. 1145, 1152. — Verzug des Eigenthümers G. 1146. — Befriedigung des Gläubigers durch Zwangsvollstreckung G. 1147. — Vermuthung zu Gunsten des Gläubigers, daß der eingetragene Eigenthümer solcher wirklich ist G. 1148. — Nichtigkeit der Verträge auf Uebertragung des Eigenthums oder sonstige Veräußerung außer Zwangsvollstreckung (lex commissoria) G. 1149. — Befriedigung des die Zwangsvollstreckung betreibenden Gläubigers durch Dritte oder den Eigenthümer G. 1150. — Rangänderung der Theilhypotheken unter einander G. 1151. — Uebertragung der Hypothek durch Uebertragung der Forderung G. 1153. — Form der Abtretung der Forderung G. 1154. — Besitz des Hypothekenbriefes, Legitimation des Besitzers G. 1155. — Rechtsverhältniß zwischen dem Eigenthümer und dem neuen Gläubiger G. 1156. — Einreden des Eigenthümers G. 1157. — Zinsen und Kosten G. 1158 f. — Vorlegung des Hypothekenbriefes bei Geltendmachung des H., bei Kündigung, Mahnung, auch gegenüber dem Eigenthümer als persönlichem Schuldner G. 1160 f. — Aufgebot des Hypothekenbriefs G. 1162. — Eigenthümerhypothek bei nicht entstandener oder erloschener Forderung G. 1163. — Uebergang der H. auf den persönlichen Schuldner bei Befriedigung des Gläubigers durch denselben G. 1164, 1167. — Befreiung desselben bei Verzicht oder Aufhebung der H. durch den Gläubiger G. 1165, bei Nichtbenachrichtigung seitens des Gläubigers von der Betreibung der Zwangsversteigerung G. 1166. — Eigenthümerhypothek bei Verzicht des Gläubigers auf die H., gezwungener Verzicht bei peremtorischer Einrede gegen die H. G. 1168 f. — Aufgebot des H.rechts bei unbekannten Gläubigern G. 1170 f. — Gesammthypothek mehrerer Eigenthümer G. 1172. — Befriedigung des Gesammthypothekengläubigers durch den Eigenthümer eines derbelasteten Grundstücke G. 1173, durch den persönlichen Schuldner G. 1174. — Verzicht des Gläubigers auf die Gesammthypothek G. 1175. — Theilweise Befriedigung, Erlöschen der H. G. 1176. — Vereinigung der H. mit dem Eigenthum (Grundschuld) G. 1177. — Erlöschen der H. für

Zinsrückstände, Kosten G. 1178. — Erlöschen in Folge Vereinbarung des Eigenthümers mit einem Anderen, Sicherung des Nachrückens der Nachhypotheken G. 1179. — Neue Forderung G. 1180. — Erlöschen der H., der Gesammth. durch Befriedigung des Gläubigers G. 1181. — Uebergang der Gesammth. auf den zahlenden Eigenthümer eines der Grundstücke G. 1182. — Aufhebung der H. durch Rechtsgeschäft G. 1183. — Sicherungshypothek G. 1184 ff., 1190. — Sicherungsh. für die Forderung aus einer Schuldverschreibung auf den Inhaber oder aus einem indossabelen Papier G. 1187 ff. — Bestellung einer H. unter Vorbehalt der Feststellung des Betrages der Forderung (Kautionshypothek) G. 1190. — Verwandlung der H. in eine Grundschuld und umgekehrt G. 1198. — H. bei Fahrnißgemeinschaft G. 1551. — Anlegung von Mündelgeldern in H. G. 1807. — Verfügung des Vormundes darüber G. 1819, 1821. — Verfügung des Vorerben über H. G. 2114. — H. auf vermachten Grundstücken G. 2165 ff. — Beschränkung der H. durch Landesgesetz E. 60, 117, 118.

J.

Jagdrecht. Ersatzpflicht für Wildschaden G. 835. — Fortbestand der Landesgesetze E. 69.

Jahr, Fristberechnung G. 188 ff. — Ausschluß des Widerrufs der Sch. nach einem J. G. 532. — Dienstverhältniß nach J. G. 624.

Ideelle Theile, s. Bruchtheile.

Illaten, s. Eingebrachte.

Immission, s. Zuführung.

Impensen, s. Verwendungen.

Inbegriff von Sachen, Herausgabe G. 260. — Nießbrauch G. 1035.

Indignität, s. Erbunwürdigkeit.

Indossament. Bestellung einer Hypothek für Forderung aus einem indossabelen Papier G. 1187 ff., desgl. eines Schiffspfandrechts G. 1270. — Verpfändung eines indossabelen Papiers G. 1292, 1294. — Verpflichtung aus J. durch Vormund G. 1822.

Inhaber, s. Schuldverschreibung.

Inhaberpapiere, Sicherheitsleistung G. 234. — Eigenthumserwerb an gestohlenen u. s. w. J. G. 935, 1006 f. — Nießbrauch an J. mit Blanko-Indossament G. 1081 ff. — Pfandrecht an J. G. 1293. — Vermuthung für Eigenthum des Ehemannes an J. G. 1362. — Erwerb von J. durch den Ehemann aus Mitteln des eingebrachten Guts G. 1381. — Hinterlegung, Umschreibung von zum eingebrachten Gut gehörigen J. G. 1392. — Erwerb von J. mit Mitteln eines Kindes unter väterlicher Gewalt G. 1646. — J. von Mündeln, Hinterlegung G. 1818, Umschreibung G. 1815, 1820, 1853, durch den Vorerben G. 2116 f.

Inkrafttreten des B.G.B. E. 1.

Inländische Schuldverschreibung auf den Inhaber, Voraussetzungen der Ausgabe G. 795. — Anlegung von Mündelgeld in i. Werthen G. 1807.

Inselbildung, Fortbestand der Landesgesetze E. 65.

Interesse, Ersatz bei Vertrag auf unmögliche Leistung G. 307. — Mangelndes J. der Erfüllung gegenseitiger Verträge G. 325 f. — Berücksichtigung berechtigten J. bei richterlicher Ermäßigung der Vertragsstrafe G. 343. — Berechtigtes J. bei Mittheilung unwahrer Thatsachen G. 824.

Inventar, Mitverpachtung bei Grundstücken G. 586. — Uebernahme nach Schätzungswerth, Tragung der Gefahr, Zurückgewähr, überflüssiges J. G. 587 ff., Pfandrecht des Pächters am J. G. 590. — Grundstück mit J. als Gegenstand des Nießbrauchs G. 1048. — Verfügung des Mannes über J. eines Grundstücks zum eingebrachten Gut G. 1378. — J. eines Erbschaftsgrundstücks, Nacherbschaft G. 2111. — S. auch Inventarrecht.

Inventarerbe G. 1993 ff. (s. Inventarrecht).

Inventarerrichtung, Begriff G. 1993. — J. über der Frau zugefallene Erbschaft bedarf nicht der Zustimmung des Mannes G. 1406, 1453.

Inventarfrist G. 1994 ff.

Inventarrecht der Erben G. 1993 ff.: Begriff des J., Errichtung G. 1993. — Inventarfrist G. 1994 ff. — Aufnahme des Inventars, Inhalt G. 2001. — Aufnahme G. 2002. — A. durch Nachlaßgericht G. 2003. — Bereits vorhandenes J. G. 2004. — Wirkung absichtlicher, unabsichtlicher Unvollständigkeit G. 2005. — Offenbarungseid des Erben G. 2006. — Inventarfrist bei einer Erbschaft der Ehefrau, welche zum eingebrachten Gut oder Gesammtgut gehört G. 2008. — Vermuthung der Vollständigkeit rechtzeitigen J. G. 2009. — Oeffentliche Einsicht des J. G. 2010. — Keine Inventarfrist des Fiskus G. 2011; des Nachlaßpflegers, Nachlaßverwalters G. 2012. — J. eines Miterben G. 2063; des Vorerben G. 2144. — J. beim Erbschaftskauf G. 2383. — Aufnahme des J. durch andere Behörden als Nachlaßgericht nach Landesrecht E. 148.

Irrthum bei Willenserklärungen G. 119; bei Selbsthülfe G. 231; über die Person des Geschäftsherrn G. 686. — Einfluß des J. auf den Vergleich G. 779. — Anfechtung der Ehe wegen J. G. 1332 f.; bei Bestätigung des Vertrages auf Annahme an Kindesstatt G. 1756; bei Erbschaftsannahme G. 1949; bei letztwilliger Verfügung G. 2078, 2080.

Jugend bei Schadenszufügung G. 828.

Junge der Thiere bei mitverpachtetem Inventar G. 586.

Juristische Personen G. 21 ff. — J. P. des öffentlichen Rechts G. 89. — Nießbrauch einer j. P., Erlöschen G. 1061. — Erbeinsetzung noch nicht bestehender j. P. G. 2101, 2105 f., 2109. — Vermächtniß an j. P. G. 2163. — Landesgesetze über Rechtserwerb durch j. P., Fortbestand E. 86. — Uebergangsbestimmungen E. 163 ff. — J. P. nach sächsischem Gesetz E. 166.

Jus tollendi, s. Wegnahme.

K.

Kaiserliche Verordnung für

Hauptmängel und Gewährfristen beim Verkauf von Hausthieren G. 482 ff.
Kalenderzeit, Verzug des Schuldners bei Bestimmung der Erfüllungszeit nach K. G. 284; desgl. des Gläubigers G. 296.
Kapitalanspruch als Entschädigung für Körper- oder Gesundheitsverletzung G. 843.
Kassen, öffentliche, Landesgesetze über Zahlung aus solchen E. 92.
Karten auf den Inhaber G. 807. — Landesgesetze über Kraftloserklärung, Zahlungssperre E. 102.
Kauf G. 433 ff.: Gegenseitige Verpflichtungen G. 433. — Verschaffung des Kaufgegenstandes frei von Rechten Dritter G. 434. — Pflichten des Verkäufers eines Grundstücks, eines Schiffes bezüglich des Grundbuches, Schiffsregisters G. 435 f., 444. — Nichthaftung des Verkäufers eines Grundstückes für Freiheit von Abgaben und Lasten G. 436. — Haftung des Verkäufers bei verkauften Forderungen, Rechten, Werthpapieren G. 437 f. — Kenntniß des Rechtsmangels auf Seiten des Käufers, dinglicher Belastungen G. 439. — Rechte des Käufers im Falle eines Rechtsmangels G. 440 f. — Beweislast des Rechtsmangels G. 442. — Vereinbarung über den Erlaß der Gewährleistung für Rechtsmängel G. 443. — Pflicht des Verkäufers zur Auskunftertheilung und Herausgabe von Beweisurkunden, insbesondere bei Grundstücken G. 444. — Tragung der Gefahr G. 446 f. — Nutzungen, Lasten G. 446; Gefahr der Versendung einer beweglichen Sache G. 447. — Kosten der Erfüllung des K. (Uebergabe, Messen, Wägen, Abnahme, Transport, Auflassung, Eintragung in das Grundbuch) G. 448 f. — Verwendungen des Verkäufers G. 450. — Gefahr und Kosten bei verkauftem Recht an einer Sache G. 451. — Verzinsung, Stundung des K.preises G. 452, 454; Marktpreis als K.preis G. 453. — Kein Rücktrittsrecht des Verkäufers bei gestundetem K.preise G. 454. — Vorbehalt des Eigenthums bei verkaufter beweglicher Sache G. 455. — Verbot der Theilnahme an einem K. (vollstreckende Personen bei Zwangsvollstreckung Ermächtigung zum Verkaufe für Rechnung eines Andern auf Grund gesetzlicher Vorschrift) G. 456 ff. — Mängel der Sache G. 459 ff. (S. Gewährleistung.) — K. nach Probe oder Muster G. 494; auf Probe oder Besicht G. 495 f. — Wiederkauf G. 497 ff. — Vorkauf G. 504 ff. — Kauf bricht nicht Miethe G. 577. — Abgrenzung des Werkvertrages vom K. G. 651. — Anwendung der Vorschriften über K. auf die Ueberlassung des Baugrundes beim Ueberbau G. 915.
Kaufleute, Verjährung ihrer Ansprüche G. 196.
Kaufpreis, Verzinsung, Stundung G. 452.
Kaution, s. Sicherheitsleistung.
Kautionshypothek G. 1184. — Schiffspfandrecht nach Analogie der K. G 1271.
Kennenmüssen Begriff G. 122. — K. bestimmt sich nach der Person des Vertreters G. 166.
Kies, Anlagen des Nießbrauches zu dessen Gewinnung G. 1037.

Kinder, Wohnsitz G. 11. — Hemmung der Anspruchsverjährung zwischen Eltern und K. G. 204. — S. auch eheliche Kinder. — Rechtliche Stellung der Kinder aus nichtigen Ehen G. 1699 ff.: Behandlung als eheliche K., Ausnahmen G. 1699. — Verhältniß zu den Eltern G. 1700. — Böser Glaube des Vaters G. 1701; der Mutter G. 1702; beider Ehegatten, Unterhaltspflicht des Vaters G. 1703. — Verhältniß der Kinder aus Ehen, welche wegen Drohung anfechtbar sind G. 1704. — Rechtliche Stellung der unehelichen Kinder G. 1705 ff.: Stellung zu Mutter und deren Verwandten G. 1705. — Familiennamen G. 1706. — Beschränkte elterliche Gewalt der Mutter G. 1707. — Unterhaltspflicht des Vaters G. 1708 ff. (s. Unterhaltspflicht). — Empfängnißzeit, mehrere Beiwohner G. 1717. — Anerkennung der Vaterschaft G. 1718. — Legitimation unehelicher Kinder G. 1719 ff. (s. Legitimation). — Auslegung der Erbeinsetzung der „Kinder" G. 2068. — Beurtheilung des Rechtsverhältnisses unehelicher Kinder zur Mutter nach deutschem Rechte E. 20; der Unterhaltspflicht des unehelichen Vaters E. 21; der Legitimation E. 22. — Uebergangsbestimmung für Kinder aus nichtigen oder ungültigen Ehen E. 207; über die rechtliche Stellung unehelicher Kinder E. 208; anerkannte Kinder des französischen und badischen Rechts E. 208.

Kindesalter, unerlaubte Handlungen G. 828.

Kindesstatt, s. Annahme an K.

Kirchenbaulast, Landesgesetze E. 132.

Kirchenstühle, Landesgesetze E. 133.

Kirchliche Verpflichtungen in Ansehung der Ehe G. 1588.

Klagen, Verjährung derselben, s. Anspruchsverjährung.

Klageerhebung unterbricht Verjährung G. 209 f.; wirkt als Mahnung G. 284. — Landesgesetze über K. in Streitsachen, welche nicht der Civilprozeßordnung unterliegen E. 152.

Klageverjährung, s. Anspruchsverjährung.

Klasse von Personen, letztwillige Zuwendung G. 2071.

Kleidungsstücke der Ehefrau G. 1362, 1366. — K. bei Auflösung der Gütergemeinschaft G. 1477. — K. gehören zum freien Vermögen des Hauskindes G. 1650.

Kleinbahnunternehmen, einheitliche Grundstücke E. 112.

Knappschaftskassen, Aufrechnung der Beiträge gegen Hebungen G. 394.

Körperliches Gebrechen, s. Gebrechen.

Körperlicher Gegenstand ist Sache G. 90.

Körperschaften, s. Vereine, Stiftungen. — Haftung öffentlicher K. für Schäden durch ihre Vertreter G. 89. — Konkurs öffentlicher K. G. 85. — Anlegung von Mündelgeld in Schuldverschreibungen kommunaler K. G. 1807. — Landesgesetze über Recht von K. auf Sicherungshypothek E. 91; über gesetzliches Erbrecht E. 138.

Körperverletzung G. 823; durch Thiere G. 833 ff.; durch Einsturz eines Gebäudes G. 836 f. — Art der Entschädigung für K. G. 843. — Ersatz an Dritte

für entgangene Dienste des Verletzten G. 844. — Geldentschädigung, auch wo kein Vermögensschaden entstanden G. 847.
Kollation, s. Ausgleichungspflicht (der Abkömmlinge).
Kommodat, s. Gebrauchsleihe.
Kommunen, s. Körperschaften.
Kommunalverbände, Aufrechnung gegen Forderungen derselben G. 395. — Fortbestand der Landesgesetze über Haftung der K. für ihre Beamten E. 177, über Uebertragung von Grundstücken von und auf K. E. 126.
Kompensation, s. Aufrechnung.
Konfusion der Rechte, s. Vereinigung.
Kongregationen, ordensähnliche, Landesgesetze über Erwerb derselben durch Schenkung oder von Todeswegen E. 87.
Konkurs eines Vereins G. 42; eines eingetragenen Vereins G. 75 f.; einer Stiftung G. 86; einer juristischen Person des öffentlichen Rechts G. 89. — Anmeldung im K. unterbricht Verjährung G. 209. — Rücknahmerecht des Hinterlegers ruht während des K. G. 377. — K. eines Gesellschafters G. 728, 736. — K. des Hauptschuldners schließt Einrede der Vorausklage des Bürgen aus G. 733. — K. des Mannes endigt die Verwaltung und Nutznießung des eingebrachten Guts G. 1419; die Errungenschaftsgemeinschaft G. 1543, 1547. — K. endet die väterliche Vermögensverwaltung G. 1647. — K. macht unfähig zum Amte des Vormunds G. 1781.
Konkursordnung, Aenderungen derselben E. 1, 33.
Konkursverwalter, Verfügung desselben während schwebender Bedingung G. 161. — Einwirkung der Genehmigung eines Rechtsgeschäftes auf Verfügungen des K. G. 184. — Einfluß auf Rücktrittsrecht G. 353. — Verbot des Kaufes von Gegenständen der Masse durch den K. G. 457. — Einfluß von Verfügungen des K. auf den Gegenstand des Wiederkaufsrechts G. 499; auf eine zum Grundbuche eingetragene Vormerkung G. 883. — Vorkaufsrecht bei Verkauf durch K. G. 1098. — Verfügung über Gegenstände der Nacherbschaft G. 2115.
Konsolidation, s. Vereinigung.
Konsulatsgesetz, Aenderungen E. 38.
Konsumtibilien, s. verbrauchbare Sachen.
Konvaleszenz, s. Einwilligung, Genehmigung.
Konventionalstrafe, s. Vertragsstrafe.
Konversion nichtiger Rechtsgeschäfte G. 141.
Korporationen, s. Körperschaften.
Korrealhypothek, s. Gesammthypothek.
Korrealobligation, s. Gesammtschuldverhältniß.
Kostbarkeiten, Hinterlegung zur Erfüllung der Leistung G. 372. — Haftung des Gastwirths für eingebrachte K. G. 702. — Hinterlegung von K. aus Kindervermögen G. 1667; aus Mündelvermögen G. 1818 f.
Kosten der Fruchtgewinnung, Ersatz bei Herausgabe G. 102; der Abnahme des Offenbarungseides G. 261; der Versendung bei Leistung G. 269 f. — Anrechnung nicht ausreichlicher Leistung auf K. G. 367.

— K. der Hinterlegung G. 381; der öffentlichen Versteigerung G. 386. — Aufrechnung zunächst auf K. G. 396. — K. der Urkunde über Abtretung einer Forderung G. 403; der Erfüllung des Kaufvertrages G. 448 f. — Haftung des Bürgen für K. G. 767. — K. der Erneuerung von Schuldverschreibungen auf den Inhaber G. 798; des Aufgebots derselben G. 799; der Ausstellung neuer Schuldverschreibungen G. 800; der Vorlegung von Sachen und Urkunden G. 811; der Berichtigung des Grundbuchs G. 897; der Abmarkung von Grundstücken G. 919; der Beseitigung eines Baums u. s. w. auf der Grenze G. 923; der Versteigerung gefundener Sachen G. 981; der Verlegung des Ausübungsorts einer Grunddienstbarkeit G. 1023; des Verzeichnisses bei Nießbrauch an einem Sachinbegriff G. 1035; des Wirthschaftsplans bei Nießbrauch an einem Walde, Bergwerk G. 1038; der Versicherung der Nießbrauchssache G. 1045. — Haftung des Grundstücks für die K. der Kündigung und Rechtsverfolgung der Hypothek G. 1118; desgl. des Pfandes hinsichtlich der Forderung G. 1210. — K. der Nutznießung und Erhaltung des eingebrachten Guts G. 1384; des Rechtsstreits, der Vertheidigung der Frau G. 1387, 1412, 1415 f., 1460; des Rechtsstreits unter Ehegatten, eines Ehegatten, der Frau bei Gesammtgut G. 1463 f.; der Beendigung als Unterhaltsanspruch G. 1615; des Rechtsstreits, der Vertheidigung eines Hauskindes G. 1654; der Bestellung und Aufhebung der Sicherheitsleistung bei elterlicher Vermögensverwaltung G. 1672; der Sicherheitsleistung des Vormundes G. 1844; der Aufforderung zur Anmeldung von Erbrechten G. 1965; von Nachlaßforderungen G. 2061; des Nachlaßverzeichnisses bei Nacherbschaft G. 2121; des Vermögensverzeichnisses bei Testamentsvollstrecker G. 2215; zur Berechnung des Pflichttheils G. 2314; eines Verfahrens, mit Unrecht erhobene, Landesgesetze über Erstattung E. 104.

Kostenanschlag beim Werkvertrage, Ueberschreitung desselben G. 650.

Kraftloserklärung von Vollmachtsurkunden G. 176; von Schuldverschreibungen auf den Inhaber G. 799 f.; des Erbscheins G. 2361. — Landesgesetze über K. von Karten, Marken u. s. w. auf den Inhaber E. 102. — Uebergangsbestimmung E. 178.

Krankenhäuser, s. Heilanstalten.

Krankenkassen, Aufrechnung von Beiträgen gegen Hebungen G. 394. — Anrechnung des dem Dienstverpflichteten aus K. Zukommenden auf die Vergütung G. 616 f.

Krankheit des Dienstverpflichteten G. 617; der Frau, Verfügung des Mannes über eingebrachtes Gut G. 1379; des Mannes, Verfügung der Frau über Gesammtgut G. 1450. — Ablehnung der Vormundschaft wegen K. G. 1786.

Kredit, Aufnahme von Geld auf K. des Hauskindes G. 1643; des Mündels G. 1822.

Kreditanstalten, Zinseszinsen G. 248. — Verzinsung rückständiger Zinsen G. 248. — Er-

forderniſſe der Eintragung von Darlehn der K. zur Hypothek G. 1115. — Anlegung von Mündelgeld G. 1807. — Uebergangsbeſtimmung wegen K. E. 167.
Kreditauftrag G. 778.
Kreditſchädigung G. 824.
Kriegsverſchollenheit G. 15.
Kündigung der Vereinsmitgliedſchaft G. 39. — Beginn der Anſpruchsverjährung bei auf K. geſtellten Leiſtungen G. 199. — K.recht des Schuldners bei Zinsfuß über ſechs vom Hundert G. 247. — K. als Mahnung G. 284. — Verzug des Gläubigers nach K. G. 296. — K. gegenüber dem debitor cessus G. 410. — K. bei Geſammtſchuldverhältniß G. 425. — Vorzeitige K. des Miethverhältniſſes G. 542 f.; bei Wohnungsmängeln G. 544. — K.=befugniß des Vermiethers G. 553 ff. — Regelmäßige K. des Miethverhältniſſes G. 564 ff.; bei Tod des Miethers G. 569. — K. der Grundſtückspacht G. 595 f.; der Leihe G. 605; des Darlehens G. 609; des Dienſtvertrages G. 620 ff.; der Geſchäftsführung beim Geſellſchaftsvertrage G. 712; des Geſellſchaftsvertrages G. 723 ff., 736. — Haftung des Bürgen für Koſten der K. G. 767. — K. einer mit einem Nießbrauche belaſteten verzinslichen Forderung G. 1077 f. — K. der Hypothek G. 1141, 1156, 1160; Koſten G. 1118. — K. der Grundſchuld G. 1193; der Rentenſchuld G. 1202; der verpfändeten Forderung G. 1283, 1286. — Kündigungsrecht des Mannes bei Uebernahme perſönlicher Leiſtungen durch die Frau G. 1358. — Beſtimmung des Erblaſſers über Kündigungsfriſt für Auseinanderſetzung der Miterben G. 2044. — K. von Forderungen durch den Vorerben G. 2114. — K. des Amtes als Teſtamentsvollſtrecker G. 2226.
Künftige Verbindlichkeit, Bürgſchaft dafür G. 765. — Hypothek für k. Forderung G. 1113; desgl. Pfandrecht G. 1204, 1209.
Kürzung des Vermächtniſſes G. 2186 ff.; bei Pflichttheil G. 2318.
Kunſtgewerbe, Anſpruchsverjährung G. 196.
Kupons, ſ. Zinsſcheine.
Kurheſſen, Mitglieder des vormaligen Fürſtenhauſes, Anwendung des B.G.B. E. 57.
Kurswerth von Werthpapieren als Vorausſetzung der Sicherheitsleiſtung G. 234. — Sicherheitsleiſtung nur zu $^3/_4$ des K. zuläſſig G. 234, 236. — K. bei Umrechnung ausländiſcher Währung G. 244.

L.

Landesbeamte, Erlaubniß zur Eheſchließung G. 1315.
Landesgeſetze für Abmarkung von Grundſtücken G. 919. — Regelung durch L. E. 2; Außerkraftſetzung derſelben E. 3 — Verhältniß zum B. G. B. E. 55 ff.
Landesherrn und l. Familien, Anwendung des B. G. B. E. 57.
Landesrecht, Verhältniß des B. G. B. zum L. E. 55 ff.
Landesregierung, Ehelichkeitserklärung G 1723. — Befreiung vom Erforderniſſe beſtimmten Alters bei Annahme an Kindesſtatt G. 1745.
Landgut, Zubehör deſſelben G. 98. — Beſondere Beſtimmungen bei Pacht eines L. G. 593 f. — Rückgabe nach beendetem Nießbrauch G. 1055. — Uebernahme

eines L. aus dem Gesammtgut durch einen Abkömmling G. 1515. — Pachtvertrag über L. bei Mündelgut G. 1822. — L. bei Erbauseinandersetzung G. 2049. — Herausgabepflicht des Vorerben G. 2130. — Schätzung für Berechnung des Pflichttheils G. 2312. — Landesrechtliche Grundsätze über Abschätzung eines L. E. 137.
Landwirthschaftliche Grundstücke, Pacht derselben G. 582 ff. — Herausgabe eines L. G. G. 998. — Rückgabe nach beendetem Nießbrauch G. 1055; nach Beendigung der Verwaltung und Nutznießung am eingebrachten Gut G. 1421. — L. G. in elterlicher Nutznießung G. 1663. — Herausgabepflicht des Vorerben G. 2130. — L. G. in Nutzung von Realgemeinden, Uebergangsbestimmung E. 164.
Landwirthschaftliche Erzeugnisse als Zubehör eines Landguts G. 98. — Zurücklassung bei Beendigung der Pacht G. 593.
Landwirthschaftsbetrieb, Verjährung der Ansprüche G. 196.
Lasten einer Sache, eines Rechts, zeitliche Bestimmungen für die Tragung G. 103. — Nichthaftung des Verkäufers eines Grundstücks für Freiheit von öffentlichen L. G. 436. — Tragung der L. der verkauften Sache G. 446; der vermietheten Sache G. 546; der gemeinschaftlichen Sache G 748. — Ersatz für Bestreitung der L. einer Sache durch den Besitzer gegenüber dem Eigenthumsanspruch G. 995. — L. des eingebrachten Guts G. 1385, 1529, 1531. — L. des der elterlichen Nutznießung unterliegenden Vermögens G. 1654. — Ersatz der vom Erbschaftsbesitzer bestrittenen L. G. 2022. — L. des Vorerben G. 2126; des Vermächtnißgegenstandes G. 2185; beim Erbschaftskauf G. 2379 f.
Leben, Verletzung desselben G 823; durch Thiere G. 833 f.; durch Einsturz eines Gebäudes G. 836 ff.; Entschädigung Dritter für entgangene Dienstleistungen des Getöteten G 845.
Lebensalter, Berechnung G. 187. — L. für Annahme an Kindesstatt G. 1744 f.; für Testamentserrichtung G. 2229; für Testamentszeugen G. 2237.
Lebensberuf, Kosten der Vorbildung gehören zum Unterhalt G. 1610; Ausgleichungspflicht G. 2050.
Lebensdauer, muthmaßliche G. 14.
Lebensgefahr, Verschollenheit G. 18. — Gemeinsame L. G. 20.
Lebensgemeinschaft, die Eheleute G. 1353.
Lebensjahr, Einfluß auf die Haftung für unerlaubte Handlungen G. 828.
Lebensnachstellung als Ehescheidungsgrund G. 1566; Entziehung des Pflichttheils G. 2333, 2334.
Lebensvermuthung G. 19.
Lebensversicherung zu Gunsten Dritter G. 330.
Lebenswandel, ehelicher, unsittlicher, Entziehung des Pflichttheils G. 2333.
Lebenszeit, Miethvertrag auf L. G. 567; Dienstverhältniß G. 624; Gesellschaft G. 724; Gemeinschaft 750; Leibrente G. 759.
Legitimation, Legitimirte, Wohnsitz G. 11. Legitimation unehelicher Kinder G. 1719 ff.: L. durch nach-

folgende Ehe; Stellung der ehelichen Kinder G. 1719; Beweis der Vaterschaft durch Beiwohnung in der Empfängnißzeit, Anerkennung G. 1720; Einfluß der Nichtigkeit der Ehe G. 1721; Wirkung auf die Abkömmlinge des vor der Eheschließung gestorbenen Kindes G. 1722. — Ehelichkeitserklärung: Verfügung der Staatsgewalt, Reichskanzler G. 1773; Unzulässigkeit von Bedingung oder Zeitbestimmung G. 1724; Antrag des Vaters mit Anerkenntniß der Vaterschaft G. 1725; Einwilligung des Kindes, der Mutter, Unwiderruflichkeit G. 1726; Ersetzung der mütterlichen Einwilligung durch das Vormundschaftsgericht G. 1727; keine Vertretung bei Antrag und Einwilligung G. 1728; Genehmigung des Vormundschaftsgerichts bei beschränkter Geschäftsfähigkeit der Interessenten G. 1729; Beurkundung der Erklärungen G. 1730; Anfechtung des Antrages oder der Einwilligung G. 1731; Voraussetzung der Ehelichkeitserklärung ist Zulässigkeit der Ehe zwischen den Eltern G. 1732; Tod des Kindes oder des Vaters vor der Ehelichkeitserklärung G. 1733; Gnadensache G. 1734; Unwirksamkeit von Irrthum auf die Ehelichkeitserklärung G. 1735; Wirkung, Stellung des ehelichen Kindes G. 1736; Wirkung auf Abkömmlinge, Verwandtschaft, Schwägerschaft G. 1737; Aufhebung der Sorge der Mutter für die Person des Kindes, eventuelle Unterhaltspflicht G. 1738; Unterhaltspflicht des Vaters G. 1739; Einfluß der Verheirathung des Vaters auf dessen etwaige elterliche Gewalt G. 1740. — Endigung der Vormundschaft bei L. durch nachfolgende Ehe G. 1883. — Beurtheilung der L. nach deutschem Recht E. 22. — Uebergangsbestimmung E. 209.

Lehm, Anlagen des Nießbrauchers zu dessen Gewinnung G. 1037.

Lehen, Fortbestand der Landesgesetze E. 59, 114.

Lehranstalten, s. Unterrichtsanstalten.

Lehrherrn, Lehrmeister, Verjährung ihrer Ansprüche aus dem Lehrvertrage G. 196.

Lehrer, Verjährung ihrer Ansprüche G. 196; Abtretung von Gehaltsansprüchen G. 411, E. 81; Kündigung des Miethverhältnisses bei Versetzung G. 570; nicht des Pachtverhältnisses G. 596; Dienstverhältniß, Kündigung G. 622, 627 f. — Fortbestand der Landesgesetze über Ansprüche der L. E. 80.

Lehrlinge, Verjährung ihrer Ansprüche G. 196.

Lehrlingsverhältniß, Verjährung der Ansprüche aus L. G. 196.

Lehrvertrag des Mündels G. 1822, 1827.

Leibesfrucht, Pflegschaft G. 1912, 1918.

Leibgedingsvertrag, Fortbestand der Landesgesetze E. 96.

Leibrente, Leibrentenvertrag zu Gunsten Dritter G. 330. — Dauer der Entrichtung einer L. G. 759. — Vermutlicher Betrag G. 759. — Vorausleistung G. 760. — Nießbrauch am L. G. 1073.

Leihe, Leihvertrag, s. Gebrauchsleihe.

Leistung nach vollendeter Verjährung G. 222. — L. als Gegen-

stand des Schuldverhältnisses G. 241. — L. nach Treu und Glauben G. 242; nach Gattung G. 243, 279. — L. einer Geldschuld, Währung G. 244; Münzsorte G. 245. — Zinsen G. 246 ff. — Schadensersatz G. 249 ff.; Ersatz von Aufwendungen G. 256 f. — Rechnungslegung, Auskunftertheilung, Offenbarungseid G. 259 ff. — Wahlrecht bei Mehrheit von L. G 262 ff. — Unmöglichkeit der L. bei Alternativobligation G. 265. — Theilleistung G. 266. — L. durch Dritte G. 267 f. — Ort der L. G. 269 f. — Kosten der L. G. 270. — Zeit der L. G. 271 f. — Zwischenzinsen G. 272. — Zurückbehaltungsrecht G. 273 f. — Spätere Unmöglichkeit der L. G. 275. — Haftung für Vorsatz und Fahrlässigkeit G. 276 f.; für Vertreter G. 278. — Schadensersatz bei verschuldeter Unmöglichkeit G. 280 ff. — Beweislast für verschuldete Unmöglichkeit G. 282. — Schadensersatz bei rechtskräftiger Verurtheilung des Schuldners zur L. nach Ablauf der zur Bewirkung vom Gläubiger ertheilten Frist G. 283. — Leistungsverzug des Schuldners G. 284 ff. — Verzinsung von Geldschulden von Rechtshängigkeit, Fälligkeit ab G. 291. — Einfluß der Rechtshängigkeit auf L. bestimmten Gegenstandes G. 292. — Verzug des Gläubigers bei gegenseitigen L. G. 298; bei nicht bestimmter L.zeit G. 299. — Unmögliche L. als Gegenstand des Vertrages G. 306 ff. — Bestimmung der L. durch einen der Vertragsschließenden G. 315 f.; durch einen Dritten G. 317 ff. — L. aus gegenseitigen Verträgen G. 320 ff. (s. Vertrag). — *Versprechen der L. an einen Dritten* G. 328 ff.: Unmittelbare Berechtigung des Dritten G. 328. — Versprechen der Befriedigung eines Gläubigers ohne Schuldübernahme G. 329. — Lebensversicherung, Leibrentenvertrag zu Gunsten Dritter G. 330. — Belastung des Bedachten bei unentgeltlicher Zuwendung mit Leistung an Dritten G. 330; Vermögens- oder Gutsübernahme mit Leistung zur Abfindung Dritter G. 330. — L. nach dem Tode des Versprechensempfängers G. 331. — Substitution eines anderen Dritten, Verfügung von Todeswegen G. 332. — Zurückweisung des aus dem Versprechen erworbenen Rechts G. 333. — Einwendungen aus dem Vertrage G. 334; Anspruch des Versprechensempfängers auf Leistung an den Dritten G. 335. — Ort der L. als Hinterlegungsstelle G. 374; als Versteigerungsstelle G. 383. — Nicht übertragbare L. G. 399. — Mehrheit von Schuldnern und Gläubigern bei theilbarer L. G. 420. — L. bei Gesammtschuldverhältniß G. 421 ff. — Theilbare, untheilbare L., Verhältniß mehrerer Berechtigter oder Verpflichteter G. 427, 431 f. — L. aus ungerechtfertigter Bereicherung, Herausgabe G. 812 ff.; gegen Verbot oder gute Sitten G. 817. — Wiederkehrende L. als Gegenstand der Reallast G. 1105. — Pfandrecht am Rechte auf eine L. G. 1275. — Uebernahme persönlicher L. durch die Ehefrau G. 1358. — Wiederkehrende L. aus dem eingebrachten Gut G. 1386. — Rechts-

geschäfte der Frau, durch welche sie zu einer L. verpflichtet wird G. 1399. — L. an das Mündelvermögen, welche Vormund ohne Genehmigung annehmen darf G. 1813. — Verweigerung der L. aus anfechtbarer letztwilliger Verfügung G. 2083. — Vermächtniß des Anspruchs auf L. einer Sache G. 2169.

Leitung, Zuführung von Gasen, Dämpfen u. s. w. auf ein fremdes Grundstück durch besondere L. ist unzulässig G. 906.

Lesensunkundige, s. Analphabeten.

Letzter Wille, s. letztwillige Verfügung.

Letztwillige Verfügung, Begriff G. 1937. — L. V. zur Ausschließung der fortgesetzten Gütergemeinschaft G. 1509; zur Ausschließung eines Abkömmlings von der fortgesetzten Gütergemeinschaft G. 1511 ff. — Bestimmung durch l. V., daß ein Abkömmling bei Theilung des Gesammtguts einzelne Sachen gegen Werth übernehmen soll G. 1515. — Benennung des Vormunds durch l. V. G. 1776 f.; Ausschließung desselben durch solche G. 1782; Anordnung befreiter Vormundschaft G. 1856; eines Familienraths G. 1868. — L. V. im Erbvertrag G. 2278; zur Entziehung des Pflichttheils G. 2336. S. im Uebrigen Testament.

Liberation von Verbindlichkeiten für Aufwendungen G. 257.

Linien der Verwandtschaft G. 1589; der Schwägerschaft G. 1590; der Erbfolge G. 1924 ff.

Liquidation von Vereinen G. 47 ff., 76.

Litispendenz, Verjährung derselben G. 211.

Löschung, Löschungsbewilligung zur Aufhebung von Rechten an Grundstücken G. 875 f.

Lohnkutscher, Verjährung ihrer Ansprüche G. 196.

Loos, s. Lotterieloos. — Entscheidung durch L., bei Anspruch Mehrerer auf die ausgelobte Belohnung G. 659.

Losgerissener Erdkörper, s. Anlandung.

Lotterieloose, gewerbsmäßiger Vertrieb, Anspruchsverjährung G. 196.

Lotterievertrag G. 763.

Luftraum über einem Grundstück G. 905.

M.

Mäklervertrag, Nachweis der Gelegenheit zum Abschluß eines Vertrages, Vermittelung eines Vertrages, Mäklerlohn G. 652. — Stillschweigende Vereinbarung des Lohns G. 653 f. — Gesindevermittelung G. 655. — Ehevermittelung G. 656.

Mängel der Sache, s. Gewährleistung. — Haftung des Beschwerten für M. beim Gattungsvermächtniß G. 2183.

Mahnung als Voraussetzung des schuldnerischen Verzuges, dies interpellat pro nomine G. 284. — M. an den debitor cessus G. 410. — M. ohne Vorlegung des Hypothekenbriefs G. 1160.

Mahnverfahren, Unterbrechung der Verjährung G. 209, 213.

Mala fides superveniens bei Ersitzung G. 937.

Malen, Eigenthumserwerb G. 950.

Mandat, s. Auftrag.

Marine, letztwillige Verfügungen von Angehörigen der M. E. 44. — Aenderungen des Reichs=

gesetzes betr. Fürsorge für Wittwen u. s. w. der M. E. 49.
Marinetestament E. 44.
Marken auf den Inhaber G. 807. — Kraftloserklärung, Zahlungssperre, landesgesetzliche Vorschriften E. 102.
Marktpreis, Verkauf von geschuldeten Sachen zum M. G. 385. — M. als Kaufpreis G. 453. — Verkauf des Pfandes, welches einen M. hat G. 1221, 1235; des verpfändeten indossabelen Papiers G. 1291.
Maschinen als Zubehör eines Gebäudes G. 98.
Mauer zwischen zwei Grundstücken G. 921 f.
Maulesel, Maulthiere, Gewährleistung bei deren Verkauf G. 481 ff.
Mediatisirte, s. Reichsunmittelbare.
Mehrfacher Wohnsitz G. 7.
Mehrheit von Leistungen, Wahlrecht G. 262 ff. — M. von Vertragsbetheiligten beim Rücktrittsrecht G. 356. — M. von Schuldverhältnissen, theilweise Leistung G. 366. — M. von Gläubigern, Kosten der Quittung G. 369. — M. von Forderungen, Aufrechnung G. 396. — M. von Schuldnern und Gläubigern G. 420 ff. (s. Gesammtschuldverhältniß). — Wandelung beim Verkauf mehrerer Sachen G. 469, 471, Minderung G. 472. — M. von Betheiligten, Minderung G. 474. — M. von Berechtigten zum Wiederkauf G. 502. — Verkauf mehrerer Sachen, an deren einigen ein Vorkaufsrecht nicht besteht G. 508. — M. von Berechtigten, zum Vorkauf G. 513. — Mehrmalige Vornahme der Handlung, für welche Belohnung ausgelobt ist, oder Vornahme durch Mehrere G. 659 f. — Betheiligung einer M. von Personen an unerlaubter Handlung G. 830; an der Verantwortlichkeit für den Schadensersatz G. 840. — M. von Pfändern, Auswahl für den Verkauf G. 1230. — M. von Pfandgläubigern, Verkaufsrecht G. 1232. — M. von Pfandrechten an eine Forderung G. 1290. — M. von Kindern, welche zur Ablehnung der Vormundschaft berechtigt G. 1786. — M. von Vormundschaften G. 1786. — Verwaltung durch M. von Vormündern G. 1797. — M. von Erbtheilen, Annahme, Ausschlagung G. 1951, Haftung G. 2007. — M. von Erben, s. Miterben. — M. von Beschwerten beim Vermächtniß G. 2148; von Bedachten G. 2151 ff., 2157 ff.; von Testamentsvollstreckern G. 2224.
Meinungsverschiedenheit zwischen Eltern bezüglich der Sorge für die Person des Hauskindes G. 1634; zwischen Vormündern G. 1798.
Meliorationsdarlehen, Landesgesetze E. 118.
Mengekauf, Vorkaufsrecht G. 508.
Mensor, Landesgesetze über dessen Haftung E. 79.
Mergel, Anlagen des Nießbrauchers zu dessen Gewinnung G. 1037.
Messen, Kosten des M. beim Kauf G. 448.
Metus, s. Drohung.
Miethe G. 535 ff.: Inhalt des Miethvertrages, Miethzins G. 535. — Ueberlassung und Erhaltung in vertragsmäßigem Zustande G. 536. — Gewährleistung wegen Mängel, Wegfall

und Minderung des Miethzinses S. 537. — Schadensersatzpflicht, Verzug des Vermiethers bei Beseitigung von Mängeln S. 538. — Kenntniß des Miethers von Mängeln, grobe Fahrlässigkeit desselben S. 539. — Erlaß der Gewährleistung S. 540. — Haftung für Entziehung der gemietheten Sachen durch Rechte Dritter S. 541. — Kündigung des Miethverhältnisses ohne Frist bei nicht rechtzeitig gewährtem oder wiederentzogenem Gebrauche der Sache S. 542 f. — Rückforderung im voraus gezahlten Miethzinses S. 543. — Wohnungsmängel S. 544. — Anzeigepflicht des Miethers bei Mängeln oder Anmaßung von Rechten durch Dritte S. 545. — Lasten S. 546. — Verwendungen des Miethers, Fütterungskosten, Wegnahme von Einrichtungen S. 547. — Veränderungen, Verschlechterungen durch ordnungsmäßigen Gebrauch S. 548. — Untermiethe S. 549. — Klagerecht des Vermiethers bei vertragswidrigem Gebrauche der Miethsache S. 550. — Zeit der Zahlung des Miethzinses S. 551. — Nichtausübung des Gebrauchsrechtes durch den Miether S. 552. — Kündigungsbefugniß des Vermiethers bei vertragswidrigem Gebrauche der Miethsache S. 553; bei Nichtentrichtung des Miethzinses S. 554. — Erstattung im voraus bezahlten Miethzinses S. 555. — Zurückgabepflicht des Miethers S. 556 f.; kein Zurückbehaltungsrecht des Miethers von Grundstücken S. 556. — Schadensersatz bei Nichtrückgabe der Miethsache S. 557. — Verjährung der Ersatzansprüche des Vermiethers und Miethers S. 558. — Gesetzliches Pfandrecht des Vermiethers S. 559 ff.: Umfang, Beschränkung auf Sachen des Miethers, unpfändbare Sachen S. 559. — Erlöschen des Pfandrechts S. 560. — Selbsthülferecht des Vermiethers S. 561. — Abwendung der Geltendmachung des Pfandrechts durch Sicherheitsleistung S. 562. — Verhältniß des Pfandrechts zu Pfändung durch andere Gläubiger des Miethers S. 563. — Beendigung des Miethverhältnisses, Kündigung S. 564 ff. — Form des Miethvertrages über Grundstücke S. 566. — M. auf länger als 30 Jahre, auf Lebenszeit S. 567. — Stillschweigende Verlängerung des Miethsverhältnisses S. 568. — Kündigungsrecht bei Tod des Miethers S. 569; bei Versetzung von Beamten, Militärpersonen, Geistlichen, Lehrern S. 570. — Veräußerung vermietheter Grundstücke, Kauf bricht nicht Miethe S. 571 ff.: Eintritt des Erwerbers in den Miethsvertrag, Haftung des Vermiethers für dessen Erfüllung S 571. — Eintritt des Erwerbers in die Rechte des Vermiethers aus Sicherheitsleistung S. 572. — Vorausverfügungen des Vermiethers über den Miethzins S. 573. — Schutz des Miethers bezüglich bereits entrichteten Miethzinses bei Unkenntniß von der Veräußerung S. 574 f. — Wirkung der Anzeige der Uebertragung des Grundstückseigenthums Seitens des Vermiethers gegen denselben in Ansehung der Miethzinsforderung S. 576. — Begründung von Rechten

Dritter an dem vermietheten Grundstücke, welche den Gebrauch des Miethers hindern oder beschränken G. 577 f. — Weitere Veräußerung oder Belastung des vermietheten Grundstücks durch den Erwerber, Pflichten des neuen Erwerbers G. 579. — M. von Wohn- und anderen Räumen, Anwendung der Vorschriften über M. von Grundstücken G. 580. — Schutz des mittelbaren Besitzes des Miethers G. 868 f. — Miethverträge des Nießbrauchers an einem Grundstück, Einfluß der Beendigung des Nießbrauchs G. 1056; desgl. des Mannes am eingebrachten Gut G. 1423; desgl. des Vaters bei elterlicher Nutznießung G. 1663; bei Mündelgut G. 1822; bei Nacherbschaft G. 2135. — M. für volljährige Bevormundete G. 1902. — Räumungsfristen der Landesgesetze E. 93. — Uebergangsbestimmung für bestehendes M. E. 171, 172; für Eintragung von Miethrechten in das Grundbuch E. 188.

Miethzinsen, Verjährung des Anspruchs aus Rückständen G. 197. — Haftung für die Hypothek G. 1123 ff. — S. im Uebrigen Miethe.

Milde Stiftungen, s. Stiftungen.

Militärpersonen, Wohnsitz G. 9. — Abtretung von Gehaltsansprüchen G. 411. — Kündigung des Miethverhältnisses bei Versetzung G. 570; nicht des Pachtverhältnisses G. 596. — Erlaubniß zur Eheschließung G. 1315.

Minderjährige, Volljährigkeitserklärung G. 3 ff. — Beschränkte Geschäftsfähigkeit G. 106 ff. — Einwilligung des gesetzlichen Vertreters zu Willenserklärungen G. 107. — Vertragschließung M. G. 108 ff. — Widerruf des Vertrages G. 109. — Gültigkeit bei freier Verfügung des M. über den Vertragsgegenstand G. 110. — Einseitige Rechtsgeschäfte G. 111. — Selbständiger Betrieb von Erwerbsgeschäften G. 112. — Dienst- und Arbeitsverträge G. 113. — Haftung aus unerlaubten Handlungen von M. bei versäumter Aufsichtspflicht G. 832. — Keine Zeugenschaft M. bei Eheschließung G. 1318. — Anspruch minderjähriger Kinder auf Unterhalt G. 1602 f. — Unterhaltspflicht m. Kinder G. 1605. — M. Kinder stehen unter elterlicher Gewalt G. 1626. — M. Mutter, Sorge für die Person des Kindes G. 1696. — Vormundschaft über Minderjährige G. 1773 ff. — M. soll nicht zum Vormund bestellt werden G. 1781. — Testamentserrichtung von M. G. 2229, 2238, 2247; kein Testamentszeuge G. 2237.

Minderung G. 462 ff.; beim Werkvertrage G. 634 ff. (S. Gewährleistung wegen Mängel.) — M. des Werthes der Pfandsache, Rückforderungsrecht des Verpfänders G. 1218; Verkaufsrecht des Gläubigers G. 1219 ff.

Mineralien, Gewinnung, Fortbestand der Landesgesetze E. 68.

Mißbrauch der Rechte des Ehemannes G. 1354.

Mißbilligung, s. Billigung.

Mißhandlung als Ehescheidungsgrund G. 1568. — Entziehung des Pflichttheils G. 2333.

Mitbesitz, Schutz desselben G. 866. — Einräumung des M. zur Bestellung des Nießbrauchs an Inhaber- oder Orderpapieren

G. 1081; zur Bestellung des Pfandrechts G. 1206.
Mitbieten des Gläubigers, Eigenthümers, Schuldners beim Pfandverkauf G. 1239.
Mitbürgen haften als Gesammtschuldner, keine Einrede der Theilung G. 769. — Haftung der M. unter einander G. 774. — Aufgeben des Rechts gegen einen M. durch den Gläubiger, Wirkung auf die Bürgschaft G. 776.
Miteigenthum, Entstehung durch Verbindung beweglicher Sachen G. 947; durch Vermengung oder Vermischung G. 948; durch Vereinigung ausgezogener Bienenschwärme G. 963. — Rechtsverhältnisse des Miteigenthums G. 1008 ff.: Eigenthum nach Bruchtheilen G. 1008. — Belastung der gemeinschaftlichen Sache, des gemeinschaftlichen Grundstücks zu Gunsten eines Miteigenthümers G. 1009. — M. eines Grundstückes, Ausschließung der Theilung, Voraussetzung der Wirkung gegen Sondernachfolger G. 1010. — Eigenthumsanspruch von jedem Miteigenthümer geltend zu machen G. 1011. — Nießbrauch an dem Antheil eines Miteigenthümers G. 1066; Vorkaufsrecht G. 1095; Reallast G. 1106; Hypothek G. 1114; Pfandrecht G. 1258. — M. als Gegenstand des Vermächtnisses G. 2172. — Landesgesetze über M. an bebauten Grundstücken E. 131. — Uebergangsbestimmung für M. E. 181.
Miterben G. 2032 ff.: Gemeinschaft bis zur Auseinandersetzung G. 2032; Verfügung über den Antheil, Form G. 2033. — Vorkaufsrecht G. 2034 f. — Haftung des Miterben nach Uebertragung seines Antheils G. 2036. — Weiterübertragung durch den Käufer G. 2037. — Gemeinschaftliche Nachlaßverwaltung G. 2038. — Gemeinschaftliche Leistung an alle Erben G. 2039. — Gemeinschaftliche Verfügung über Nachlaßsachen G. 2040. — Surrogationsprinzip G. 2041. — Auseinandersetzung: Aussetzung bei Ungewißheit der Erbtheile wegen Schwangerschaft, Ehelichkeitserklärung, Annahme an Kindesstatt, nicht bestätigter Stiftung G. 2043. — Bestimmungen des Erblassers, wirksam innerhalb 30 Jahren G. 2044. — Einfluß des Aufgebots der Nachlaßgläubiger, der Anmeldungsfrist G. 2045. — Berichtigung der Nachlaßverbindlichkeiten G. 2046. — Theilung des Ueberschusses, Familienschriftstücke G. 2047. — Verfügungen des Erblassers über die A., Ermessen eines Dritten G. 2048. — Landgut G. 2049. — Ausgleichungspflicht der Abkömmlinge G. 2050 ff. (s. d. W.). — Gesammtschuldnerische Haftung der M. für die Schulden bei ungetheiltem Nachlasse G. 2058 ff.; nach der Theilung G. 2060. — Aufforderung an die Gläubiger zur Anmeldung G. 2061. — Gemeinschaftlicher Antrag auf Nachlaßverwaltung G. 2062. — Inventarerrichtung durch einen M. G. 2063. — Einsetzung von M. ohne Bestimmung der Erbtheile G. 2091; mit theilweiser Bestimmung derselben G. 2092; gemeinschaftlicher Erbtheil G. 2093; Anwachsung G. 2094 ff. — Ausschließung derselben durch Ersatzerben G. 2096 ff. — Aus-

einandersetzung durch Testamentsvollstrecker G. 2204. — Verhältniß der M. zum Pflichttheilsanspruch G. 2319 ff. — Gemeinschaftlicher Erbschein G. 2357.
Mitgliederversammlung der Vereine G. 32 ff.
Mitte des Monats G. 192.
Mittelbarer Besitz G. 868 ff., 930, 934, 936, 986, 991, 1006, 1205.
Mittlere Art, Güte bei Leistung einer Gattung G. 243.
Mitthäter bei unerlaubten Handlungen G. 830.
Mittheilung von Dämpfen u. s. w. G. 906.
Mitvollstrecker des Testaments G. 2199.
Mitvormund, Bestellung G. 1778. — Ablehnung der Vormundschaft G. 1786. — Haftung G. 1833.
Mitwirkende Personen bei Testamentserrichtung, Erforderniß dauernder Anwesenheit G. 2239.
Modus, s. Auflage.
Monat, Fristbrechung G. 188 ff. — Dienstverhältniß nach M. G. 621.
Mora, s. Verzug.
Mühle, Zubehör G. 98. — M. in Nutzung von Realgemeinden, Uebergangsbestimmung E. 164.
Mühlenrecht, Fortbestand der Landesgesetze E. 65.
Mündel, s. Vormund, Vormundschaft.
Mündelgelder, Anlegung G. 1807. — Landesgesetzliche Bestimmungen E. 212. — Werthpapiere zur Sicherheitsleistung müssen der Gattung angehören, in der M. angelegt werden dürfen G. 234; ebenso Hypothekenforderungen u. s. w. G. 238. — Anwendung der Vorschriften über Anlegung von M. auf Nießbrauchkapitalien G. 1079; auf verpfändete und erhobene Geldforderungen G. 1288; auf Frauengeld G. 1377; auf Kindergelder G. 1642, 1691; auf Gelder der Nacherbschaft G. 2119.
Münzsorte, Zahlung einer Geldschuld in bestimmter M. G. 245.
Muster, Kauf nach M. G. 494.
Mutter, Einwilligung zur Eheschließung G. 1305 ff. — Verpflichtung zur Aussteuer einer Tochter G. 1620 ff.; zur Ausstattung eines Kindes G. 1624 f. — Sorge für die Person des Kindes neben dem Vater G. 1634. — Elterliche Gewalt der Mutter G. 1684 ff. (s. Eltern). — Benennung eines Vormundes G. 1776 f. — Fähigkeit zur Vormundschaft G. 1783. — Auseinandersetzung der M. als Vormund bei Eheschließung G. 1845. — Berufung der M. zur Vormundschaft über Volljährige G. 1899 f. — Entziehung des Pflichttheils G. 2334. — Beurtheilung des Rechtsverhältnisses der M. zum unehelichen Kinde nach deutschem Recht E. 20. — S. auch E. 205.

N.

Nachbarrecht, Nachbargrundstücke G. 907 ff. — Unverjährbarkeit der Ansprüche aus dem N. G. 924. — Landesgesetze über N. E. 124.
Nachtheile bei Besitzstörung durch verbotene Eigenmacht G. 859.
Nacherbe, Nacherbschaft: Begriff G. 2100. — Einsetzung noch nicht empfangener Per-

sonen, noch nicht entstandener juristischer Personen gilt als N. G. 2101. — N. gilt als Ersatzerbe G. 2102. — Einsetzung eines N. durch Anordnung der Herausgabe der Erbschaft für bestimmte Fälle G 2103. — Endtermin ohne weitere Bestimmung gilt als Einsetzung der gesetzlichen Erben zu N. G. 2104. — Anfangstermin ohne weitere Bestimmung gilt als Einsetzung der gesetzlichen Erben zu Vorerben G. 2105. — Eintritt der N. mit dem Tode des Vorerben G. 2106. — Bestimmung eines N. für kinderlose Abkömmlinge G. 2107. — Uebergang der Rechte des den Erblasser überlebenden N. auf dessen Erben, aufschiebende Bedingung G. 2108. — Unwirksamkeit der N. nach 30 Jahren vom Erbfalle an, Ausnahme G. 2109. — Recht auf Anwachsung, nicht auf Vorausvermächtniß G. 2110. — Surrogation G. 2111. — Verfügungsfreiheit des Vorerben G. 2112; Ausnahmen: Grundstücke, Rechte an solchen, unentgeltliche Verfügungen, Erfüllung von Schenkungsversprechen G. 2113; Kündigung und Einziehung von Forderungen G. 2114; Zwangsvollstreckung, Arrest, Verfügung des Konkursverwalters G. 2115; Hinterlegung oder Umschreibung auf Namen von Inhaberpapieren G. 2116 f., Buchforderungen gegen Reich oder Bundesstaat G. 2118; Anlegung von Geldern G. 2119; Einwilligung des Nacherben G. 2120. — Nachlaßverzeichniß G. 2121. — Feststellung durch Sachverständige G. 2122. — Wald, Bergwerk G. 2123. — Erhaltungskosten, Aufwendungen, Wegnahmerecht des Vorerben G. 2124 f. — Lasten G. 2126. — Auskunftspflicht des Vorerben G. 2127. — Sicherheitsleistung G. 2128. — Verwaltung durch das Gericht G. 2129. — Herausgabepflicht, Rechnungslegung des Vorerben G. 2130. — Diligentia quam in suis G. 2131. — Veränderungen, Verschlechterungen G. 2132. — Ordnungswidriger Fruchtbezug G. 2133. — Verwendung von Nachlaßsachen in eigenen Nutzen G. 2134. — Pacht- und Miethverhältnisse von Grundstücken G. 2135. — Befreiung des Vorerben von Beschränkungen durch den Erblasser G. 2136. — N. auf den Ueberrest G. 2137 f. — Eintritt der N. G. 2139 f. — Unterhaltsanspruch der schwangeren Mutter des zu erwartenden Nacherben G. 2141. — Ausschlagung der N. G. 2142. — Aufhebung der Wirkungen der Vereinigung mit Eintritt der N. G. 2143. — Haftung des N. für Nachlaßverbindlichkeiten, Inventar des Vorerben G. 2144. — Haftung des Vorerben nach Eintritt der N. G. 2145. — Anzeigepflicht des Vorerben vom Eintritt der N. G. 2146. — Testamentsvollstrecker zur Wahrnehmung der Rechte des N. G. 2222. — N. aus gemeinschaftlichem Testament G. 2269; aus Erbvertrag unter Ehegatten G. 2280. — Einsetzung eines Pflichttheilsberechtigten als N. G. 2306. — Angabe der N. im Erbschein G. 2363. — N. nicht Gegenstand des Erbschaftskaufs G. 2373.

Nacherbfolge G. 2100 ff.

Nachlaß, Anspruchsverjährung G. 207. — Nichtigkeit des Vertrages über den N. eines noch lebenden Dritten G. 312. — Ersitzung gegen einen N. G. 939. — N. unterstützter Personen, Landesgesetze E. 139.

Nachlaßgericht. Erklärung dem N. gegenüber zur Anfechtung der Ehe bei Tod des zur Anfechtung nicht berechtigten Theils G. 1342; Verzicht eines Abkömmlings auf seinen Antheil am Gesammtgut G. 1491; Erklärung der Aufhebung der fortgesetzten Gütergemeinschaft durch den überlebenden Ehegatten G. 1492. — Zeugniß des N. über Fortsetzung der Gütergemeinschaft G. 1507. — Erklärung der Anfechtung der Ehelichkeit eines verstorbenen Kindes G. 1597; der Ausschlagung einer Erbschaft G. 1945; der Anfechtung der Annahme oder Ausschlagung derselben G. 1955. — Fürsorge des N. Sicherung des Nachlasses, Bestellung eines Nachlaßpflegers G. 1960 ff.; Unterhalt der schwangeren Mutter G. 1963; Feststellung des Erbrechts des Fiskus G. 1964 ff.; Aufnahme des Nachlaßinventars G. 2003, E. 148; Erklärung der Anfechtung letztwilliger Verfügung G. 2081. — Anzeige an das N. bei Eintritt der Nacherbfolge G. 2146; Ernennung des Testamentsvollstreckers G. 2200; Einsicht der Akten darüber G. 2228. — Obliegenheit des N. hinsichtlich Testamente G. 2259 ff. — Anfechtung eines Erbvertrags von dem N. G. 2281. — Ertheilung des Erbscheins G. 2358; Anzeige vom Erbschaftskauf, Einsicht der Akten darüber G. 2384. — Landesgesetze über Verrichtungen des N. durch andere Behörden E. 147; desgl. der Aufnahme des Inventars E. 148.

Nachlaßgläubiger, kein Klagerecht vor Annahme der Erbschaft G. 1958 — Aufgebot der N. G. 1970 ff.; nicht betroffene Gläubiger G. 1971 f.; Wirkung des Ausschlusses G. 1973; Verjährung G. 1974. — Nachlaßverwaltung zur Befriedigung der N. G. 1975 ff.; beschränkte Haftung der Erben G. 1975; Wiederaufhebung der Wirkungen der Vereinigung in Folge des Erbfalls G. 1976; desgl. der Aufrechnung G. 1977; Anwendung der Vorschriften über Geschäftsführung und Auftrag auf die bisherige Verwaltung durch den Erben, Aufwendungen desselben G. 1978; Berichtigung von Verbindlichkeiten durch denselben G. 1979; Pflicht des Erben zum Antrage auf Nachlaßkonkurs bei überschuldetem Nachlasse G. 1980; Antrag auf Nachlaßverwaltung G. 1981; Ablehnung desselben G. 1982; Bekanntmachung G. 1983; Aufhören der Verfügungsbefugniß des Erben G. 1984; Nachlaßverwalter, Vergütung desselben G. 1985 ff.; Beendigung G. 1988; Haftung des Erben nach beendigtem Nachlaßkonkurs G. 1989; Rechte des Erben, wenn Nachlaßverwaltung oder Konkurs nicht thunlich oder wieder aufgehoben G. 1990 ff.; keine Inventarfrist für Nachlaßverwalter G. 2012. — Aufschiebende Einreden der Erben gegenüber den Nachlaßgläubiger: Frist

von drei Monaten nach Erbschaftsannahme G. 2014; Beendigung des Aufgebotsverfahrens G. 2015; Ausnahme bei unbeschränkter Haftung des Erben, bei vom Aufgebot nicht getroffenen Gläubigern G. 2016; Zahlungsfristen des Nachlaßpflegers G. 2017. — Rechtsverhältniß zwischen N. und mehreren Erben A. 2058 ff. — Forderungsanmeldung der N. A. 2061. — Antrag von Miterben auf Nachlaßverwaltung A. 2062; — Anzeigepflicht des Vorerben bei Eintritt der Nacherbfolge A. 2146. — N. bei Testamentsvollstrecker A. 2213; beim Erbschaftskauf A. 2382 f.

Nachlaßinventar, s. Inventarrecht.

Nachlaßkonkurs G. 1975 ff., 2060 (s. Nachlaßverwaltung).

Nachlaßpflegschaft G. 1960 ff. — Keine Inventarfrist G. 2012. — Zahlungsfristen G. 2017.

Nachlaßregulirung, s. Auseinandersetzung, Miterben.

Nachlaßverbindlichkeiten, Begriff, Haftung des Erben G. 1967, Beerdigungskosten G. 1968. — Verjährung G. 1974. (S. auch Nachlaßgläubiger.) Ersatz der vom Erbschaftsbesitzer bestrittenen N. G. 2022. — Haftung von Miterben G. 2036, 2058 ff. — Berichtigung der N. bei Auseinandersetzung G. 2145. — Haftung des Nacherben G. 2144, des Vorerben G. 2145. — Eingehung durch Testamentsvollstrecker G. 2206 ff. — Erfüllung der N. durch Erbschaftskäufer G. 2379.

Nachlaßverwaltung G. 1975 ff., 2205 (s. Nachlaßgläubiger).

Nachlaßverzeichniß G. 1960, 2121, E. 140.

Nachvermächtniß G. 2190 f.

Nachweis der Gelegenheit zum Abschluß eines Vertrages G. 652.

Namen, Beeinträchtigung des Berechtigten zum Gebrauch eines N. G. 12. — N. des eingetragenen Vereins G. 57, 64 f. — Umschreibung von Schuldverschreibungen auf den Inhaber auf N. G. 806. — Schuldverschreibungen auf N. mit Bestimmung der Leistung an den Inhaber G. 808. — Namensführung der geschiedenen Frau G. 1577. (S. auch Familiennamen.)

Namenrecht G. 12.

Nasciturus, s. Empfangene noch nicht geborene Personen.

Nassau, Mitglieder des vormaligen Fürstenhauses, Anwendung des B.G.B. E. 57.

Naturaltheilung bei Gemeinschaft G. 752.

Natürliche Kinder, s. Kinder. N. Personen G. 1 ff.

Nebenansprüche, Nebenleistungen, Verjährung mit dem Hauptanspruche G. 224. — Nebenleistungen, welche der zum Vorkauf Berechtigte nicht bewirken kann G. 507.

Nebenrechte, Uebertragung mit der Forderung G. 401.

Nebensache, Wandelung wegen Mängel der N. G. 470.

Negatives Vertragsinteresse G. 122, 179, 307.

Negotiorum gestio, s. Geschäftsführung ohne Auftrag.

Nemo pro poste testatus, pro poste intestatus decedere potest, aufgegeben G. 2088.

Nichtigkeit der Willenserklärung, Geschäftsunfähiger, Bewußtloser, Geistesgestörter G. 105. — N. von Willenserklärungen

überhaupt G. 116 ff., der Rechtsgeschäfte wegen Formmangel G. 125, wegen gesetzlichen Verbots G. 134, wegen Verstoßes gegen gute Sitten G. 138. — Theilweise N. eines R. G. 139. — Konversion eines nichtigen Rechtsgeschäfts G. 140. — N. der Ehe G. 1323 ff. (s. Ungültigkeit). — Wirkung der N. der Ehe auf gemeinschaftliches Testament G. 2268. — Uebergangsbestimmung über Kinder aus nichtigen Ehen E. 207.

Nichtigkeitsklage (bei der Ehe) G. 1329.

Nichtschuld, Leistung einer N. G. 812 ff. (S. auch Bereicherung [ungerechtfertigte].)

Nichtstreitige Rechtspflege, s. freiwillige Gerichtsbarkeit.

Niederlassung, Begründung des Wohnsitzes durch N. G. 7. — Leistung am Orte der gewerblichen N. G. 269 f. — Zwangsvollstreckung gegen den Hauptschuldner am Orte der N., sonst Einrede der Vorausklage der Bürgen G. 772 f.

Nießbrauch, Vertrag über N. am künftigen Vermögen ist nichtig G. 310. — Form des gleichen Vertrages am gegenwärtigen Vermögen G. 311. — Nießbrauch im Allgemeinen G. 1030 ff.: Begriff und Inhalt G. 1030. — N. am Zubehör G. 1031. — Bestellung des N. an einer beweglichen Sache G. 1032. — Ersitzung desselben G. 1033. — Feststellung des Zustandes der Sache durch Sachverständige G. 1034. — N. an einem Inbegriff an Sachen, Verzeichniß der Sachen G. 1035. — Besitz des Nießbrauchers, wirthschaftliche Benutzung G. 1036. — Umgestaltung, Veränderung der Sache, neue Anlagen auf dem Grundstück G. 1037. — N. an einem Walde, einem Bergwerk G. 1038. — Fruchterwerb des Nießbrauchers, auch an ordnungswidrig gezogenen Früchten, indeß Ersatzpflicht G. 1039. — Schatz G. 1040. — Erhaltungspflicht des Nießbrauchers G. 1041. — Anzeigepflicht bei Zerstörung, Beschädigung, außergewöhnlicher Ausbesserung, Gefahr, Anmaßung Dritter G. 1042. — Außergewöhnliche Ausbesserungen und Erneuerungen durch den Nießbraucher eines Grundstücks G. 1043. — Gestattung der Vornahme durch den Eigenthümer G. 1044. — Versicherung, Zahlung der Prämien G. 1045. — N. an der Forderung des Eigenthümers gegen den Versicherer G. 1046. — Verwendung der Versicherungssumme zur Wiederherstellung G. 1046. — Tragung der Lasten, Zinsen G. 1047. — N. an einem Grundstücke mit Inventar, Ergänzung des Inventars, Uebernahme zum Schätzungswerth G. 1048. — Verwendungen, Wegnahmerecht des Nießbrauchers G. 1049. — Unverschuldete Veränderungen, Verschlechterungen der Sache G. 1050. — Sicherheitsleistung des Nießbrauchers G. 1051 f. — Bestellung eines Verwalters für die Ausübung des N. G. 1052. — Klagerecht des Eigenthümers auf Unterlassung unbefugten Gebrauchs G. 1053. — Verwaltung bei erheblicher Verletzung der Rechte des Eigenthümers G. 1054. — Rückgabe der Sache nach beendetem N., insbesondere von

landwirthschaftlichen Grundstücken G. 1055. — Einfluß der Beendigung des N. auf Mieth- und Pachtverhältnisse G. 1056. — Verjährung der Ersatzansprüche des Eigenthümers, des Nießbrauchers G. 1057. — Schutz des gutgläubigen Nießbrauchers gegen den Eigenthümer G. 1058. — Unübertragbarkeit des N., Uebertragung der Ausübung G. 1059. — Zusammentreffen des N. mit anderem N., Nutzungsrechten G. 1060. — Erlöschen des N., Tod, Erlöschen der juristischen Person G. 1061. — Aufhebung durch Rechtsgeschäft, Erstreckung auf Zubehör G. 1062, 1064. — Erlöschen durch Vereinigung bei beweglichen Sachen G. 1063. — Schutz des N. G. 1065. — N. an dem Antheile eines Miteigenthümers G. 1066. — Nießbrauch an verbrauchbaren Sachen G. 1067. — Nießbrauch an Rechten G. 1068 ff.: Anwendung der Vorschriften über N. an Sachen G. 1068. — Kein N. an nichtübertragbaren Rechten G. 1069. — Rechtsverhältniß zwischen Nießbraucher und Leistungspflichtigem G. 1070. — Aufhebung des dem N. unterliegenden Rechts E. 1071. — Beendigung des N. G. 1072. — N. an Leibrente, Auszug G. 1073; an Forderung G. 1074 ff.; an der Leistung, an Forderung auf Leistung verbrauchbarer Sachen G. 1075; an verzinslicher Forderung G. 1076 ff.; Zahlung, Kündigung des Kapitals G. 1077 f.; Wiederanlegung G. 1079; an Grundschuld, Rentenschuld G. 1080; an Inhaberpapier oder Orderpapier mit Blankoindossament G. 1081 ff. — Nießbrauch an einem Vermögen G. 1085: Bestellung G. 1085. — Rechte der Gläubiger des Bestellers G. 1086. — Rechte des Bestellers zur Rücknahme der zur Befriedigung der Gläubiger erforderlichen Gegenstände, Recht des Nießbrauchers zur direkten Befriedigung G. 1087. — Persönliche Haftung des Nießbrauchers für Zinsen und andere wiederkehrende Leistungen G. 1088. — Nießbrauch an einer Erbschaft G 1089. — Erlöschen des N. an einem Pfande durch dessen Verkauf G. 1242. — Anwendung der Vorschriften über N. auf elterliche Nutznießung G. 1652. — Uebergangsbestimmung für unvollendete Ersitzung des N. E. 185.

Nießbraucher, s. Nießbrauch. — Schutz des mittelbaren Besitzes des N. G. 868.

Notare, Beurkundung eines Stiftungsgeschäfts G. 81. — Notarielle Beglaubigung von Handzeichen, Unterschriften G. 126, 129. — N. Beurkundung G. 126 ff; von Verträgen G. 152. — Anspruchsverjährung G. 196. — N. Form des Vertrages über ein gegenwärtiges Vermögen G. 311; des Vertrages unter zukünftigen gesetzlichen Erben über Erbtheil oder Pflichttheil G. 312; des Vertrages über Eigenthumsübertragung an Grundstücken G. 313; des Schenkungsversprechens G. 518; des Verzeichnisses bei Nießbrauch an einem Sachinbegriff G. 1035; des Ehevertrages G. 1434; des Verzichtes eines Abkömmlings auf seinen Antheil am

Gesammtgut G. 1491; der Erklärung über Aufhebung der fortgesetzten Gütergemeinschaft durch den überlebenden Ehegatten G. 1492; des Vertrages über Anrechnung der Abfindung eines Abkömmlings G. 1501; der Zustimmung des anderen Ehegatten zu letztwilliger Verfügung über den Antheil eines Abkömmlings am Gesammtgut der fortgesetzten Gütergemeinschaft G. 1516; zum Erbverzicht eines Abkömmlings G. 1517; der Anträge auf Ehelichkeitserklärung G. 1730; der Einwilligungserklärung zur Annahme an Kindesstatt G. 1748; des Annahmevertrages G. 1750; des Nachlaßinventars G. 2002; der Verfügung eines Miterben über seinen Antheil G. 2033; Aufnahme des Vermögensverzeichnisses bei Testamentsvollstrecker G. 2215. — Testamentserrichtung von einem N. G. 2231 ff., E 149; Erbvertrag G. 2276; Anfechtung desselben G. 2282; Rücktritt G. 2296; Erbverzicht 2348; Aufhebung desselben G. 2351. — Landesgesetze über notarielle Beurkundung von Rechtsgeschäften E. 141, 142. — S. auch E. 151.

Nothdürftiger Unterhalt G. 1611.

Notherben, s. Pflichttheil.

Nothweg G. 917 f. — Landesgesetzliche Vorschriften über N. zu Wasserstraßen und Eisenbahnen E. 123.

Nothwehr, Begriff G. 227; bei Besitzstörung durch verbotene Eigenmacht G. 859.

Nothzucht G. 825.

Nutznießung des Mannes am eingebrachten Gut G. 1383 ff. — S. auch elterliche N.

Nutzungen, Begriff G. 100. — Einfluß der Rechtshängigkeit auf den Anspruch auf Herausgabe von N. G. 292. — Beschränkung der Pflicht des Schuldners zur Herausgabe von N. bei Annahmeverzug G. 302. — Nicht gezogene N. bei Hinterlegung G. 379. — N. beim Kaufe G. 446. — Ersatz der gezogenen N. bei Wandelung im Kaufe von Hausthieren G 487. — Herausgabe der N. bei ungerechtfertigter Bereicherung G. 818; beim Nichteintritt des bezweckten ungewissen Erfolges G. 820. — Herausgabe der N. gegenüber dem Eigenthumsanspruch G. 987 f., 993. — N. des Pfandes G. 1213 f. — Herausgabepflicht des Erbschaftsbesitzers G. 2020, 2023. — N. des Vermächtnißgegenstandes G. 2184; beim Erbschaftskauf G. 2379 f. — N. der Mitglieder von Realgemeinden, Uebergangsbestimmung E. 164.

Nutzungspfandrecht G. 1213 f.

Nutzungsrechte, Fruchterwerb bei N. an einer Sache G. 955. — Zusammentreffen von N. mit einer Grunddienstbarkeit G. 1024. — Uebergangsbestimmung für vererbliche und übertragbare N. an Grundstücken E. 196.

Nutznießung, eheliche, s. eheliches Güterrecht. — Elterliche N., s. elterliche Gewalt.

O.

Oberfläche eines Grundstücks G. 905.

Obervormundschaft, s. Vormundschaftsgericht.

Obligation, s. Schuldverhältnisse.

Obstbäume auf der Grenze, Fortbestand der Landesgesetze E. 122.
Oeffentliche Anstalt, Anfall von Vereinsvermögen G. 45. — Anspruchsverjährung G. 196.
Oeffentlicher Gebrauch, Anlagen und Betriebe auf Grundstücken im ö. G., Landesgesetze über Schadensersatzpflicht E. 106.
Oeffentlicher Glaube des Grundbuchs G. 891 ff., 1140 ff.
Oeffentliche Hinterlegung, s. Hinterlegung.
Oeffentliches Interesse, Geschäftsführung gegen den Willen des Geschäftsherrn G. 679; bei letztwilligen Auflagen G. 2194.
Oeffentliche Sammlung, s. Sammlung.
Oeffentliche Stiftung. Anfall von Vereinsvermögen G. 45; Haftung für Vertreter G. 89. — Konkurs G. 89.
Oeffentliche Versteigerung G. 383.
Oeffentliche Zustellung von Willenserklärungen G. 132.
Offenbarungseid bei Rechnungslegung G. 259; bei Herausgabe eines Inbegriffs von Sachen, Auskunftsertheilung G. 260. — Zuständigkeit G. 261. — O. des Erben G. 2006, E. 147; des Hausgenossen des Erblassers G. 2028; der Miterben G. 2057.
Offenkundigkeit von Thatsachen für Ertheilung des Erbscheins G. 2356.
Okkupation, s. Aneignung.
Orden, religiöse, Fortbestand der Landesgesetze über Schenkungen und Erbschaften an dieselben E. 87.
Ordentliche Testamentsform G. 2231 ff.
Orderpapiere, Sicherheitsleistung G. 234. — Nießbrauch an O. G. 1081 ff. — Erwerb von O. durch den Ehemann aus Mitteln des eingebrachten Guts G. 1381. - Hinterlegung von O., die zum eingebrachten Gut gehören G. 1392. — Erwerb von O. mit Mitteln eines Kindes unter väterlicher Gewalt G. 1646. — O. aus Mündelvermögen G. 1814, 1853; zur Nacherbschaft gehörige G. 2116.
Ordnungsstrafen gegen Vorstand und Liquidatoren eines eingetragenen Vereins G. 78; zur Erzwingung der Uebernahme der Vormundschaft G. 1788; gegen Vormünder G. 1837; gegen Mitglieder des Familienraths G. 1875.
Ordnungen der gesetzlichen Erben G. 1924 ff.
Ort der ständigen Niederlassung als Wohnsitz G. 7. — O. der Vereinsverwaltung G. 24. — O. der Leistung G. 269 ff.; als Hinterlegungsstelle G. 374; als Versteigerungsstelle G. 383. — Aufrechnung bei verschiedenen Leistungsorten G. 391. — O. der Zurückgabe beim Verwahrungsvertrag G. 697; der Vorlegung von Sachen und Urkunden G. 811; der Zahlung einer Grundschuld G. 1194; der Versteigerung des Pfandes G. 1236. — Gesetze des Orts der Vornahme eines Rechtsgeschäfts E. 11.
Ortsüblichkeit bei Abmarkung der Grenze G. 919.

P.

Pacht G. 581 ff.: Gewährung des Gebrauches und Fruchtgenusses, Pachtzins G. 581. — Anwendung der Vorschriften über die Miethe G. 581. — P. eines

landwirthschaftlichen Grundstückes G. 583 ff.: Gewöhnliche Ausbesserungen G. 582. — Aenderungen der Bewirthschaftung G. 583. — Zeit der Pachtzahlung G. 584. — Gesetzliches Pfandrecht des Verpächters, auch an Früchten und unpfändbaren Sachen G. 585. — Verpachtung mit Inventar G. 586. — Uebernahme des Inventars zum Schätzungswerthe G. 587 ff. — Pfandrecht des Pächters an dem Inventar G. 590. — Beendigung der Pacht, Zurückgewähr, Bestellung G. 591. — Bestellungskosten G. 592. — Zurückzulassende Wirthschaftsvorräthe, Dünger bei Landgut G. 593. — Pachtübernahme und Rückgewähr eines Landguts nach Schätzung, Rückgewähr geschätzter Vorräthe G. 594. — Kündigung der Grundstückspacht G. 595. — Unterpacht G. 596. — Tod des Pächters G. 596. — Kein Kündigungsrecht bei Versetzung von Beamten u. s. w. G. 596. — Verzögerung der Rückgabe G. 597. — Schutz des mittelbaren Besitzes des Pächters G. 868. — Pachtvertrag des Nießbrauchers an einem Grundstück, Beendigung des Nießbrauchs G. 1056; desgl. des Mannes am eingebrachten Gut G. 1423; desgl. des Vaters bei elterlicher Nutznießung G. 1663; bei Mündelgut G. 1822; bei Nacherbschaft G. 2135. — P. für volljährige Bevormundete G. 1902. — Uebergangsbestimmung für bestehendes Pachtverhältniß E. 171, 172; für Eintragung von Pachtrechten in das Grundbuch E. 188.

Pachtjahr G. 584.

Pachtzinsen, Verjährung des Anspruchs aus Rückständen G. 196. — Haftung der P. für die Hypothek G. 1123 ff.

Parteien, Verjährung des Anspruchs aus Vorschüssen an Rechtsanwälte G. 196.

Personalservituten, s. persönliche Dienstbarkeiten, Nießbrauch.

Persönliche Dienstbarkeiten, Nießbrauch G. 1030 ff. — Beschränkte persönliche Dienstbarkeiten G. 1090 ff.: Begriff, Nutzung eines Grundstücks in einzelnen Beziehungen G. 1090. — Persönliches Bedürfniß des Berechtigten G. 1091; Unübertragbarkeit G. 1092. — Wohnungsrecht G. 1093.

Persönliche Angelegenheiten der Ehefrau G. 1402, 1451.

Persönliche Eigenschaften, Verhältnisse, Irrthum über solche als Anfechtungsgrund der Ehe G. 1333.

Persönliche Leistung beim Dienstvertrage G. 613. — Uebernahme p. L. durch die Ehefrau G. 1358.

Personen, natürliche, G. 1 ff.; juristische G. 21 ff. — Verletzung von P., Geldentschädigung G 249. — Ungewißheit der P. des letztwillig Bedachten G. 2071, 2073.

Personenstand, Aenderung der Gesetze, betr. Beurkundung desselben E. 40, 46.

Personenvereine, s. Vereine.

Pertinenz, s. Zubehör.

Perzeption, s. Trennung.

Pfand, s. Pfandrecht (an beweglichen Sachen).

Pfandbestellung unterbricht Anspruchsverjährung G. 203.

Pfandgeld E. 89.

Pfandgläubiger. Schutz des mittelbaren Besitzes des Pf. G.

868. — Pf. bei Aufgebot der Nachlaßgläubiger G. 1971.
Pfandleiher, Pfandleihanstalten, Fortbestand der Landesgesetze E. 94.
Pfändung, s. Privatpfändungsrecht. — Rücknahmerecht des Hinterlegers unterliegt nicht der Pf. G. 377. — Pf. eines Antheils am Gesellschaftsvermögen G. 725; eines Antheils an Gemeinschaft G. 751.
Pfandrecht bleibt bestehen trotz Verjährung des Anspruchs G. 223. — Pf. des Berechtigten an hinterlegtem Gelde u. s. w. G. 233. — Uebergang des Pf. mit Abtretung der Forderung G. 401. — Erlöschen des Pf. bei Schuldübernahme G 418. — Verpflichtung des Verkäufers zur Beseitigung von Pf. an dem Kaufgegenstande G. 439. — Gesetzliches Pfandrecht des Vermiethers G. 559 ff.; des Verpächters G. 585; des Pächters an dem mitverpachteten Inventar G. 590; des Unternehmers an dem Werke G. 647; des Gastwirthes an den eingebrachten Sachen des Gastes G. 704. — Ausübung des Pf. gegen den Hauptschuldner, sonst Einrede der Vorausklage des Bürgen G. 772. — Aufgaben eines Pf., Wirkung auf Bürgschaft G. 776. — Pfandrecht an beweglichen Sachen G. 1204 ff.: Begriff, Voraussetzung einer Forderung G. 1204. — Begründung durch Uebergabe, Uebertragung mittelbaren Besitzes G. 1205. — Einräumung des Mitbesitzes G. 1206. — Verpfändung einer fremden Sache G. 1190, 1207. — Vorzug des Pf. vor anderem Rechte am Pfande bei gutgläubigem Erwerbe des Pf. G. 1208. — Altersvorzug unter mehreren Pfandrechten G. 1209. — Umfang der Haftung des Pfandes G. 1210. — Einreden des Verpfänders G. 1211. — Erstreckung des Pf. auf Erzeugnisse G. 1212. — Nutzungspfandrecht G. 1213 f. — Verwahrungspflicht des Pfandgläubigers G. 1215. — Verwendungen des Pfandgläubigers, Wegnahmerecht G. 1216. — Verletzung der Rechte des Verpfänders, Hinterlegung, Bestellung eines Verwahrers, Rückgabe gegen Befriedigung G. 1217. — Rückforderung des Pfandes gegen Sicherheitsleistung wegen Besorgniß des Verderbs oder der Entwerthung G. 1218. — Verkaufsrecht des Pfandgläubigers wegen Verderb oder Entwerthung, Pf. am Erlöse G. 1219 ff. — Pf. an mehreren Sachen G. 1222. — Rückgewährspflicht des Pfandes nach Erlöschen des Pf., Befriedigung G. 1223 f. — Uebergang der Forderung auf den Verpfänder G. 1225. — Verjährung der Ansprüche des Verpfänders und des Pfandgläubigers G. 1226. — Schutz des Pf. G. 1227. — Befriedigung durch Verkauf des Pfandes G. 1228. — Verfallvertrag (lex commissoria) G 1229. — Auswahl unter mehreren Pfändern G. 1230. — Herausgabe des Pfandes zum Verkaufe, an einen Verwahrer G. 1231. — Verkaufsrecht bei Mehrheit von Pfandgläubigern G. 1232. — Verfahren beim Verkauf G. 1233 ff.: Privatverkauf G. 1233. — Androhung des Verkaufs G. 1234. — Versteigerung, Verkauf zum Börsen- oder Markt-

preis G. 1235. — Ort der Versteigerung G. 1236. — Bekanntmachung der Versteigerung, Benachrichtigung der Interessenten G. 1237. — Verkaufsbedingungen, Baarzahlung G. 1238. — Mitbieten des Gläubigers, Eigenthümers, Schuldners G. 1239. — Versteigerung von Gold- und Silbersachen G. 1240. — Benachrichtigung des Eigenthümers vom Verkauf G. 1241. — Uebergang des Eigenthums an den Käufer, Erlöschen aller Rechte G. 1242. — Verletzung der Vorschriften über den Verkauf G. 1243. — Verkauf trotz nicht bestehenden Pf., guter Glaube des Erwerbers G. 1244. — Vereinbarung über besondere Art des Pfandverkaufs G. 1245 f. — Erlös tritt an die Stelle des Pfandes G. 1247. — Vermuthung beim Verkaufe, daß Verpfänder der Eigenthümer sei G. 1248. — Befriedigung des Gläubigers durch Andere, welche ein Recht am Pfande durch Verkauf verlieren würden G. 1249. — Uebergang des Pfandrechts mit Uebertragung der Forderung G. 1250. — Besitzrecht des neuen Pfandgläubigers, Haftung desselben sowie des alten Gläubigers G. 1251. — **Erlöschen** des Pf. mit der Forderung G. 1252; durch Rückgabe des Pfandes G. 1253; durch peremtorische Einrede G. 1254; durch Vereinigung G. 1256. — Aufhebung durch Rechtsgeschäft G. 1255. — Anwendung der Vorschriften auf gesetzliches Pf. G. 1257. — **Pfandrecht am Antheil eines Miteigenthümers** G. 1258. — **Pfandrecht an Schiffen** G. 1259 ff.: Eintragung in das Schiffsregister G. 1260. — Rangverhältniß der Pf. am Schiffe G. 1261. — Fortbestand des Pf. nach Eintragung in das Schiffsregister auch bei Veräußerung und Belastung des Schiffes, Löschung des Pf. zu Unrecht G. 1262. — Berichtigung des Schiffsregisters G. 1263. — Widerspruch gegen Richtigkeit des Schiffsregisters G. 1263. — Umfang der Haftung des Schiffes, Zinsen, nachträgliche Eintragung solcher G. 1264. — Haftung des Zubehörs G. 1265. — Analoge Anwendung der Vorschriften über Pf. an beweglichen Sachen G. 1266. — Befriedigung des Pfandgläubigers, Pflicht zur Herausgabe der zur Löschung erforderlichen Urkunden G. 1267. — Anwendung der Vorschriften für Zwangsvollstreckung G. 1268. — Aufgebot G. 1269. — Schiffspfandrecht für Forderung aus Schuldverschreibung auf den Inhaber, aus indossabelen Papieren G. 1270. — Schiffspfandrecht nach Analogie der Kautionshypothek G. 1271. — **Pfandrecht an einer Schiffspart** G. 1272. — **Pfandrecht an Rechten** G. 1273 ff.: Anwendung der Vorschriften über Pf. an beweglichen Sachen G. 1273. — Voraussetzung ist Uebertragbarkeit des Rechts, kein Pf. an unübertragbaren Rechten G. 1274. — Pf. am Recht auf eine Leistung G. 1275. — Einwilligung des Pfandgläubigers zur Verfügung über das verpfändete Recht G. 1276. — Ausübung des Pf. durch Zwangsvollstreckung G. 1277. — Aufhebung des Pf.

durch Rückgabe G. 1278. — *Pfandrecht an einer Forderung* G. 1279 ff.: Anzeige an den Schuldner G. 1280. — Leistung nur an Pfandgläubiger und Gläubiger gemeinschaftlich, Hinterlegung, Bestellung eines Verwahrers G. 1281. — Einziehung durch den Pfandgläubiger nach Fälligkeit der Pfandschuld G. 1282. — Kündigung der verpfändeten Forderung G. 1283. — Besondere Vereinbarungen zwischen Pfandgläubiger und Gläubiger G. 1284. — Gemeinschaftliche Einziehung durch Pfandgläubiger und Gläubiger, durch Pfandgläubiger allein G. 1285. — Kündigung bei Gefährdung der Forderung G. 1286. — Pf. an dem geleisteten Gegenstande nach Einziehung der Forderung G. 1287. — Sicherungshypothek, wenn die Leistung in Uebertragung des Eigenthums an einem Grundstücke besteht G. 1287. — Einziehung einer verpfändeten Geldforderung G. 1288. — Erstreckung des Pf. auf die Zinsen, Einziehung derselben G. 1289. — Mehrere Pf. an einer Forderung G. 1290. — Pf. an Grundschuld, Rentenschuld G. 1291; an einem Wechsel oder sonstigem indossabelen Papier G. 1292, 1294, 1295 f.; an einem Inhaberpapier G. 1293. — Haftung der Zins-, Renten-, Gewinnantheilscheine zu einem verpfändeten Werthpapier G. 1296. — Uebergangsvorschriften über Eintragung gesetzlicher Pf. in das Grundbuch E. 188; über andere Pf. bei Anlegung des Grundbuchs E. 192, 193, 194.

Pfandverkauf G. 1233 ff. — Mängel G. 461. — Anwendung der Regeln des Pf. bei nicht geschehender Erklärung des Eigenthümers innerhalb bestimmter Frist über Genehmigung von Verwendungen auf die Sache G. 1003.

Pfandvertrag G. 1205.

Pferde, Gewährleistung bei deren Verkauf G. 481 ff.

Pflanzen als Bestandtheil des Grundstücks G. 94.

Pflege von Hausthieren, Ersatz der Kosten bei Wandelung G. 488.

Pflegschaft über den Mann, Grund der Aufhebung der Verwaltung und Nutznießung des eingebrachten Guts G. 1418, 1425. — Beitrag der Frau zum ehelichen Aufwand bei Pf. über den Mann G. 1428. — Pf. über ein Kind unter elterlicher Gewalt G. 1629 f. — Pf. über den Vater, Ruhen der elterlichen Gewalt G. 1676. — Pf. macht unfähig zum Amte des Vormunds G. 1781. — Mehrheit von Pf., Ablehnung der Vormundschaft G. 1786. — Konkurrenz einer Pf. mit Vormundschaft G. 1794. — Pf. *im Allgemeinen*: Ueber Minderjährige und Bevormundete, für besondere Vermögensverwaltung nach Anordnung des Zuwendenden G. 1909. — Körperliche Gebrechen G. 1910. — Abwesenheit G. 1911. — Leibesfrucht G. 1912. — Unbekannte Betheiligte G. 1913. — Pf. für Vermögen aus öffentlichen Sammlungen G. 1914. — Anwendung der Vorschriften über Vormundschaft G. 1915 f. — Berufung G. 1917. — Befreite Pf. G. 1917. — Beendigung G. 1918, E. 160. — Aufhebung G.

1919 ff. — Unfähigkeit zum Testamentsvollstrecker G. 2201. — Pf. über Ausländer E. 23. — Uebergangsbestimmung für bestehende Pf. E. 210.

Pflichttheil, Nichtigkeit des Vertrages über Pfl. aus dem Nachlasse eines noch lebenden Dritten G. 312. — Form des Vertrages über Pfl. unter künftigen gesetzlichen Erben G. 312. — Verzicht auf Pfl. durch die Frau ohne Zustimmung des Mannes G. 1406, 1453. — Ergänzung des Pfl. bei Auseinandersetzung der fortgesetzten Gütergemeinschaft G. 1505. — Beschränkung der Unterhaltspflicht auf Nothdurft bei Berechtigung zur Entziehung des Pfl. G. 1611. — Berechtigung zur Entziehung des Pfl., hebt Aussteuerpflicht gegenüber Töchtern auf G. 1621. — Verfügung über Pfl. des Mündels, gerichtliche Genehmigung G. 1822. — Pflichttheilsrechte werden vom Aufgebot der Nachlaßgläubiger nicht betroffen G 1972. — Kürzung des Vermächtnisses durch Pflichttheilsanspruch G. 2188 f. — Rücktritt vom Erbvertrag bei Verfehlungen des Bedachten, welche zur Entziehung des Pfl. berechtigen G. 2294. — Pflichttheilsberechtigte G. 2303, 2309. — Betrag G. 2303. — Pfl. keine Erbeinsetzung G. 2304. — Ergänzung G. 2305. — Beschränkung des als Pfl. hinterlassenen Erbtheils G. 2306. — Vermächtniß als Pfl. G. 2307. — Anfechtung der Ausschlagung von Erbschaft oder Vermächtniß G. 2308. — Bei der Berechnung des Pfl. mitzuzählende Personen G. 2310. — Werthberechnung nach Zeit des Erbfalls G. 2311. — Landgut G. 2312; bedingte, ungewisse Rechte und Verbindlichkeiten G. 2313. — Auskunftspflicht des Erben, Vermögensverzeichniß G. 2314. — Anrechnung auf Pfl G. 2315. — Ausgleichungspflicht mehrerer Abkömmlinge G. 2316. — Entstehung, Vererblichkeit, Uebertragbarkeit des Anspruchs G. 2317. — Verhältniß der Pflichttheilslast zu Vermächtnissen und Auflagen, Kürzung derselben G. 2318 ff. — Verhältniß des pflichttheilsberechtigten Erben zu den Miterben G. 2319 ff. — Abweichende Anordnungen des Erblassers G. 2324. — Ergänzung des Pfl. bei Schenkungen G. 2325, 2329 f. — Schenkungen an den Pflichttheilsberechtigten G. 2327. — Ergänzung bei Einsetzung auf den Pfl. G. 2326. — Stellung des selbst zum Pfl. berechtigten Erben G. 2328. — Zuwendungen aus Gesammtgut G. 2331. — Verjährung des Pflichttheilsanspruchs G. 2332. — Entziehung des Pfl. G. 2333 ff.; in guter Absicht (exheredatio bona mente) G. 2338. — Anfechtung des Pflichttheilsanspruchs wegen Erbunwürdigkeit G. 2345. — Verzicht auf Pfl. G. 2346. — Fortbestand der Landesgesetze über Nichtbeschränkung gewisser ritterschaftlichen Familien durch Pfl. E. 216.

Pflichttheilsanspruch G. 2303.

Pflichttheilsberechtigte G. 2303. — Uebergehung in letztwilliger Verfügung, Anfechtung derselben G. 2079. — Bedenkung eines pf. Abkömmlings in gemeinschaftlichem Testament G.

2271. — Uebergehung im Erbvertrag, Anfechtung G. 2281.
Pfründenrecht, Fortbestand der Landesgesetze E. 80.
Planke zwischen zwei Grundstücken G. 921 f.
Politische Vereine G. 43.
Polizeibehörde, Mitwirkung beim Funde G. 965 ff.
Post, Uebersendung der hinterlegten Sache an die Hinterlegungsstelle durch die P. G. 375.
Praecipuum, s. Voraus, Vorausvermächtniß.
Praedialservitut, s. Grunddienstbarkeit.
Praelegat, s. Vorausvermächtniß.
Prämie auf ein eingelöstes Inhaberpapier unterfällt dem Nießbrauch G. 1083.
Pränumeration, s. Vorausleistung.
Präsumtion, s. Vermuthung. Praesumtio Muciana G. 1362.
Praeterition, s. Uebergehung.
Preisbewerbung, Auslobung, die eine P. zum Gegenstande hat G. 661.
Priorität, s. Rangordnung.
Privatdienste, Verjährung der Ansprüche aus solchen G. 196.
Privatbeamte, Dienstverhältniß, Kündigung G. 622, 627 f.
Privatlehrer, Verjährung ihrer Ansprüche G. 196. — Dienstverhältniß, Kündigung G. 622, 627 f.
Privatgewässer, geschlossene, Fische in solchen G. 960.
Privatpfändungsrecht der Landesgesetze bleibt bestehen E. 89.
Privattestament G. 2231; Minderjähriger und Analphabeten G. 2247; gerichtliche Verwahrung G. 2248; Rückgabe G. 2256; gemeinschaftliches P. von Ehegatten G. 2267.
Probe, Kauf nach P. G. 494; auf P. G. 495 f.
Prokura, Ertheilung durch Vormund G. 1822.
Protokoll über Testamentserrichtung G. 2240 ff.
Protokollführer bei Verkauf im Wege der Zwangsvollstreckung darf nicht kaufen G. 456.
Prozeßfähigkeit von in der Geschäftsfähigkeit beschränktrn Personen, Anspruchsverjährung G. 206.
Prozeßkosten, s. Kosten.
Punkte eines Vertrages G. 154 f.
Putativehe, Vermögensrechtliche Wirkungen G. 1344 f.
Putativerbe, keine Ersitzung gegen den wirklichen Erben G. 2026.

Q.

Quittung: Verpflichtung zur Ausstellung G. 368. — Kosten der Qu. G. 369. — Ermächtigung des Ueberbringers der Qu. zum Leistungsempfang G. 370. — Rückgabe des Schuldscheins neben Qu. G. 371.

R.

Rain auf der Grenze zweier Grundstücke G. 921 f.
Rangänderung der in das Grundbuch eingetragenen Rechte G. 880.
Rangordnung der eingetragenen Rechte an einem Grundstücke 879 f.; der Rente für Ueberbau G. 914; der Theilhypotheken unter einander G. 1151; der Pfandrechte G. 1209; der Pfandrechte an einem Schiffe G. 1261; der Unterhaltspflichtigen G. 1606. — Landesgesetze über R. von Belastungen

eines Grundstücks mit staatlicher Hypothek u. s. w. E. 118.
Rangverhältniß, s. Rangordnung.
Rangvorbehalt bei Rechten an Grundstücken G. 881.
Räume, Vermiethung, Anwendung der Vorschriften über Miethe von Grundstücken G. 580. — Beschaffenheit derselben G. 544. — Beschaffenheit der Räume für Dienstboten G. 618.
Räumungsfristen der Landesgesetze E. 93.
Rath, Ertheilung eines solchen G. 676.
Rauch, Zuführung von R. auf ein fremdes Grundstück G. 906.
Raum. Schutz des Besitzers abgesonderter Räume G. 865. — Eigenthum des R. über und unter der Oberfläche eines Grundstücks G. 905. — Miethe von Räumen G. 544, 580.
Rayongesetz E. 54.
Reallasten. Anwendung der Vorschriften für R. auf die Geldrente für Ueberbau G. 914. — Vorschriften über Reallasten G. 1105 ff.: Begriff, wiederkehrende Leistungen G. 1105. —R. an Bruchtheil eines Grundstücks G. 1106. — Anwendung der Vorschriften für Hypothekenzinsen auf die einzelnen Leistungen G. 1107. — Persönliche Haftung des Eigenthümers für die einzelnen Leistungen mehrerer Eigenthümer als Gesammtschuldner G. 1108. — Theilung des Grundstücks der Berechtigten G. 1109. — R. zu Gunsten des jeweiligen Eigenthümers eines Grundstücks G. 1110; zu Gunsten einer bestimmten Person G. 1111. — Aufgebot des unbekannten Berechtigten G. 1112. — Fortbestand der Landesgesetze über Ablösung u. s. w. von R. E. 113, 114; über Verbot derselben E. 115; über Bestand derselben bei Theilung von Grundstücken E. 120, 121
Realgemeinden, Uebergangsbestimmungen E. 164.
Realgewerbeberechtigungen, Fortbestand der Landesgesetze E. 74.
Realoblation der Leistung G. 294.
Rechenschaft, s. Rechnungslegung.
Rechnungsabschluß bei der Gesellschaft G. 721.
Rechnungslegung G. 259; des Beauftragten G. 666; des Geschäftsführers ohne Auftrag G. 681; gegenüber dem ausscheidenden Gesellschafter G. 740; beim Nutzungspfandrecht G. 1214; bei Herausgabe des eingebrachten Guts G. 1421; bei elterlicher Vermögensverwaltung G. 1667; des Vormundes G. 1840 ff. — Befreiung davon G. 1854. — R. nach beendeter Vormundschaft G 1890 ff.; des Testamentsvollstreckers G. 2218.
Rechte als Bestandtheile eines Grundstücks G. 96. — Uebertragung von R. außer Forderungen G. 413. — Verkauf von R. G. 437; von R. an beweglichen Sachen G. 441. — R. an Grundstücken im Allgemeinen G. 873 ff. — R. an fremden Sachen, Erwerb der Erzeugnisse durch Trennung G. 954. — Nießbrauch am R. G. 1068 ff. — Pfandrecht am R. G. 1273 ff. — R. an Grundstücken bei Fahrnißgemeinschaft G. 1551. — R. an fremden Sachen, Uebergangsbestimmung E. 184. — Erwerb und Verlust von R. an Grundstücken bis

zur Anlegung des Grundbuchs E. 189.
Rechtsanwälte, Verjährung ihrer Ansprüche G. 196.
Rechtsbesitz der Grunddienstbarkeit, Schutz G. 1027.
Rechtsfähigkeit, Beginn derselben G. 1. — R. der Vereine G. 21 ff.
Rechtsgeschäfte des Vereins mit Mitgliedern G. 34. — Einseitige R. des Minderjährigen G. 111. — R. Entmündigter und unter vorläufige Vormundschaft Gestellter G. 114 f. — Form der R. G. 125 ff. — R. gegen gesetzliches Verbot G. 134; zur Beschränkung der Verfügung über ein veräußerliches Recht G. 137; gegen gute Sitten, wucherische G. 138. — Theilweise Nichtigkeit der R. G. 139. — Konversion eines nichtigen R. G. 140. — Bestätigung nichtiger R. G. 141. — Anfechtung von R. G. 142 ff. — Zustimmung (Einwilligung, Genehmigung) zu einseitigen R. G. 182 ff. — Aufhebung des Nießbrauchs durch R. G. 1062, 1064. — R. der Frau G. 1395 ff., 1532; gegenüber dem Manne G 1406. — R. zwischen Vormund und Mündel G. 1795. — R. von Ausländern E. 7. — Bestimmung der Form von R. durch die für den Gegenstand maßgebenden Gesetze, durch die Gesetze des Orts der Vornahme E. 11. — Landesrechtliche Vorschriften über Beurkundung von R. E. 141, 142.
Rechtsgrund, fehlender einer Leistung, Herausgabepflicht G. 812, 819. — Weigerung der Erfüllung G. 821.
Rechtshängigkeit, Verzinsung einer Geldschuld von R. ab G. 291. — R. des Anspruches auf Herausgabe eines bestimmten Gegenstandes, Einfluß auf die Haftung des Schuldners bei Unmöglichkeit G. 292. — Einfluß der R. auf die Herausgabepflicht ungerechtfertigter Bereicherung G. 818; auf die Pflichten des Besitzers gegenüber dem Eigenthumsanspruch G. 987 ff. — R. des Unterhaltsanspruchs G. 1613 — Landesgesetze über R. von Streitsachen, welche nicht der Civilprozeßordnung unterliegen E. 152.
Rechtskraft. Rechtskräftig festgestellte Ansprüche verjähren in 30 Jahren G. 218.
Rechtsmängel beim Kaufe G. 434 ff.; bei anderen entgeltlichen Verträgen G. 445; beim Erbschaftskauf G. 2376; bei Schenkung einer Erbschaft G 2385.
Rechtsmittel, Unterlassung des Gebrauchs von R. hebt die Ersatzpflicht wegen Mißbrauchs der Amtspflicht auf G. 839.
Rechtsnachfolge bei der Verjährung G. 221, bei Erbschaftsbesitz G. 2030.
Rechtsnorm E. 2.
Rechtssache, Verletzung der Amtspflicht bei Leitung einer R. G. 893.
Rechtsstreit des Vereins mit Mitgliedern G. 34. — Tragung der Kosten eines R. der Frau durch den Mann G 1387 — R. der Frau ohne Zustimmung des Mannes G. 1400, 1454. — Haftung des eingebrachten Guts für Kosten eines Rechtsstreits der Frau G. 1412; des Vorbehaltsguts G. 1415; des Gesammtguts G. 1460. — Kosten eines R. zwischen Ehegatten G. 1416. — R. des Mannes über

Gesammtgut G. 1443. — Kosten des R. unter Ehegatten im Verhältniß zum Gesammtgut, des R. der Frau mit Dritten G. 1463 f., 1532; des R. eines Hauskindes G. 1654. — R. zwischen Vormund und Mündel G. 1795.
Rechtsverletzung, Schadensersatz G. 823 f.
Rechtsverwirkung, Vorbehalt der R., Rücktrittsrecht G. 360.
Rechtsweg, Abhängigkeit der Zulässigkeit von der Vorentscheidung einer Behörde, Einfluß auf Unterbrechung der Verjährung G. 210.
Redhibition, s. Wandelung.
Redlicher Glaube, s. Guter G.
Regalien, Fortbestand der Landesgesetze E. 73.
Regelmäßige Verjährungsfrist G. 195.
Regreß, s. Rückgriff.
Rehwild, Schaden durch R. G. 835.
Reich, Aufrechnung gegen Forderungen desselben G. 395. — Ausgabe von Schuldverschreibungen auf den Inhaber G. 795; Anlegung von Mündelgeldern in solchen G. 1807, 1815 f. — Buchforderungen der Nacherbschaft G. 2117 f.
Reichsadel, Anwendung des B. G. B. E. 58.
Reichsangehörigkeit, Verlust derselben seitens des Ehemanns E. 14. — Erwerb durch Ehegatten, Einfluß auf das Güterrecht E. 16. — Scheidung bei Verlust seitens des Mannes E 17.
Reichsanzeiger, Bekanntmachung der Aufforderung zur Anmeldung von Nachlaßforderungen G. 2061.
Reichsbank, Hinterlegung von mit einem Nießbrauch belasteten Inhaber- oder Orderpapieren G. 1082. — Anlegung von Mündelgeld G. 1808. — Hinterlegung von Inhaberpapieren des Mündelvermögens G. 1814; durch den Vorerben G. 2116.
Reichsbeamtengesetz, Aenderung E. 43.
Reichsfiskus, Erbrecht G. 1936.
Reichsgesetze, Verhältniß zum B. G. B. E. 32 ff.
Reichsgericht, Zuständigkeit E. 6.
Reichskanzler, Ehelichkeitserklärung G. 1723. — Dispensation vom bestimmten Alter bei Annahme an Kindesstatt G. 1745.
Reichsmilitärgesetz, Aenderungen E. 44 f.
Reichsschuldbuch, Verpfändung von Forderungen, welche in das R. eingetragen sind, als Mittel der Sicherheitsleistung G. 232, 236. — Anlegung von Mündelgeld G. 1807, 1853. — Forderungen der Nacherbschaft G. 2118. — Aenderungen des Gesetzes, betr. das R. E. 50.
Reichsunmittelbare Familien, Anwendung des B. G. B. E. 58.
Reichswährung bei Leistung einer Geldschuld G. 244.
Reihenfolge, s. Rangordnung. — R. der Berufung zum Vormund G. 1776, 1899.
Rekurs gegen Einspruch der Verwaltungsbehörde bei Eintragung von Vereinen G. 62.
Religion, Rücksichtnahme auf R. der Dienstboten 618.
Religionsdiener, Bestellung zum Vormunde G. 1784, 1888.
Religionsgesellschaft, Fortbestand der Landesgesetze über Rechtsfähigkeit E. 84.
Religiöse Erziehung des Mündels G. 1801. — Fortbestand der Landesgesetze E. 134.
Religiöse Vereine G. 43.

Renten, Verjährung des Anspruchs aus Rückständen G. 197.
Rentengüter, Fortbestand der Landesgesetze E. 62.
Rentenkupons sind mit dem Werthpapiere zur Sicherheitsleistung zu hinterlegen G. 234.
Rentenscheine, keine Kraftloserklärung derselben G. 799; Vorlegungsfrist G. 801; Verlust G. 804; Erneuerung G. 805. — Besitz der R. bei Nießbrauch an dem Inhaberpapier G. 1081. — R. verpfändeter Werthpapiere G. 1296. — R. von Mündelgeld 1814, 1817. — Uebergangsbestimmungen E. 174 ff.
Rentenschuld, Verpfändung zur Sicherheitsleistung G. 232, 238. — Verpflichtung des Verkäufers zur Beseitigung einer R. an dem Kaufgegenstande G. 439. — Aenderung des Ranges einer R. im Grundbuch G. 880. — Eigenthum an dem R.briefe G. 952. — Nießbrauch an einer R. G. 1080. — R. im Allgemeinen G. 1199 ff: Entstehung, Begriff, Ablösungssumme G. 1199. — Anwendung der Vorschriften über Hypothekenzinsen und Grundschuld G. 1200. — Ablösungsrecht des Eigenthümers, nicht des Gläubigers G. 1201. — Kündigung G. 1202. — Umwandlung der R. in Grundschuld und umgekehrt G. 1203. — Pfandrecht an einer R. G. 1291. — R. bei Fahrnißgemeinschaft G. 1551. — Anlegung von Mündelgeld in R. G. 1807. — Verfügung des Vormundes darüber G. 1819, 1821. — Verfügung des Vorerben G. 2114. — R. auf vermachten Grundstücken G. 2165 ff. — Beschränkung der R. durch Landesgesetz E. 60, 117, 118.
Reparatur, s. Ausbesserung.
Repudiation, s. Ausschlagung.
Retentionsrecht, s. Zurückbehaltungsrecht.
Reugeld, Draufgabe im Zweifel nicht R. G. 336. — Rücktrittsrecht gegen Zahlung eines R. G. 359.
Reuvertrag, s. Rücktrittsrecht, Reugeld.
Revenüenhypothek E. 60.
Richter bei Testamentserrichtung G. 2231 ff., E. 149; bei Erbvertrag G. 2276.
Rindvieh, Gewährleistung bei dessen Verkauf G. 481 ff.
Ritterschaftliche Familien, welche durch Pflichttheilsrecht nicht beschränkt sind; Fortbestand der Landesgesetze E. 216.
Rothwild, Schaden durch R. G. 835.
Rückforderung, s. Zurückforderung.
Rückgabe, s. Zurückgewährung, Zurückgabe.
Rückgängigmachen, s. Wandelung.
Rückgewähr, s. Zurückgewährung.
Rückgewährtaxe beim Inventar eines verpachteten Grundstücks G. 587 ff.; des Grundstücks selbst G. 594.
Rückgriff des Bürgen auf den Hauptschuldner G. 774.
Rückkauf, s. Wiederkauf.
Rücknahme, s. Zurücknahme.
Rückständige Leistungen an Zinsen, Pacht, Miethe, Besoldungen u. s. w., Verjährung des Anspruches auf dieselben G. 197, 223.
Rücktrittsrecht bei theilweiser Unmöglichkeit der Leistung G. 280, 325; bei Verzug des Schuldners G. 286; bei Nichterfüllung gegenseitiger Verträg-

G. 325 ff.; **Rücktrittsrecht bei Verträgen im Allgemeinen** G. 346 ff.: Wirkung, Rückgewähr der Leistungen, Werthvergütung für geleistete Dienste und Benutzung von Sachen, Entrichtung der in Geld bestimmten Gegenleistung G. 346; Ersatz für Verschlechterung, Unmöglichkeit der Herausgabe, Verwendungen, Verzinsung von Geld G. 347; Erfüllung, Zug um Zug G. 348; Erklärung des R. G. 349; Ausschluß des R. G. 351 ff. — Verzug des Berechtigten mit der Rückgewähr G. 354; Frist für Ausübung des R. G. 355; Untheilbarkeit des R. G. 356; R. bei bestimmter Leistungsfrist G. 357; Unwirksamkeit des R. bei Aufrechnung G. 357. — Beweislast beim R. G. 358. — R. gegen Zahlung eines Reugeldes G. 359. — R. bei Vorbehalt der Rechtsverwirkung G. 360. — R. bei bestimmter Zeit oder Frist der Leistung G. 361. — Kein R. des Verkäufers bei gestundetem Kaufpreise G. 454. — Anwendung der Vorschriften über R. auf die Wandelung G. 467. — R. beim Werkvertrage G. 636, vom Verlöbnisse G. 1298 ff., vom Erbvertrag G. 2293 ff.

Rückübertragung eines übertragenen Rechtes zur Sicherung eines Anspruches nach dessen Verjährung G. 223.

Rückwirkende Kraft der Bedingung G. 158 ff.; der Genehmigung G. 184; der Aufrechnung G. 389; des Urtheils auf Aufhebung der Verwaltung und Nutznießung des eingebrachten Guts G. 1422; auf Aufhebung der Gütergemeinschaft G. 1479.

Ruhen der Verjährung, s. Hemmung. — R. der elterlichen Gewalt des Vaters G. 1676 ff.; Eintritt derjenigen der Mutter G. 1685.

Ruhegehalt, Verjährung der Ansprüche aus Rückständen G. 197. — Abtheilung von Ansprüchen aus R. G. 411 E. 81

Ruß, Zuführung von R. auf ein fremdes Grundstück G. 906.

S.

Sachen. Begriff G. 90. — Vertretbare S. G. 91. — Verbrauchbare S. G. 92. — Wesentliche Bestandtheile einer S. G. 93. — S., welche zu vorübergehendem Zwecke einem Gebäude eingefügt sind G. 95. — Zubehör von S. G. 97. — Früchte von S. G. 99. — Nutzungen von S. G. 100. — Lasten von S. G. 103. — Beschädigung von S., Geldentschädigung G. 249. — Werthvergütung für Benutzung von S. beim Rücktrittsrecht G. 346. — Herausgabe eines Inbegriffs von S. G. 60, Nießbrauch an einem solchen G. 1085.

Sachbeschädigung, Geldentschädigung G. 249.

Sachenrecht G. 854 ff.

Sachinbegriff, Herausgabe G. 260. — Nießbrauch an S. G. 1035. — Bewegliche Sachen, welche zu einem S. gehören, gelten als verbrauchbare G. 92.

Sachverständige, Verjährung ihrer Ansprüche G. 196. — Feststellung des Zustandes der Nießbrauchssache durch S. G. 1034; des Werthes derselben G. 1067; des Zustandes des eingebrachten Guts G. 1372, 1528; des Zustandes der Vorerbschaft G. 2122. — S. für Grundstücks-

abschätzung, Fortbestand der Landesgesetze über Haftung derselben E. 79.
Sächsisches Gesetz, betr. die juristischen Personen E. 166.
Samen als Bestandtheil des Grundstücks G. 94.
Sammlungen, öffentliche, Pflegschaft für Vermögen aus solchen G. 1914.
Sammtgut, s. Gesammtgut
Sand, Anlagen des Nießbrauchers zu dessen Gewinnung G. 1037.
Satzung der Vereine G. 25 ff., 57 ff.
Schadensersatz durch Vereine G. 31. — Schadensersatzpflicht bei Anfechtung von Willenserklärungen G. 122; bei Vereitelung oder Beeinträchtigung einer Bedingung G. 160; des Vertreters ohne Vertretungsmacht G. 179; bei Selbstvertheidigung, Selbsthülfe G. 228, 231. — Inhalt und Umfang des Sch. G. 249 ff.: Herstellung des früheren Zustandes G. 249; Geldentschädigung G. 249 ff.; Fristbestimmung zur Herstellung G. 250. — Umfang des Sch. G. 252. — Andere als Vermögensschäden G. 253. — Verschulden des Beschädigten G. 254. — Abtretung der Ansprüche des Beschädigten an den Ersatzpflichtigen G. 255. — Sch. bei Unmöglichkeit der Leistung G. 280 ff.; bei Verzug des Schuldners G. 286; bei Unmöglichkeit der Leistung bestimmten Gegenstandes nach Eintritt der Rechtshängigkeit G. 292. — Vertrag über unmögliche Leistung, Sch. bei Kenntniß der Unmöglichkeit G. 307. — Sch. bei Nichterfüllung gegenseitiger Verträge G. 324 f. — Draufgabe beim Sch. G. 338. — Sch. neben Vertragsstrafe G. 340 f. — Vertragsstrafe als Sch. G. 342. — Sch. bei vertragsmäßigem Rücktrittsrechte G. 347; bei Hinterlegung nicht an der Stelle des Leistungsortes, bei Nichtanzeige der Hinterlegung G. 374; bei Nichtbenachrichtigung von öffentlicher Versteigerung G. 384; bei Aufrechnung, wenn verschiedene Leistungsorte bestehen G. 391; beim Verkaufe einer beweglichen Sache, an welcher Besitzrechte eines Dritten bestehen G. 440. — Sch. des Verkäufers bei Nichtinnehaltung der Transportanweisung des Käufers G. 447; bei nicht vorhandener zugesicherter Eigenschaft oder wissentlich verschwiegenem Fehler des Kaufgegenstandes G. 463; Verjährung dieses Anspruches G. 477 f.; Aufrechnung desselben G. 479. — Sch. bei Gattungskauf G. 480; bei Viehmängeln G. 490. — Sch.pflicht des Wiederverkäufers G. 498; des Schenkers G. 523 f.; des Vermiethers G. 538, 571; des Verleihers G. 600; des Dienstberechtigten bei Vernachlässigung der Fürsorgepflicht G. 618; bei außerordentlicher Kündigung des Dienstvertrages G. 628; beim Werkvertrage G. 635; bei unzeitiger Kündigung des Auftrages G. 671; aus Rath oder Empfehlung G. 676; bei Uebernahme der Geschäftsführung gegen den Willen des Geschäftsherrn G. 678 f.; des geschäftsunfähigen Geschäftsführers G. 682; des Hinterlegers G. 694; des Gastwirthes G. 701 ff.; des Ausstellers von Schuldverschreibungen auf den

Inhaber ohne staatliche Genehmigung G. 795. — Sch. für unerlaubte Handlungen G. 823 ff.; aus Haftung für Angestellte und Beaufsichtigte G. 831 f.; aus Haftung für Thiere, Wildschaden G. 834 ff.; aus Haftung für den Einsturz von Gebäuden G. 836 ff.; aus Verletzung einer Amtspflicht G. 839 ff. — Umfang des Sch. aus unerlaubten Handlungen G. 842. — Sch. bei Körper- oder Gesundheitsverletzung durch Geldrente, Kapital, Unterhalt G. 843; für Aufsuchung und Wegnahme einer auf ein fremdes Grundstück gelangten Sache G. 867. — Verjährung des Sch.anspruches aus in das Grundbuch eingetragenen Rechten G. 902. — Sch.anspruch des Eigenthümers einer Sache bei Einwirkung eines Anderen auf dieselbe zur Abwendung gegenwärtiger Gefahr G. 904. — Sch. bei Eigenthumsverlust durch Verbindung, Vermischung, Verarbeitung G. 951. — Sch. des Eigenthümers gegen den Besitzer G. 989, 992 f. — Sch. bei Nichtanzeige der Versteigerung des Pfandes G. 1220; bei Verletzung der Vorschriften über Pfandverkauf G. 1243; bei Rücktritt vom Verlöbniß G. 1298 f. — Sch.pflicht des Mannes bei Verwaltung des Gesammtguts G. 1455; des Vormunds G. 1833. — Aenderungen des Gesetzes, betr. die Verbindlichkeit zum Sch. u. s. w. E. 42. — Landesgesetze über Sch. bei Eisenbahnbetrieben und Betrieben mit gemeiner Gefahr E. 105; bei Anlagen und Betrieben auf einem dem öffentlichen Gebrauch dienenden Grundstück E. 106; über Sch. gegen Strafgesetze zum Schutz von Grundstücken E. 107; über Sch. bei Zusammenrottung, Auflauf, Aufruhr E. 108.

Schafe, Gewährleistung bei dem Verkauf G. 481 ff.

Schatz G. 984; in einer dem Nießbrauch unterworfenen Sache G. 1040.

Schätzung, Uebernahme und Rückgewähr der Pacht eines Landguts nach Sch., desgleichen Uebernahme von Vorräthen G. 594. — Sch. zur Berechnung des Pflichttheils G. 2311 f.

Schätzungswerth. Sicherheitsleistung nur zulässig zu Zweidrittel des Sch. beweglicher Sachen G. 237. — Sch. als Wiederkaufspreis G 501. — Uebernahme des Inventars eines verpachteten Grundstücks zum Sch. G. 587 ff.; desgleichen eines zum Nießbrauche gegebenen Grundstücks G. 1048. — Uebernahme des Gesammtguts der fortgesetzten Gütergemeinschaft durch den überlebenden Ehegatten nach Sch. G. 1502; einzelner Gegenstände, eines Landguts durch einen Abkömmling G. 1515. — Landesgesetze über Sch. von Landgütern E. 137.

Scheide, s. Grenze.

Scheidung. Theilung des Gesammtguts bei Sch. der Ehe G. 1478. — S. im Uebrigen Ehescheidung.

Scheidungsgründe berechtigen zur Entziehung des Pflichttheils G. 2335.

Scheingeschäft G. 117.

Schenkung G. 516 ff.: Unentgeltliche Zuwendung, Bereicherung, Annahme G. 516. — Unterlassung eines Vermögenserwerbes, Verzicht auf ein Recht,

Ausschlagung von Erbschaft oder Vermächtniß keine Sch. G. 517. — Form des Schenkungsversprechens G. 518. — Verweigerung der Erfüllung der Sch. bei Gefährdung standesmäßigen Unterhalts G. 519, 528 f. — Sch. einer fortlaufenden Unterstützung, Nichtverpflichtung der Erben G. 520. — Haftung des Schenkers für Vorsatz und grobe Fahrlässigkeit G. 521. — Keine Verzugszinsen G. 522. — Gewährleistung für Rechtsmängel G. 523; für Sachmängel G. 524. — Sch. unter einer Auflage G. 525. — Widerruf wegen schwerer Verfehlung, groben Undanks, vorsätzlicher Tödtung, Hinderung des Widerrufs G. 530. — Unwiderruflichkeit der Sch. aus sittlicher Pflicht oder Anstand G. 534. — Ausübung des Widerrufs G. 531. — Ausschluß des Widerrufs durch Verzeihung, Zeitablauf, Tod G. 532. — Verzicht G. 533. — Ablehnung von Sch. durch die Frau ohne Zustimmung des Mannes G. 1406, 1453. — Sch. des Mannes aus dem Gesammtgut G. 1446. — Sch. bei Aufhebung der Gütergemeinschaft G. 1477. — Sch. bei Errungenschaftsgemeinschaft als eingebrachtes Gut G. 1521. — Sch. von unbeweglichem Vermögen bei Fahrnißgemeinschaft G. 1551. — Erwerb von Gegenständen durch Sch., welche theils zum Gesammtgut, theils zum eingebrachten Gut der Fahrnißgemeinschaft gehören G. 1556. — Widerruf von Sch. bei Ehescheidung G. 1584. — Gewährung einer Ausstattung als Sch. G. 1624. — Sch. des Vaters aus dem Vermögen des Kindes G. 1641; des Vormundes aus dem Mündelvermögen G. 1804; des Vorerben G. 2113. — Sch. zur Beeinträchtigung des Vertragserben G. 2287; des vertragsmäßigen Vermächtnißnehmers G. 2288; des Pflichttheilsberechtigten G. 2325, 2329 f. — Sch. an den Pflichttheilsberechtigten G. 2327. — Sch. einer Erbschaft G. 2385. — Sch. an religiöse Orden E. 87.

Schenkung auf den Todesfall G. 2301.

Schenkungsversprechen, siehe Schenkung, Erfüllung von Sch. durch den Vorerben G. 2113. — Sch. auf den Todesfall G. 2301.

Scherz, Willenserklärung zum Scherz G. 118.

Schiedsgericht, Geltendmachung von Ansprüchen vor demselben, Verjährung G. 220.

Schiedsvertrag, Einfluß auf die Verjährung G. 220. — Sch. für Mündel G. 1822.

Schiffe, Verpflichtung des Verkäufers eines Sch. zur Löschung nicht bestehender Rechte im Schiffsregister G. 435. — Pfandrecht an Sch. G. 1242 ff., 1259 (s. Pfandrecht).

Schiffer, Verjährung ihrer Ansprüche G. 196.

Schiffspart, Pfandrecht am Sch. G. 1272.

Schiffsregister, Löschung nicht bestehender Rechte im Sch. bei Verkauf eines Schiffes G. 435. — Eintragung von Pfandrechten in das Sch. G. 1259 ff.

Schlüsselgewalt der Frau G. 1357.

Schmerzensgeld G. 847.

Schmiede, Zubehör G. 98.

Schmucksachen der Ehefrau G. 1362, 1366. — Sch. bei Auflösung der Gütergemeinschaft

G. 1477. — Sch. gehören zum freien Vermögen des Hauskindes G. 1650.
Schonende Ausübung der Grunddienstbarkeit G. 1020.
Schreiben, Eigenthumserwerb G. 950.
Schreibensunkundige, s. Analphabeten, Handzeichen.
Schriftliche Form, gesetzliche der Rechtsgeschäfte G. 126 f. — Sch. F. der Mittheilung des Veräußerers eines Grundstückes an den Gläubiger über Uebernahme einer Hypothekenschuld durch den Erwerber G. 416. — Sch. F. des Miethvertrages über Grundstücke G. 566; Pachtvertrages G. 581; des Leibrentenvertrags G. 761; des Schuldversprechens G. 780, 782; des Schuldanerkenntnisses G. 781; der Anweisung G. 783; der Annahme der Anweisung G. 784; die Uebertragung der Anweisung G. 792; der Abtretung der Hypothek G. 1154.
Schriftstücke, s. Familienschriftstücke.
Schulbaulast, Landesgesetze E. 132.
Schuld, s. Schuldübernahme, Erfüllungsübernahme, Schulden.
Schuldanerkenntniß, schenkweise ertheiltes, Form G. 518. — Sch. aus Spiel oder Wette G. 762. — Begriff, Form G. 781 ff. — Schenkweise auf den Todesfall ertheiltes Sch. G. 2301.
Schuldbekenntniß, s. Schuldanerkenntniß.
Schulden der Gesellschaft G. 733, 735, 738 f.
Schulderlaß G. 397.
Schuldiger Theil bei der Ehescheidung G. 1574.
Schuldschein, Rückgabepflicht bei Leistungsempfang G. 371. — Eigenthum am Sch. G. 952.
Schuldübernahme, Versprechen der Befriedigung eines Gläubigers ohne Sch. G. 329. — Sch. im Allgemeinen: G. 414 ff.: Vertrag zwischen Gläubiger und Dritten G. 414; zwischen Schuldner und Dritten, Genehmigung des Gläubigers G. 415. — Uebernahme einer Hypothekenschuld G. 416. — Einreden des Schuldübernehmers aus der Person des bisherigen Schuldners, Aufrechnung G. 417. — Erlöschen der Bürgschaften, Pfandrechte, Hypotheken, Vorzugsrechte G. 418. — Uebernahme eines ganzen Vermögens G. 419.
Schuldverhältnisse G. 241 ff. — Sch. aus Verträgen G. 305 ff. — Uebergangsbestimmung für bestehende Sch. E. 170, 179.
Schuldverschreibung auf den Inhaber. Kein Kündigungsrecht bei Zinsfuß über 6 Prozent G. 247. — Verzinsung rückständiger Zinsen G 248. — Sch. auf den J. im Allgemeinen: G. 793 ff: Begriff, Unterschrift, mechanische Vervielfältigung derselben G. 793. — Nichtberechtigung des Inhabers G. 793. — Verpflichtung des Ausstellers auch bei gestohlenen, verlorenen Sch., Ausgabe nach Tod oder Geschäftsunfähigkeit des Ausstellers G. 794. — Im Inlande ausgestellte Sch. auf den J., staatliche Genehmigung, keine Anwendung auf Sch. des Reichs oder eines Bundesstaats G. 795. — Einwendungen des Ausstellers G. 796; Leistung nur gegen Aushändigung der Sch. G. 797; Erneuerung der beschädigten Sch., Kosten der-

selben G. 798; Kraftloserklärung der Sch. im Aufgebotsverfahren, Zahlungssperre, Ausstellung neuer Sch. G. 799 f.; Erlöschen der Ansprüche aus Sch. durch Zeitablauf, Vorlegungsfrist, Hemmung derselben G. 801 f. — Unabhängigkeit der Zinsscheine von der Hauptforderung G. 803. — Verlust von Zins-, Renten- oder Gewinnantheilscheinen, Anzeige davon, Verjährung des Anspruches auf Leistung G. 804 ff. — Umschreibung von Sch. auf den J. auf Namen G. 806. — Sch. auf Namen mit der Bestimmung der Leistung an jeden Inhaber, Aufgebot, Verjährung G. 808. — Ausgabe von Karten, Marken auf den Inhaber G. 807. — Bestellung einer H. für Forderung aus Sch. auf den Inhaber G. 1187 ff. — Grundschuldbriefe auf den Inhaber G. 1195. — Schiffspfandrecht für Forderung aus Sch. a. d. J. G. 1270. — Sch., in welchen Mündelgeld anzulegen G. 1807. — Ausstellung von Sch. a. d. J. durch Vormund G. 1822. — Landesgesetzliche Vorschriften über Sch. a. d. J. von Bundesstaaten oder Korporationen E. 100, 101. — Uebergangsbestimmungen E. 174 ff.

Schuldversprechen, schenkweise ertheiltes, Form G. 518; aus Spiel oder Wette G. 762. — Begriff, Form G. 780, 782. — Schenkweises Sch. auf den Todesfall G. 2301.

Schutzgesetze, Verletzung derselben G. 823. — Landesgesetzliche Sch. für Grundstücke E. 107.

Schwägerschaft als Ehehinderniß G. 1310 f. — S. hindert nicht die Zeugenschaft bei Eheschließung G. 1318. — Nichtigkeit der Ehe wegen S. G. 1327. — Begriff, Linien, Grade der S. G. 1590. — Fortdauer der S. nach Auflösung der begründenden Ehe G. 1590. — Wirkung der Ehelichkeitserklärung auf S. G. 1737; der Annahme an Kindesstatt G. 1762. — Anwendung der Vorschriften über S. auf andere Reichsgesetze E. 33.

Schwangerschaft, Unterhalt der Mutter eines zu erwartenden Erben während der S. aus dem Nachlaß G. 1963, 2141. — Aussetzung der Erbtheilung G. 2043.

Schwängerer, s. Beischlaf, Brautkinder.

Schwarzwild, Schaden durch S. G. 835.

Schwebezeit der Bedingung G. 160 f.

Schweigen, s. Stillschweigen.

Schweine, Gewährleistung bei deren Verkauf G. 481 ff.

Schwester als Nacherbe G. 2109; als Vermächtnißnehmer G. 2163.

Sechswochenkosten bei unehelicher Geburt G. 1715, E. 21.

Sechzigstes Lebensjahr berechtigt zur Ablehnung der Vormundschaft G. 1786.

Seefahrer, Verschollenheit G. 16.

Seetestament G. 2251 f.

Seeverschollenheit G. 16.

Seitenverwandte G. 1589. — Erbverzicht, Wirkung für deren Abkömmlinge G. 2349.

Selbsthülfe G. 226 ff. — S.recht des Vermiethers bezüglich seines Pfandrechts an Sachen des Miethers G. 561. — S. gegen verbotene Eigenmacht G. 859 f.

Selbstschuldner, Verbürgung als S. G. 773.

Selbstschutz, s. Selbsthülfe.

Selbstvertheidigung G. 226 ff.
Selbstzahler, s. Selbstschuldner.
Selbstzugriff G. 228 ff.
Separation, s. Trennung.
Sequestration, s. Verwaltung, Zwangsverwaltung.
Servitut, s. Grunddienstbarkeiten, persönliche Dienstbarkeiten.
Seuchentestament G. 2250, 2252.
Sicherheitsarrest bei Selbsthülfe G. 229.
Sicherheitsleistung an Gläubiger bei Auflösung eines Vereins G. 52. — Einrede der mangelnden S. hemmt nicht die Anspruchsverjährung G. 202. — S. unterbricht Verjährung G. 208. — S. nach vollendeter Verjährung G. 222. — S. im Allgemeinen G. 232 ff.: Mittel G. 232, 234 ff.; Wirkung G. 233; Ergänzung G. 240; Umtausch G. 235. — S. für Befreiung von Verbindlichkeiten, welche für ersatzpflichtige Aufwendungen eingegangen sind G. 257; für den mit Wegnahme einer Einrichtung verbundenen Schaden G. 258. — S. zur Abwendung des Zurückbehaltungsrechts G. 273. — S. für die Gegenleistung bei gegenseitigen Verträgen G. 321; des Vorkaufsberechtigten bei Stundung des Kaufpreises G. 509; des Miethers zur Abwendung der Geltendmachung des gesetzlichen Pfandrechts des Vermiethers G. 562. — Eintritt des Erwerbers eines vermietheten Grundstücks in die Rechte aus S. des Miethers G. 572. — S. gegenüber einem ausscheidenden Gesellschafter für nicht fällige Gesellschaftsschulden G. 738. — S. des Hauptschuldners an den Bürgen G. 775. — S. für Kosten und Gefahr der Vorlegung von Sachen und Urkunden G. 811; für Aufsuchung und Wegnahme einer auf ein fremdes Grundstück gelangten Sache G. 867; des Nießbrauchers G. 1051 f., 1067; bei Rückforderung des Pfandes wegen Verderbs oder Entwerthung G. 1218; bei Gefährdung des eingebrachten Guts durch den Ehemann G. 1391; des Kindervermögens G. 1668 ff. — S. des Vormunds G. 1762, 1844. — Aufhebung, Minderung, Begründung einer S. durch Vormund G. 1822. — S. des Vorerben G. 2128; des Erben bei Ueberlassung der Verfügung über Nachlaßsachen durch Testamentsvollstrecker G. 2217. — Landesgesetze über S. für ein Amt, einen Gewerbebetrieb E. 90.
Sicherheitsmaßregeln bei Nachlaß, Landesgesetze E. 140.
Sicherstellung des Nachlasses G. 1960, E. 140.
Sicherung des Beweises bei Mängeln der verkauften Sache G. 477 f.; bei Viehmängeln G. 485.
Sicherungshypothek G. 1184 ff. — Forderungen, für die eine S. besteht, nicht geeignet zur Sicherheitsleistung G. 238. — Anspruch des Unternehmers eines Bauwerks auf S. G. 648. — Entstehen einer S. bei Verpfändung einer Forderung auf Uebertragung des Eigenthums an einem Grundstücke G. 1287. — Fortbestand der Landesgesetze wegen S. für den Fiskus, Stiftungen u. s. w. E. 91. — Bestehende Pfandrechte an Grundstücken, Geltung als S. bei Anlegung des Grundbuchs E. 192, 193.

Sicht. Kein Aufgebot unverzinslicher Schuldscheine auf S. G. 799.
Siebentes Lebensjahr, Geschäftsunfähigkeit bei Nichtvollendung G. 104. — Unerlaubte Handlungen G. 828.
Siebzigstes Lebensjahr, Todeserklärung G. 14.
Siegel, Verschließung des Testamentsprotokolls G. 2246.
Siegelung des Nachlasses, Landesgesetze E. 140.
Sielrecht, Fortbestand der Landesgesetze E. 66.
Silbersachen als Pfand, Versteigerung G. 1240.
Simulation, s. Scheingeschäft.
Sitten, gute, Rechtsgeschäft gegen dieselben G. 138, Leistung gegen g. S. G. 817, Annahme G. 819. — Schadensersatz aus Handlungen gegen g. S. G. 826. — Vermächtniß gegen g. S. G. 2171.
Sittliche Pflicht, Unwiderruflichkeit der Schenkung G. 534, 2113; des ohne Verpflichtung Geleisteten G. 814.
Sittliches Verschulden, Bedürftigkeit in Folge desselben, Beschränkung auf nothdürftigen Unterhalt G. 1611.
Sitz des Vereins G. 24, des eingetragenen Vereins G. 55, der Stiftung G. 80.
Söhne, Sorge bei Ehescheidung G. 1635.
Soldaten, s. Militairpersonen.
Solidarobligation, s. Gesammtschuldverhältniß.
Sondergut, s. Vorbehaltsgut.
Sondernachfolge in Forderung und Schuld G. 398 ff.
Sonderrechte von Vereinsmitgliedern G. 35.
Sonntag bei Fristberechnung G. 193.
Sorgfalt, im Verkehr erforderliche G. 276; in eigenen Angelegenheiten G. 277; bei Aufbewahrung G. 690; beim Gesellschaftsvertrag G. 708; der Eheleute G. 1359; bei elterlicher Nutznießung G. 1664; des Vorerben G. 2131.
Souveräne Häuser, s. Landesherren.
Sozietät, s. Gesellschaft.
Sparkassen, Zinsen aus Zinsen G. 248. — Landesgesetze über Sp. E. 99.
Spediteur, Auslieferung der Kaufsache am S., Tragung der Gefahr G. 447.
Speisen (und Getränke), gewerbsmäßige Verabreichung, Anspruchsverjährung G. 196.
Sperre, s. Zahlungssperre.
Spezifikation, s. Umbildung, Verarbeitung.
Spiel G. 762.
Sprache, s. deutsche Sprache.
Sprechen, Unfähigkeit, bei Testamentserrichtung G. 2243.
Staat, Fortbestand der Landesgesetze über Haftung des St. für seine Beamten E. 77.
Staatliche Genehmigung von Vereinen G. 22; zu Aenderungen der Vereinssatzung G. 33; von Stiftungen G. 80; zur Ausgabe von Schuldverschreibungen auf den Inhaber G. 795.
Staatsangehörigkeit, mangelnde, anzuwendende Gesetze E. 29. — Aenderung des Gesetzes über die Erwerbung und den Verlust der St. E. 41.
Staatsbank, Anlegung von Mündelgeld G. 1808.
Staatsgewalt, Ehelichkeitserklärung durch Verfügung derselben G. 1723.
Staatsschulden, Landesgesetze über Rückzahlung oder Umwandlung E. 98.

Staatsschuldbücher, Verpfändung von Forderungen, welche in St. eingetragen sind, als Mittel der Sicherheitsleistung G. 232, 236. — Anlegung von Mündelgeld G. 1807, 1853. — Landesgesetze über St. E. 97, 98.

Staatsverband, Entlassung des Mündels aus dem St. G. 1827, 1847.

Staatsverträge der Bundesstaaten E. 56.

Stämme, Erbfolge nach St. G. 1924, 1927.

Stammhypothekenbrief, s. Theilhypothekenbrief.

Standesbeamter G. 1317 ff. — Vermeintlicher St. G. 1319. — Zuständigkeit G. 1320.

Standesmäßiger Unterhalt, Begriff G. 1610. — Gefährdung durch Schenkung G. 519, 528.

Statutenkollision E. 11 ff.

Steine, Anlagen des Nießbrauchers zu deren Gewinnung G. 1037.

Stellvertretung, s. Vertretung, Vollmacht. — Fortbestand der Landesgesetze über Haftung der Beamten für Stellvertreter E. 78.

Sterbekassen, Aufrechnung geschuldeter Beiträge gegen Hebungen G. 394.

Stifter, s. Stiftungen.

Stiftungen G. 80 ff. — Stiftungsgeschäft, Genehmigung G. 80. — Beurkundung des Stiftungsgeschäftes G. 81. — Widerruf G. 81. — Uebertragung des Vermögens auf die St. G. 82. — St. durch Verfügung von Todeswegen G. 83 f. — Verfassung G. 85. — Vorstand G. 86. — Erlöschen G. 87 f. — Umwandlung des Zwecks der St. durch die zuständige Behörde G. 87. — Oeffentl. St. G. 89. — Aussetzung der Erbtheilung vor Bestätigung einer vom Erblasser errichteten Stiftung G. 2043. — Recht von St. auf Sicherungshypothek, Fortbestand der Landesgesetze E. 91; landesgesetzliche Vorschriften über gesetzliches Erbrecht E. 138.

Stiftungsvermögen G. 82, 88. — Fortbestand der Landesgesetze über St. E. 85.

Stillschweigen. Stillschweigende Verlängerung des Miethverhältnisses G. 568. — St. vereinbarte Vergütung für Dienstleistung G. 612. — St. Verlängerung des Dienstverhältnisses G. 625. — St. vereinbarte Vergütung beim Werkvertrag G. 632; beim Mäklervertrag G. 653; beim Hinterlegungsvertrag G. 689.

Stillstand der Rechtspflege sammt Anspruchsverjährung G. 203. — Einfluß des St. des Prozesses auf die Verjährung G. 211.

Stimmeneinheit bei Gesellschaft G. 709.

Stimmenmehrheit in der Mitgliederversammlung von Vereinen G. 32 ff.; bei Gesellschaft G. 709.

Störung des Besitzes G. 846; einer Grunddienstbarkeit G. 858. — St. der Geistesthätigkeit, Richtigkeit der Ehe G. 1325.

Stockwerke. Kein Erbbaurecht am St. 1014.

Stockwerkseigenthum, Uebergangsbestimmung E. 182.

Stoff zum Werke, Lieferung durch den Besteller, Tragung der Gefahr G. 644 f. — Lieferung des St. durch den Unternehmer G. 651. — Verarbeitung oder Umbildung eines St. in einen neuen, Eigenthumserwerb G. 950.

Strafbare Handlung, s. Unerlaubte H.

Strafen als Ehescheidungsgrund G. 1565; als Grund der Verwirkung der elterlichen Gewalt G. 1680.
Strafgesetze zum Schutz von Grundstücken, Fortbestand des Landesrechts E. 107.
Strafgesetzbuch, Aenderungen E. 34.
Strafprozeßordnung, Aenderungen E. 33, 35.
Strafverfahren, s. Vertheidigung.
Strauch an der Grenze G. 907. — Hinüberragen der Wurzeln oder Zweige in fremdes Grundstück G. 910. — Hinüberfallen von Früchten G. 911. — St. auf der Grenze, Recht daran, an den Früchten, auf Beseitigung G. 923. — Landesgesetze E. 124, 183.
Streitverkündung unterbricht Verjährung G. 209, 215. — St. bei Mängeln der verkauften Sache, Einfluß auf Verjährung des Gewährleistungsanspruches G. 478; bei Viehmängeln G. 485.
Stückzahlung, s. Theilleistung.
Stumme, Pflegschaft G. 1910. — Testamentserrichtung G. 2243.
Stundung der Leistung hemmt die Anspruchsverjährung G 202. — St. des Kaufpreises G. 452, 454; bei Vorkaufsrecht G. 509.
Substitution beim Auftrage G. 664; beim Dienstvertrage G. 613; beim Hinterlegungsvertrage G. 691.
Sühnetermin in Ehesachen, Ladung dazu, Bedeutung für die Frist zur Geltendmachung von Scheidungsgründen G. 1571.
Superficies, s. Erbbaurecht.
Surrogationsprinzip G. 281, 1381, 1382, 1473, 1524, 1554, 1646, 2019, 2041, 2111, 2164, 2169, 2374.

T.

Tage, Fristberechnung G. 188. — Dienstverhältniß nach T. G. 621. — T. der Eintragung in das Grundbuch, Bedeutung für das Rangverhältniß G. 879.
Tagelöhner, Verjährung ihrer Ansprüche G. 191. — Tagelohn G. 621.
Talon, s. Erneuerungsschein.
Taube, Pflegschaft G. 1910.
Tauben, Landesgesetze über Aneignung E. 130.
Taubstumme, Haftung für unerlaubte Handlungen G. 828.
Tausch G. 515
Täuschung bei Willenserklärungen G. 123. — Anfechtung der Ehe wegen arglistiger T. G. 1334. — Erbunwürdigkeit G. 2339.
Taxe für Dienstleistung G. 612; für Werkunternahme G. 632; für Mäklerlohn G. 653.
Teiche, Fische in T. G. 960.
Telegraphische Uebermittelung von Rechtsgeschäften zur Wahrung der Schriftform G. 127.
Termine G. 186 ff. — T. zur Testamentseröffnung G. 2260.
Testament, Begriff G. 1937. — Persönliche Errichtung G. 2064. — Keine Abhängigkeit der Geltung oder der bedachten Person von Bestimmung Dritter G. 2065. — Einsetzung der „gesetzlichen Erben“, Bedingung, Zeitbestimmung G. 2066; der „Verwandten“ G. 2067; der „Kinder“ G. 2068; eines (wegfallenden) Abkömmlings G. 2069; der „Abkömmlinge“ eines Dritten G. 2070; einer Klasse von Personen oder Personen, welche zum Erblasser in einem Dienst- oder Geschäftsverhält-

nisse stehen G. 2071; der Armen G. 2072. — Ungewißheit der Person des Bedachten G. 2073. — Aufschiebende Bedingung G. 2074. — Voraussetzung der Wirksamkeit von Zuwendungen an Ehegatten, Verlobte G. 2077. — Anfechtung wegen Irrthums, Drohung G. 2078; wegen Uebergehung eines Pflichttheilsberechtigten G. 2079. — Anfechtungsberechtigte G. 2080. — Form G. 2081. — Frist G. 2082. — Verweigerung der Leistung aus anfechtbarer letztwilliger Verfügung G. 2083. — Im Zweifel Auslegung für den Erfolg der letztwilligen Verfügung G. 2084. — Unwirksamkeit einzelner Verfügungen, Bestand der übrigen G. 2085. — Vorbehalt der Ergänzung G. 2086. — Testamentserrichtung: Fähigkeit, beschränkte Geschäftsfähigkeit, Minderjährige, Entmündigte G. 2229 f. — Gerichtliches, notarielles T., Privatt. G. 2231 ff. — Erfordernisse für Mitwirkung als Richter, Notar, Gerichtsschreiber, Zeuge G. 2233 ff. — Art der Errichtung, mündliche Erklärung, Uebergabe einer Schrift, Minderjährige, Analphabeten G. 2238. — Anwesenheit der Mitwirkenden während der ganzen Verhandlung G. 2239. — Protokoll G. 2240 ff. — Stumme G. 2243. — Dolmetscher, wenn Erblasser der deutschen Sprache nicht mächtig G. 2244 f. — Versiegelung und Verwahrung des Testamentsprotokolls, Hinterlegungsschein G. 2246. — Kein Privatt. von Minderjährigen G. 2247; Analphabeten G. 2248. — T. vor Gemeindevorsteher G. 2249. — T. bei Verkehrssperre G. 2250. — Seetestament G. 2251. — Beschränkte Gültigkeitsdauer der außerordentlichen T. G. 2252. — Widerruf des T. jederzeit G. 2253; durch Testament G. 2254. — Vernichtung der Testamentsurkunde G. 2255. — Herausgabe aus der amtlichen Verwahrung G. 2256. — Widerruf des Widerrufs G. 2257. — Neue Testamentserrichtung G. 2258. — Ablieferung des T. an das Nachlaßgericht bei Tod des Erblassers G. 2259. — Testamentseröffnung G. 2260 f. — Benachrichtigung der Betheiligten G 2262. — Kein letztwilliges Verbot alsbaldiger Eröffnung G. 2263. — Einsicht des T., Abschrift G. 2264. — Gemeinschaftliches T. der Ehegatten G. 2265 ff.: vor dem Gemeindevorsteher G. 2266. — Privattestament G. 2267. — Ungültigkeit, Nichtigkeit oder Auflösung der Ehe G. 2268. — Verfügung für den Todesfall des Ueberlebenden G. 2269. — Verfügungen, welche miteinander stehen und fallen G. 2270. — Einseitiger Widerruf G. 2271. — Zurücknahme G. 2272. — Eröffnung, Verkündung G. 2273. — Vertragsmäßiger Verzicht auf Zuwendung aus T. G. 2352. — Uebergangsbestimmung über Errichtung und Aufhebung eines T. E. 214.

Testamentseröffnung G. 2260 f., 2263.

Testamentsfähigkeit G. 2229 f., 2247 f.

Testamentsform, ordentliche G. 2231 ff; außerordentliche G. 2249 ff.

Testamentsurkunde, s. Testament (Errichtung).

Testamentsvollstrecker, Ernennung, Substitution durch Testament G. 2197. — Ernennung durch Dritte, Form G. 2198. — Mitvollstrecker G. 2199. — Ernennung durch Nachlaßgericht G. 2200. — Geschäftsunfähigkeit, beschränkte Geschäftsfähigkeit G. 2201. — Beginn des Amts, Annahme, Ablehnung G. 2202. — Rechte und Pflichten: Ausführung der letztwilligen Verfügungen G. 2203. — Auseinandersetzung der Miterben G. 2204. — Nachlaßverwaltung G. 2205. — Eingehung von Verbindlichkeiten G. 2206 f. — Einschränkung der Befugnisse durch den Erblasser G. 2208. — Beschränkung auf Verwaltung des Nachlasses G. 2209 f. — Verfügungsrecht des Erben G. 2211 f. — Geltendmachung von Ansprüchen der Nachlaßgläubiger G. 2213; sonstiger Gläubiger G. 2214. — Vermögensverzeichniß G. 2215. — Ordnungsmäßige Verwaltung, Abweichung von Bestimmungen des Erblassers G. 2216. — Ueberlassung von Nachlaßgegenständen an den Erben, Sicherheit dafür G. 2217. — Anwendung der Vorschriften über Auftrag, Rechnungslegung G. 2218. — Haftung des T. für Verschulden G. 2219. — Befreiter T. G. 2220. — Vergütung G. 2221. — T. zur Wahrnehmung der Rechte des Nacherben G. 2222; der einem Vermächtnißnehmer auferlegten Beschwerungen G. 2223. — Mehrheit von T. G. 2224. — Erlöschen des Amtes G. 2225. — Kündigung G. 2226. — Entlassung G. 2227. — Einsicht der Akten des Nachlaßgerichts über T. G. 2228. — Angabe des T. im Erbschein G. 2364. — Erbschein an denselben G. 2368.

Testamentszeugen G. 2233 ff., 2240 f.

Testirfähigkeit G. 2229 ff. — Uebergangsbestimmung E. 215.

Testirfreiheit G. 2302.

Thäter, mehrere bei unerlaubten Handlungen haften als Gesammtschuldner G. 830.

Thatsächliche Gewalt, s. Gewalt.

Theil einer Sache, s. Bestandtheil. — Abnahme eines Werkes in Th. G. 641. — Ablösung von Th. eines Gebäudes oder Werks, Beschädigung durch dieselbe G. 908. — Schutz des Besitzers von Th. einer Sache G. 865. — Kein Erbbaurecht an Th. eines Gebäudes G. 1014. — Grunddienstbarkeit an einem Th. des Grundstücks G. 1023. — Wohnungsrecht am Th. eines Gebäudes G. 1093. — Annahme oder Ausschlagung eines Th. der Erbschaft G. 1950, 1952.

Theilaufrechnung G. 396.

Theilbare Leistungen, Mehrheit von Schuldnern oder Gläubigern G. 420. — Gemeinschaftliche Verpflichtung zu th. L. erzeugt im Zweifel Gesammtschuldverhältniß G. 427.

Theilhaber, s. Gemeinschaft.

Theilhypothekenbrief G. 1145, 1152.

Theilleistungen G. 266, 283.

Theilung des Gesellschaftsvermögens G. 719; des gemeinschaftlichen Gegenstandes G. 752 ff., 1010. — Th. des herrschenden, dienenden Grundstücks bei Grunddienstbarkeit G. 1025 f.; des Grundstücks des Berechtigten bei Reallast G. 1109. — Ausschluß des Anspruchs auf Th. des Gesammtguts G. 1442.

— **Th.** des Gesammtguts nach Auflösung der Gütergemeinschaft G. 1476 ff.; nach Auflösung der fortgesetzten Gütergemeinschaft G. 1497 ff. — Th. des Nachlasses, s. Auseinandersetzung. — Schuldenhaftung vor und nach der Th. des Nachlasses G. 2058 ff.

Theilungsbeschränkungen für Grundstücke, Fortbestand der Landesgesetze E. 119 ff.

Theilweise Unmöglichkeit der Leistung G. 280, 307, 323 ff. — Th. Leistung bei gegenseitigen Verträgen G. 320ff. — Th. Untergang beim Rücktrittsrechte G. 351. — Th. Vollendung eines Bauwerkes, Sicherungshypothek G. 648. — Th. Zahlung der Hypothek G. 1145, 1176.

Thierärzte, Verjährung ihrer Ansprüche G. 196. — Untersuchung durch Th., Kosten derselben bei Wandelung wegen Mängel von Hausthieren G. 488.

Thiere, Beschädigung durch Th., Haftung des Thierhalters und des Aufsichtsführers G. 823 f. — Wilde Thiere G. 960; gezähmte G. 960.

Thiergärten, Thiere in Th. G. 960.

Thon, Anlagen des Nießbrauchers zu dessen Gewinnung G. 1037.

Tilgung, Verjährung von rückständigen Zinszuschlägen zur Tilgung des Kapitals G. 197.

Tisch und Bett, Trennung G. 1575 f., 1586; Uebergangsbestimmung E. 202, 206.

Töchter, Pflicht der Eltern zur Aussteuer derselben G. 1620 ff. — Vertretung verheiratheter T. durch den Vater G. 1633. — Sorge für T. bei Ehescheidung G. 1635.

Tod, Zeitpunkt desselben bei Todeserklärung G. 18; bei Umkommen in gemeinsamer Gefahr G. 20. — Genehmigung einer Stiftung nach dem T. des Stifters G. 84. — T. nach Abgabe einer Willenserklärung G. 130; des Antragenden vor Annahme des Vertrages G. 153. — Versprechen einer nach dem T. des Versprechensempfängers einem Dritten zukommenden Leistung G. 331. — T. des Beschenkten schließt den Widerruf der Schenkung aus G. 532. — T. des Miethers, Kündigungsrecht des Erben G. 569; Kündigungsrecht bei T. des Pächters G. 596; bei T. des Entleihers G. 598, 605. — Einfluß des T. des Auftraggebers G. 672; des T. des Beauftragten G. 673; eines Gesellschafters G. 727, 736; eines Theilhabers bei Gemeinschaft G. 750; eines Betheiligten bei Anweisung G. 791. — Verpflichtung des Ausstellers von Schuldverschreibungen auf den Inhaber, welche nach seinem Tode in den Verkehr gelangt sind G. 794. — T. des in das Grundbuch eingetragenen Eigenthümers eines Grundstücks, Einfluß auf das Aufgebotsverfahren G. 927. — T. des Nießbrauchers G. 1061; eines Verlobten, Rückgabe der Geschenke G. 1301. — Anfechtung der Ehe nach dem T. des zur Anfechtung nicht berechtigten Theils G. 1342. — T. der Frau, Fortführung der Verwaltung des eingebrachten Guts durch den Mann G. 1424. — T. eines Ehegatten bei Gütergemeinschaft G. 1482 f.; eines Abkömmlings bei fortgesetzter

Gütergemeinschaft G 1490; des überlebenden Ehegatten bei derselben G. 1494. — Rechte, welche mit dem T. erlöschen, oder deren Erwerb durch den T. bedingt sind, gehören zum eingebrachten Gut der Errungenschaftsgemeinschaft G. 1522; ebenso Erwerb von Todeswegen G. 1521. — T. des schuldigen Theils nach Ehescheidung, Uebergang der Unterhaltspflicht auf seine Erben G. 1582. — T. des Berechtigten oder Verpflichteten, Erlöschen des Unterhaltsanspruchs G. 1615. — T. des Kindes, Endigung der elterlichen Gewalt G. 1683. — Eintritt der elterlichen Gewalt der Mutter mit T. des Vaters G. 1684. — T. des Kindes oder Vaters vor Ehelichkeitserklärung G. 1733. — T. eines Interessenten vor Bestätigung des Vertrages auf Annahme an Kindesstatt G. 1753. — T. des Erben während Inventarfrist G. 1998. — T. des Vermächtnißnehmers vor Erbfall G. 2160.

Todeserklärung Verschollener G. 13 ff. — Wiederverheirathung im Falle der T. G. 1648 ff. — T. des Mannes endigt die Verwaltung und Nutznießung des eingebrachten Guts G. 1419, 1425. — T. des überlebenden Ehegatten bei fortgesetzter Gütergemeinschaft G. 1494. — T. eines Ehegatten bei Errungenschaftsgemeinschaft G. 1545, 1547 f. — T. des Vaters, Beendigung der elterlichen Gewalt G. 1679; Eintritt derjenigen der Mutter G. 1684. — Anhörung der Verwandten bei T. des Mündels G. 1847. — Endigung der Vormundschaft mit T. des Mündels G. 1884. — T. des Vormunds G. 1885. — Unrichtige T., Analogie des Erbschaftsanspruchs für die Vermögensherausgabe G. 2031. — Aufhebung der T., Pflicht des vermeintlichen Erben zur Herausgabe des Erbscheins G. 2370. — Uebergangsbestimmungen E. 158, 159, 160, 161, 162.

Todtgeburt, Ansprüche der unehelichen Mutter G. 1715.

Tödtung von Hausthieren, Ersatz der Kosten bei Wandelung wegen Hauptmangel G. 488. — T. des Schenkers, Widerruf der Schenkung G. 530. — T. eines Menschen durch Thiere G. 813; durch Einsturz eines G. 836 f. — Ersatz der Beerdigungskosten bei T. G. 844. — T. des Erblassers, Erbunwürdigkeit G. 2339.

Torf, Anlagen des Nießbrauchers zu dessen Gewinnung G. 1037.

Tradition, s. Uebergabe.

Transportgefahr beim Kaufe G. 447; beim Werkvertrage G. 644.

Transportgeschäfte, Anspruchsverjährung G. 196.

Transportkosten beim Kauf G 448.

Trauerzeit, s. Wartezeit.

Trennung von Erzeugnissen und anderen Bestandtheilen einer Sache, Eigenthumserwerb G. 953 ff. — T. einer vom Besitzer mit der dem Eigenthümer herauszugebenden Sache verbundenen Sache G. 997. — Trennung der Güter, s. Gütertrennung. — Trennung von Tisch und Bett G. 1575 f., 1586; Uebergangsbestimmung E. 202, 206.

Treu und Glauben bei Verträgen G. 157. — Handeln des bedingt Verpflichteten wider T. u. G. G. 162. — Leistung nach T. u. G. G. 242, 320. — Hinderung des Erfolges wider T. u. G., keine Rückforderung des Geleisteten G. 815.
Trunkenheit bei unerlaubten Handlungen G. 827.
Trunksucht, Entmündigung G. 6. — Beschränkte Geschäftsfähigkeit G. 114 f. — Unfähigkeit zum Amte des Vormunds G. 1780, zum Familienrath G. 1865. — Testamentserrichtung G. 2229, Widerruf eines Testaments G. 2253.
Turpis causa, s. verwerflicher Empfang.

U.

Ueberbau G. 912 ff.
Ueberfall von Früchten auf fremdes Grundstück G. 911.
Uebergabe des Kaufgegenstandes G. 433; Kosten derselben G. 448. — Ue. beweglicher Sachen zur Uebertragung des Eigenthums G. 929 ff.; zur Bestellung des Nießbrauchs G. 1032; des Hypothekenbriefes zum Erwerbe der Hypothek G. 1117; der Sache zur Begründung des Pfandrechts G. 1205.
Uebergebot G. 156.
Uebergehung eines zum Vormund Berufenen G. 1778, eines Pflichttheilsberechtigten in letztwilliger Verfügung G. 2079.
Ueberhang, s. Hinüberragen.
Ueberinventar G. 589.
Ueberlassung des Mieth- und Pachtgegenstandes s. Untermiethe, Unterpacht.
Ueberleben ist Voraussetzung der Erbfähigkeit G. 1923, des Vermächtnisses G. 2176.
Ueberlegungsfrist, s. Ausschlagungsfrist.
Uebermittelung von Willenserklärungen, unrichtige G. 120.
Uebernahme fremder Schuld, s. Schuldübernahme, Erfüllungsübernahme. — Ue. eines Vermögens G. 419. — Ue. fremder Verbindlichkeit durch Vormund G. 1822.
Uebernahmetaxe beim Inventar verpachteter Grundstücke G. 587; des Grundstückes selbst G. 594.
Uebernehmer, s. Werkvertrag.
Ueberrest, Nacherbschaft G. 2137
Uebersendung geschuldeten Geldes, Kosten G. 270.
Uebersetzung des Testamentsprotokolls G. 2244 f.
Ueberschuldung eines Vereins G. 42; der Gesellschaft G. 735, 739; des Gesammtguts durch den Mann G. 1468; durch die Frau G. 1469; des Nachlasses G. 1980, 1990 ff. — Enterbung in guter Absicht G. 2338.
Ueberschuß bei Auseinandersetzung der Gesellschaft G. 734.
Uebertragung. Uebertragenes Recht zur Sicherung nach vollendeter Verjährung G. 223. — Ue. des Eigenthums an Grundstücken durch Vertrag, Form G. 313. — Uebertragung der Forderung G. 398 ff.: Abtretungsvertrag G. 398. — Ausnahmen von der Uebertragbarkeit G. 399 f. — Uebergang der Hypotheken, Pfandrechte, Bürgschaft, Vorzugsrechte G. 401. — Pflicht des bisherigen Gläubigers zur Auskunftsertheilung, Herausgabe von Beweisurkunden G. 402. — Oeffentliche Urkunde über die Abtretung, Kosten derselben G

403. — **Einreden** aus der Person des bisherigen Gläubigers G. 404. — Abtretung unter Vorlegung der Schuldurkunde über verbriefte Forderungen, Einreden des Schuldners gegen den gutgläubigen Erwerber G. 405. — Aufrechnung G. 406. — Schutz des Schuldners bei Unkenntniß der Abtretung G. 407 f. — Anzeige der Abtretung an den Schuldner, Vorlegung der Abtretungsurkunde G. 409. — Leistung nur gegen Aushändigung einer Abtretungsurkunde G. 410. — Kündigung, Mahnung des neuen Gläubigers G. 410. — Abtretung von Gehaltsansprüchen u. s. w. G. 411. — Ue. von Forderungen kraft Gesetzes G. 412. — Ue. von Rechten außer Forderungen G. 413. — Ue. der Forderung Seitens eines einzelnen Gesammtgläubigers G. 429. — Uebertragbarkeit des Vorkaufsrechts G. 514. — Ue. des Auftrages G. 664; der gegenseitigen Ansprüche aus dem Gesellschaftsverhältniß G. 717; der Anweisung G. 792. — Keine Ue. des Anspruches auf Schmerzensgeld G. 847. — Ue. des mittelbaren Besitzes G. 870. — Ue. des Eigenthums an beweglichen Sachen G. 929 ff. — Ue. der Ausübung des Nießbrauchs G. 1059. — Ue. eines Rechts zum Nießbrauch G. 1069; der Ausübung der beschränkten persönlichen Dienstbarkeit G. 1092; der Hypothek G. 1153 f.; des mittelbaren Besitzes zur Bestellung des Pfandrechts G. 1205. — Uebergang des Pfandrechts bei Ue. der Forderung G. 1250 f. — Bestellung des Pfandrechts an einem Rechte durch Ue. G. 1274. — Keine Ue. des Anspruchs auf Aussteuer G. 1623. — Keine Ue. der elterlichen Nutznießung G. 1658. — Ue. des Pflichttheilsanspruchs G. 2317. — Landesgesetzliche Vorschriften wegen Ue. von Grundstücken E. 126 f.

Ueberweisung (gerichtliche) einer abgetretenen Forderung G. 408; Hypothek G. 1155.

Ultimat, Eintragung in das Grundbuch G. 882.

Umbildung einer Sache, Ausschluß des Rücktrittsrechts G. 352; eines Stoffes, Eigenthumserwerb G. 950. — Ue. des Vermächtnißgegenstandes G. 2172.

Umrechnung ausländischer Geldschuld G. 244.

Umschreibung von Inhaberpapieren, welche zum eingebrachten Gut gehören, auf den Namen der Frau G. 1393; von Inhaberpapieren auf den Namen des Mündels 1815, 1820; den Namen des Vorerben 2117.

Umtausch von zur Sicherheitsleistung hinterlegten Geldern und Werthpapieren G. 235

Umwandlung von Geldschuld in Darlehen G. 607; der Sicherungshypothek in eine gewöhnliche Hypothek und umgekehrt G. 1186; der Hypothek in eine Grundschuld und umgekehrt G. 1198; der Rentenschuld in eine Grundschuld und umgekehrt G. 1203. — U. von Inhaberpapieren des Reichs oder eines Bundesstaates in Buchforderungen G. 1667, 1815.

Unbekannte. U. Gläubiger aus Vormerkung zum Grundbuch, Aufgebot G. 887. — Pflegschaft bei U. Betheiligten G. 1913.

Unbestimmte Leistungszeit, Verzug des Gläubigers G. 299.

Unbewegliche Sachen G. 94 ff.
Unbewegliches Vermögen bei Fahrnißgemeinschaft G. 1551.
Undank, grober, Grund zum Widerruf der Schenkung G. 530, 533.
Uneheliche Geburt, Vormundschaft G. 1589, 1705.
Uneheliche Kinder, Wohnsitz G. 11. — Einwilligung der Mutter zur Eheschließung G. 1305. — Keine Verwandtschaft mit dem Vater G. 1589. — S. im Uebrigen unter Kinder. — Beurtheilung des Rechtsverhältnisses zwischen u. K. und Mutter nach deutschem R. E. 20; der Unterhaltspflicht des Vaters E. 21; der Legitimation E. 22. — Uebergangsbestimmung für die rechtliche Stellung unehelicher Kinder E. 208.
Unehrenhaft, s. Unsittlich.
Unentgeltlichkeit. U. Zuwendung mit Auferlegung einer Leistung an einen Dritten G. 330. — U. Zuwendung als Voraussetzung der Schenkung G. 516. — U. als Erforderniß der Leihe G. 598; des Auftrages G. 662. — U. Zuwendung ungerechtfertigter Bereicherung an einen Dritten, Herausgabepflicht desselben G. 822. — U. der Vormundschaftsführung G. 1836. — U. Verfügungen des Erbschaftsverkäufers G. 2375; des Schenkers einer Erbschaft G. 2385.
Unerlaubte Handlungen, keine Aufrechnung gegen Forderungen aus solchen G. 393. — U. H. im Allgemeinen, Schuldverhältnisse aus solchen G. 823 ff.: Schadensersatzpflicht, Vorsatz, Fahrlässigkeit, Verschulden bei Möglichkeit des Verstoßes gegen das Gesetz ohne Verschulden G. 823. — Kreditschädigung G. 824. — Hinterlistige außereheliche Beiwohnung G. 825. — Illoyale Handlungen G. 826. — Unzurechnungsfähigkeit, Bewußtlosigkeit, gestörte Geistesthätigkeit G. 827. — Verschuldete Trunkenheit G. 827. — Kindheit bis 7 Jahre, bis 18 Jahre, Taubstumme G. 828. — Ersatzpflicht ohne Verschulden G. 829. — Gesammtschuldnerische Haftung Mehrerer G. 830, 840 f. — Haftung für Angestellte G. 831. — Versäumte Aufsicht G. 832. — Durch Thiere verursachter Schaden G. 833 f.; für Wildschaden G. 835; Einsturz eines Gebäudes, Ersatzpflichtiger G. 836 ff. — Verletzung der Amtspflicht G. 839 f. — Umfang des Schadensersatzes G. 842. — Schadensersatz bei Körper- oder Gesundheitsverletzung G. 843. — Beerdigungskosten im Falle der Tödtung, Gewährung des Unterhalts an einen Dritten, welchem der Getödtete schuldete G. 844. — Ersatz für die einem Dritten Seitens des Verletzten kraft Gesetzes zu leistenden Dienste G. 845. — Haftung für Untergang u. s. w. der durch u. H. dem Berechtigten entzogenen Sache G. 848. — Zinsen vom Werthe oder der Werthminderung einer entzogenen Sache G. 849. — Verwendungen auf die durch u. H. entzogene Sache G 850. — Rückleistung der entzogenen Sache, bezw. Ersatzleistung an den Besitzer befreit den Verpflichteten von Ansprüchen des Eigenthümers G. 851. — Verjährung des Ersatzanspruchs aus u. H. G. 852. — Herausgabe der Bereicherung trotz Verjährung G. 852. —

Erlangung einer Forderung durch u. H., Weigerung der Erfüllung auch nach Verjährung des Anspruchs auf Aufhebung G. 853. — Haftung des Vorbehaltsguts für unerlaubte Handlungen der Frau G. 1415. — Haftung des Gesammtguts für u. H. eines Ehegatten G. 1463. — U. H. des Erbschaftsbesitzers G. 2025. — U. Verfügungen des Testamentsvollstreckers G. 2205. — U. Handlungen Deutscher im Auslande, Ansprüche daraus E. 12.

Unfähigkeit zur Bestellung als Vormund G. 1780.

Unfälle, Versicherung der Nießbrauchssache gegen U. G. 1045 f.

Unfallversicherung, Anrechnung des dem Dienstverpflichteten aus U. Zukommenden auf die Vergütung G. 616.

Ungewisse Rechte, Vergleich G. 779. — Nichteintritt eines u. Erfolges, Herausgabe des Geleisteten G. 820. — U. der Person des letztwillig Bedachten G. 2073. — U. Rechte und Verbindlichkeiten bei Berechnung des Pflichttheils G. 2313.

Ungewißheit über Person des Gläubigers, Hinterlegung der Leistung G. 372. — Pflegschaft bei U. der Betheiligten G. 1913.

Ungültigkeit der Rechtsgeschäfte, s. Anfechtbarkeit, Nichtigkeit. — Ungültigkeit der Ehe G. 1323 ff.: Nichtigkeitsgründe: Formmangel G. 1324; Geschäftsunfähigkeit, Bewußtlosigkeit, Geistesstörung G. 1325; Doppelehe G. 1326; Verwandtschaft, Schwägerschaft G. 1327; Ehebruch G. 1328; Nichtigkeitsklage G. 1329. — Anfechtungsgründe: Mangelnde Einwilligung des gesetzlichen Vertreters G. 1331; Irrthum G. 1332 f.; arglistige Täuschung G. 1334; Drohung G. 1335. — Anfechtungsberechtigte Personen bei beschränkter Geschäftsfähigkeit, Geschäftsunfähigkeit G. 1336 f., 1340. — Anfechtung nach Auflösung der Ehe G. 1338. — Anfechtungsfrist G. 1339. — Anfechtungsklage G. 1341. — Form der Anfechtung nach dem Tode des nicht berechtigten Ehegatten G. 1342. — Wirkung der Anfechtung G. 1343. — Schutz gutgläubiger Dritter G. 1344. — Schutz des gutgläubigen Ehegatten G. 1345 ff. — Wiederverheirathung im Falle der Todeserklärung G. 1348 ff. — Uebergangsbestimmung für Kinder aus ungültigen Ehen E. 207.

Universalfideikommiß, s. Nacherbe.

Unmögliche Leistung bei Alternativobligation G. 265. — Späterer Eintritt der Unmöglichkeit G. 275. — Schadensersatz bei U. der Leistung G. 280 ff. — Wirkung der U. der Leistung auf den Verzug G. 285, 291. — Zufällige U. bei Verzug des Schuldners G. 287. — U. der Leistung eines bestimmten Gegenstandes nach Eintritt der Rechtshängigkeit G. 292. — U. Leistung als Gegenstand des Vertrages G. 306 ff. — U. der Leistung bei gegenseitigen Verträgen G. 323 ff. — Draufgabe bei U. der Leistung G. 338. — U. der Herausgabe bei Rücktrittsrecht G. 347, 351. — U. der Leistung in der Person eines einzelnen Gesammtschuldners G. 425. — U. der Leistung bei Wiederkauf G. 498, 501. — U. des bezweckten Erfolges, Rück-

forderung der Leistung G. 815. — U. der Rückgabe einer dem Berechtigten durch unerlaubte Handlung entzogenen Sache G. 848. — U. der Herausgabe bei Erbschaftsanspruch G. 2023. — U. Vermächtniß G. 2171. — U. Auflage G. 2195 f. — U. der Herausgabe bei Erbschaftskauf G. 2375.

Unmündigkeit, s. Minderjährigkeit.

Unpfändbare Forderungen, keine Aufrechnung gegen solche G. 394; keine Uebertragung derselben G. 400. — U. Sachen sind dem gesetzlichen Pfandrechte des Vermiethers entzogen G. 559; nicht demjenigen des Verpächters eines landwirthschaftlichen Grundstücks G. 585.

Unsichere, s. Ungewisse.

Unsittliche, s. Sitten. — U. Verhalten als Ehescheidungsgrund G. 1568. — Entziehung des Pflichttheils G. 2333.

Unterbrechung der Verjährung G. 209; bei Gewährleistung G. 477; der Ersitzung G. 940 ff.

Unterbringung eines Kindes in einer Familie u. s. w. G. 1666; eines Mündels G. 1838. — Fortbestand von Landesgesetzen E. 135.

Untergang des Leistungsgegenstandes bei Verzug des Schuldners G. 290. — U. des bestimmten Gegenstandes nach eingetretener Rechtshängigkeit G. 292. — U. bei vertragsmäßigem Rücktrittsrechte G. 347, 350 f. — Gefahr des U. beim Kauf G. 446 f. — U. bei Wiederkauf G. 498, 501. — Gefahr des U. bei Uebernahme des Inventars eines verpachteten Grundstücks zum Schätzungswerthe G. 588. — U. des vom Besteller gelieferten Stoffes beim Werkvertrage G. 644 f.; von Sachen, die von einem Gesellschafter der Gesellschaft zur Benutzung überlassen sind G. 732. — U. der dem Berechtigten durch unerlaubte Handlung entzogenen Sache G. 848. — U. der Sache nach Rechtshängigkeit des Eigenthumsanspruchs, Haftung des Besitzers G. 989. — U. des Gebäudes, Fortbestehen des Erbbaurechts G. 1016. — U. von Erbschaftssachen bei Erbschaftsanspruch G. 2023.

Unterhalt, Unterhaltsanspruch. Nichtverkümmerung des standesmäßigen U. durch Schadensersatzpflicht trotz mangelnden Verschuldens G. 829. — U. der schwangeren Mutter bei Erwartung der Geburt eines Erben G. 1963; eines Nacherben G. 2141. — U. des Vermächtnißgegenstandes G. 2172; eines Gegenstandes bei Erbschaftskauf G. 2375.

Unterhaltsbeiträge, Verjährung der Ansprüche aus Rückständen G. 197.

Unterhaltspflicht. Kollision von Schenkung mit U. G. 528 f. — Geschäftsführung gegen den Willen des Geschäftsherrn bei gesetzlicher Unterhaltspflicht desselben G. 679. — Verhältniß der gesetzlichen U. zur Schadensersatzpflicht bei mangelndem Verschulden G. 829. — Die U. eines Dritten schließt einen Entschädigungsanspruch wegen Körperverletzung nicht aus G. 843. — Uebergang der dem Getödteten obliegenden U. auf den Tödter G. 844. — U. bei Nichtigkeit der Ehe G. 1345; bei Anfechtung der neuen Ehe nach Todeserklärung eines Ehegatten der früheren G. 1351 f. — U. der

Ehegatten G. 1360 f. — Gesetzliche U. der Frau, Tragung aus dem eingebrachten Gut G. 1386. — Verletzung der U. des Mannes ist Grund zur Aufhebung der Verwaltung und Nutznießung des eingebrachten Guts G. 1418; zur Aufhebung der Gütergemeinschaft G. 1468; zur Aufhebung der fortgesetzten Gütergemeinschaft G. 1495. — U. der Frau bei Errungenschaftsgemeinschaft G. 1534. — U. des schuldigen Ehegatten bei Ehescheidung G. 1578 ff. — Beitrag der geschiedenen Frau zu den Kosten des Unterhalts eines gemeinschaftlichen Kindes G. 1585. — Unterhaltspflicht der Verwandten G. 1601 ff.: Beschränkung auf Verwandte in gerader Linie G. 1601. — Bedürfniß, minderjährige Kinder G. 1602. — Leistungsfähigkeit des Pflichtigen, Verpflichtung gegenüber minderjährigen Kindern G. 1603. — U. der Frau bei gesetzlichem Güterrecht G. 1604; der Ehegatten bei allgemeiner Gütergemeinschaft, Errungenschaftsgemeinschaft, Fahrnißgemeinschaft G. 1604; eines minderjährigen Kindes bei elterlicher Nutznießung an seinem Vermögen G. 1605. — Reihenfolge der Unterhaltspflichtigen G. 1606. — Leistungsunfähigkeit eines Verwandten, Behinderung oder Erschwerung der Rechtsverfolgung gegen denselben G. 1607. — Verhältniß der U. der Ehegatten zu derjenigen der Verwandten G. 1608. — Zusammentreffen mehrerer Unterhaltsansprüche G. 1609. — Standesmäßiger Unterhalt G. 1610. — Nothdürftiger Unterhalt G. 1611. — Art der Gewährung, Geldrente als Regel, Vorausleistung G. 1612. — Gewährung für die Vergangenheit, Nachforderung bei Verzug des Pflichtigen oder Rechtshängigkeit G. 1613. — Unwirksamkeit des Verzichtes für die Zukunft, Befreiung durch Vorausleistung G. 1614. — Tod des Berechtigten oder Verpflichteten, Zahlung der fälligen Vorausleistung, Beerdigungskosten G. 1615. — Verletzung der U. seitens des Vaters, Entziehung der Verwaltung des Kindervermögens G. 1666. — U. des Vaters gegen Kind aus nichtiger Ehe G. 1703. — Unterhaltspflicht des unehelichen Vaters G. 1708 ff.: Gewöhnliche Zeitgrenze (16tes Lebensjahr), Umfang G. 1708. — U. vor der Mutter und deren Verwandten G. 1709. — Geldrente, Vorausleistung G. 1710. — Forderung für Vergangenheit G. 1711. — Uebergang auf die Erben des Vaters G. 1712. — Tod des Kindes, Beerdigungskosten G. 1713. — Vereinbarung über U., Genehmigung des Vormundschaftsgerichts, Verzicht G. 1714. — Ersatzansprüche der unehelichen Mutter, Entbindung, Sechswochenkosten, Todtgeburt, Verjährung der Ansprüche G. 1715. — Einstweilige Verfügung zur Sicherung der ersten Unterhaltsrate schon vor der Geburt G. 1716. — U. des Vaters bei Ehelichkeitserklärung G. 1739; der leiblichen Eltern bei Annahme an Kindesstatt G. 1765; des Annehmenden G. 1766. — U. des Erben gegen Familienangehörige des Erblassers G. 1969. — U. des

Bedachten im Erbvertrage gegen den Erblasser, Rücktrittsrecht des letzteren G. 2295. — Verletzung der U., Entziehung des Pflichttheils G. 2333, 2334. — Beurtheilung der U. des unehelichen Vaters nach Deutschem Recht E. 21. — Landesgesetze über Anspruch des Staates, von Verbänden und Anstalten auf Erstattung des aus öffentlicher U. Gewährten E. 103. — Uebergangsbestimmungen für die gegenseitige U. der Ehegatten E. 199.

Unterhaltungslast von Gebäuden macht für den durch Einsturz entstehenden Schaden verantwortlich G. 838. — U. des Zwischenraums u. s. w. zwischen zwei Grundstücken G. 921 f.; von Anlagen zur Ausübung einer Grunddienstbarkeit G. 1021 f., E. 116.

Unterlassen als Gegenstand der Obligation G. 241.

Untermiethe G. 549.

Unternehmer, s. Werkvertrag.

Unterpacht G. 596.

Unterrichtsanstalten, Verjährung ihrer Ansprüche G. 196. — Unterbringung eines Kindes in U. G. 1666.

Unterschrift von Urkunden über Rechtsgeschäfte G 126, 127, 129; von Schuldverschreibungen auf den Inhaber G. 793; des Testamentsprotokolls G. 2242.

Unterstützung, fortlaufende als Gegenstand der Schenkung G. 520.

Untheilbare, Untheilbarkeit des vertragsmäßigen Rücktrittsrechts G. 356. — U. Leistungspflicht Mehrerer erzeugt Gesammtschuldverhältniß G. 431. — Verhältniß des Schuldners einer u. Leistung gegenüber mehreren Berechtigten G. 432.

Unübertragbarkeit der Mitgliedschaft eines Vereins G. 38; des Auftrags G. 664; des Anspruchs auf Schmerzensgeld G. 847; des Nießbrauchs G. 1059. — U. des Rechts schließt Nießbrauch aus G. 1069. — U. der beschränkten persönlichen Dienstbarkeit G. 1092; der Rechte des Mannes am eingebrachten Gut G. 1408. — U. Rechte gehören zum eingebrachten Gute der Errungenschaftsgemeinschaft G. 1522; der Fahrnißgemeinschaft G. 1552. — U. der elterlichen Nutznießung G. 1658.

Unveräußerlichkeit, s Veräußerungsverbot, Veräußerungsbeschränkung.

Unvererblichkeit der Mitgliedschaft eines Vereins G. 38.

Unvermögen des Schuldners zur Leistung G. 275; bei Gattungsschuld G. 279.

Unverzüglich, Begriff G. 121.

Unwahre Thatsachen, Behauptung und Verbreitung, Schadensersatz G. 824.

Unwiderruflichkeit, s. Widerruf.

Unwürdigkeit, s. Erbunwürdigkeit.

Unzucht, widernatürliche, Ehescheidungsgrund G. 1565. — Grund zur Entziehung des Pflichttheils von Ehegatten G. 2335.

Unzurechnungsfähigkeit bei unerlaubten Handlungen G. 827 f.

Urgroßeltern, gesetzliche Erben vierter Ordnung G. 1928.

Urkunde über ein Rechtsgeschäft, Unterzeichnung der Parteien G. 126. — Hinterlegung von U. zur Erfüllung der Leistung G. 372. — U. über Abtretung einer Forderung G. 403. — Vorlegung von U. zur Einsicht G. 810. — U. über Leistung,

Eigenthum daran G. 952. — Fälschung von U. über letztwillige Verfügung, Erbunwürdigkeit G. 2339. — Oeffentliche U. bei Beantragung des Erbscheins G. 2356. — U. auf den Inhaber G. 807; Landesgesetzliche Bestimmungen über Kraftloserklärung, Zahlungssperre E. 102. — Landesgesetze über gerichtliche oder notarielle U. E. 151.

Urkundsperson bei letztwilligen Verfügungen G. 2233 ff. — Landesrecht E. 149.

Urtheil gegen einen einzelnen Gesammtschuldner, Wirkung G. 425. — U. über Richtung und Benutzung eines Nothweges G. 917.

V.

Väterliche Gewalt, s. Elterliche Gewalt.

Vater, Vaterschaft. Keine Verwandtschaft des V. mit einem unehelichen Kinde G. 1589. — Einwilligung zur Eheschließung G. 1305 ff. — Pflicht zur Aussteuer einer Tochter G. 1620 ff.; zur Ausstattung eines Kindes G. 1624 f. — Benennung eines Vormundes G. 1776 f. — Auseinandersetzung des V. als Vormund bei Eheschließung G. 1845. — Berufung zur Vormundschaft über Volljährige G. 1899. — Entziehung des Pflichttheils G 2334.

Venia aetatis, s. Volljährigkeitserklärung.

Veränderung, s. Abänderung. V. der Kaufsache beim Wiederkauf G. 498. — V. der Miethsache durch ordnungsmäßigen Gebrauch G. 548; desgleichen der geliehenen Sache G. 602. — V. der Hauptverbindlichkeit, Haftung des Bürgen G. 767. — V. der Nießbrauchssache G. 1037, 1050, 1057; bei Nacherbschaft G. 2132.

Veräußerung. Beschränkung der Verfügung über ein veräußerliches Recht G. 137. — V. der Sache, Ausschluß des Rücktrittsrechts G. 353. — Veräußerungsbeschränkungen der Landesgesetze für bestimmte Gegenstände, Rechte Dritter E. 61, Grundstücke E. 119.

Veräußerungsverbot, gesetzliches, Verfügung gegen dasselbe G. 135; gegen gerichtliches oder behördliches V. G. 136.

Verarbeitung einer Sache, Ausschluß des Rücktrittsrechtes G. 352. — V. eines Stoffes, Eigenthumserwerb G. 950.

Verbaloblation als Voraussetzung des Verzuges des Gläubigers G. 295.

Verbandsvorsteher, Testamentserrichtung vor demselben G. 2249, E. 150.

Verbindlichkeiten, s. Ehegutsverbindlichkeiten, Nachlaßverbindlichkeiten.

Verbindung einer beweglichen Sache auf einem Grundstück zu wesentlichem Bestandtheil G. 946; mehrerer beweglicher Sachen unter einander zu wesentlichen Bestandtheilen einer einheitlichen Sache G. 947. — Untergang des Vermächtnißgegenstandes durch V. G. 2172.

Verbotene (durch Gesetz) Rechtsgeschäfte G. 134. — Verträge G. 309. — Vertragsstrafe für verbotene Leistung G. 344. — Leistung gegen gesetzliches Verbot G. 817. — Annahme G. 819. — V. Vermächtniß G. 2171.

Verbotene Eigenmacht, Begriff

G. 858. — Uebergang der Wirkung auf den Nachfolger im fehlerhaften Besitz G. 858. — Nothwehr, Wiederbemächtigungsrecht, Nacheile, Entsetzung G. 859. — Ansprüche aus Besitzentziehung oder Störung durch v. E. G. 861 ff. — Erlöschen derselben G. 864. — Haftung des Besitzers in Folge v. E. G. 992; des Erbschaftsbesitzers G. 2025.

Verbrauchbare Sachen, Begriff G. 92. — V. S als Beitrag zur Gesellschaft G. 706. — Nießbrauch an v. S. G. 1067, 1075, 1086, 1087. — Verfügung des Mannes über v. S. der Frau G. 1377, 1411. — V. S. des eingebrachten Guts der Errungenschaftsgemeinschaft G 1540. — V. S. in elterlicher Nutznießung G. 1653, 1659. — Werthberechnung bei Verletzung des Pflichttheils durch Schenkung G. 2325.

Verbrechen der Ehegatten, Scheidung G. 1565. — V. gegen das Kind, Verwirkung der elterlichen Gewalt G. 1680. — Entziehung des Pflichttheils G. 2333, 2334.

Verbreitung unwahrer Thatsachen, Schadensersatz G. 824.

Verderb des Pfandes, Rückforderungsrecht des Verpfänders G. 1218; Verkaufsrecht des Gläubigers G. 1219 ff.

Verderbliche Sachen, Sicherheitsleistung G. 237; Versteigerung G. 383 f.

Vereine G. 21 ff. — Erlangung der Rechtsfähigkeit G. 21 ff. — Sitz G. 24. — Verfassung (Satzung) G. 25. — Vorstand G. 26 ff. — Besondere Vertreter G. 30. — Verantwortlichkeit für Schaden G. 31. — Mitgliederversammlung G. 32 ff. — Sonderrechte eines Vereinsmitgliedes G. 35. — Mitgliedschaft G. 38 f. — Auflösung G. 41. — Konkurs G. 42. — Entziehung der Rechtsfähigkeit G. 43 f. — Vereinsvermögen G. 45 ff. — Anfall an öffentliche Anstalten, an Fiskus G. 45 f. — Liquidation G. 47 ff. — Nichtrechtsfähige V. G. 54. — Eingetragene V. G. 55 ff.: Eintragung in das Vereinsregister G. 55; Zahl der Mitglieder G. 56; Satzung G. 57 ff.; Vorstand G. 59 f., 68 ff.; Eintragung in das Vereinsregister G. 59 ff.; Auflösung G. 73 ff. — Rechtsfähigkeit ausländischer V. E. 10. — Fortbestand der Landesgesetze über Verfassung staatlich genehmigter V. E. 82; über Vereinsvermögen E. 85.

Vereinigung von Forderung und Schuld in der Person eines einzelnen Gesammtschuldners G. 425; in der Person eines einzelnen Gesammtgläubigers G. 429. — V. des Eigenthums und eines andern Rechts an einem Grundstücke in einer Person G. 889. — V. mehrerer Grundstücke im Grundbuch G. 890. — Erlöschen des Nießbrauchs durch V. G. 1063. — V. der Hypothek mit dem Eigenthum G. 1177; des Pfandrechts mit dem Eigenthum G. 1256. — Wiederaufhebung der V. bei Verwaltung oder Konkurs über Nachlaß G. 1976, 1991; bei Eintritt der Nacherbfolge G. 2143; bei Vermächtniß G. 2175; bei Erbschaftskauf G. 2377.

Vereinigungsbeschränkungen für Grundstücke, Landesgesetze E. 119.

Vereinsgesetz, bayerisches E. 165.
Vereinsvermögen bei Auflösung des Vereins G. 45 ff.
Vereinsregister G. 21, 55. — Einsicht des V. G. 79.
Vereinssatzung G. 25 ff., 57 f.
Vererblichkeit des Vorkaufsrechts G. 514; des Besitzers G. 857.
Verfallvertrag beim Pfande G. 1229.
Verfassung der Vereine G. 25; der Stiftung G. 85. — Landesgesetze über V. staatlich genehmigter Vereine E. 82.
Verfehlung, schwere, als Grund des Widerrufs der Schenkung G. 530.
Verfügung von Todeswegen, s. letztwillige V., Erbvertrag, Vermächtnißvertrag.—Stiftung durch Verfügung von T. G. 83. — V. Nichtberechtigter über einen Gegenstand, Einwilligung oder Genehmigung des Berechtigten G. 185. — V. v. T. bei Versprechen einer Leistung an einen Dritten mit Vorbehalt der Substitution G. 332. — Unbefugte V. über einen Gegenstand, Herausgabe des Erhaltenen G. 816. — V. v. T. zur Anerkennung eines Kindes G. 1598. — Hinderung an V. von Todeswegen, Erbunwürdigkeit G. 2339.
Verfügungsbeschränkung bezüglich veräußerlicher Rechte G. 137; des Erben durch Testamentsvollstrecker G. 2211 f., 2217.—Uebergangsbestimmung E. 168.
Vergehen der Ehegatten, Trennung der Ehe G. 1565. — V. gegen das Kind, Verwirkung der elterlichen Gewalt G. 1680.
Vergleich, Begriff G. 779. — Form des Schuldversprechens, Schuldanerkenntnisses im Wege des V. G. 782. — V für Mündel G. 1822.
Vergütung von Nutzungen, Einfluß der Rechtshängigkeit auf den Anspruch G. 292. — V. als Erforderniß des Dienstvertrages G. 611 f.; als Erforderniß des Werkvertrages G. 631 f.; beim Mäklervertrag G. 652 f.; beim Hinterlegungsvertrag G. 689, 699; bei Eigenthumsverlust durch Verbindung, Vermischung, Verarbeitung G. 951; für Vormundschaftsführung G. 1836; für Beistand G. 1694; für Nachlaßverwaltung G. 1987; des Testamentsvollstreckers G. 2221.
Verheirathung des Hauskindes, Endigung der elterlichen Nutznießung G. 1661.
Verhinderung der Bedingung G. 162; des zum Vormunde Berufenen G. 1778. — V. des Erblassers an Errichtung oder Aufhebung einer Verfügung von Todeswegen G. 2339.
Verjährung, s. Anspruchsverjährung, Ersitzung. — V. des Anfechtungsrechts von Willenserklärungen G. 121, 124. — V. bei Aufrechnung G. 390; gegenüber einem einzelnen Gesammtschuldner G. 425; der Ansprüche des Käufers auf Gewährleistung G. 477; des Anspruchs auf Wandelung wegen Viehmängel G. 490; des Widerrufsrechts bei Schenkung G. 532; der Ersatzansprüche des Vermiethers und Miethers G. 558; der Ansprüche des Verleihers und Entleihers G. 606; der Ansprüche des Bestellers beim Werkvertrage G. 638 f. — Keine V. des Anspruchs auf

Aufhebung der Gemeinschaft G. 758. — Keine V. der Ansprüche auf Berichtigung des Grundbuchs G. 898. — V. der Ersatzansprüche des Verpfänders und Pfandgläubigers G. 1226; von Nachlaßverbindlichkeiten G. 1974; des Pflichttheilsanspruchs G. 2332. — Uebergangsbestimmung E. 169.
Verjährungsfristen G. 195 ff.
Verkauf für fremde Rechnung, Beauftragter dazu darf nicht kaufen G. 457 f. — V. des Pfandes G. 1228 ff.; des Erbschaftsantheils des Miterben G. 2034.
Verfahren bei Auflösung von Vereinen G. 44; bei Einspruch von Verwaltungsbehörden gegen Eintragung eines Vereins G. 62.
Vergehen, Entziehung des Pflichttheils G. 2333, 2334; Verwirkung der elterlichen Gewalt G. 1680.
Verkehr der Eltern mit den Kindern bei Ehescheidung G. 1636.
Verkehrsanstalten, Behandlung der in ihren Räumen oder Beförderungsmitteln gefundenen Sachen G. 978 ff.
Verkehrssitte bei Auslegung von Verträgen G. 157; bei Leistung G. 272.
Verkehrssperrung, Testament bei solcher G. 2250, 2252.
Verkehrsunternehmungen, Landesgesetze über Schadloshaltung durch solche E. 125.
Verkündung des Testaments G. 2260 f.; gemeinschaftlichen Testaments G. 2273.
Verlängerung der Frist G. 190; der Verjährungsfrist für Gewährleistung beim Kaufe G. 477; der Gewährfrist bei Viehmängeln G. 486. — Stillschweigende V. des Miethverhältnisses G. 568.
Verlagsrecht, Fortbestand der Landesgesetze E. 76.
Verlassung, s. bösliche Verlassung, Auflassung.
Verlegung des Ausübungsorts einer Grunddienstbarkeit G. 1023.
Verleiher, s. Gebrauchsleihe.
Verleihung, staatliche, der Rechtsfähigkeit an Vereine G. 22.
Verletzung an Personen, Geldentschädigung G. 249.
Verlöbniß G. 1297 ff.; Ausschluß der Klagbarkeit, Nichtigkeit der Vertragsstrafe G. 1297. — Schadensersatz beim Rücktritt G. 1298 f. — Entschädigung bei Rücktritt nach Beiwohnung G. 1300. — Rückgabe der Geschenke G. 1301. — Verjährung der Ansprüche G. 1302.
Verlobte, s. Verlöbniß. — Letztwillige Zuwendung an V. G. 2077. — Erbvertrag G. 2275, 2276, 2279, 2290. — Form G. 2276. — Erbverzicht G. 2347.
Verlorene Schuldverschreibung auf den Inhaber, Verpflichtung des Ausstellers G. 794; Aufgebot G. 798. — Eigenthumserwerb an v. Sachen G. 935. — Keine Eigenthumsvermuthung an v. S. gegenüber dem früheren Besitzer G. 1006. — Herausgabe v. S. G. 1007.
Verlust des Besitzes G. 856. — Antheil am V. bei Gesellschaft G. 707, 722. — V. des Eigenthums an Grundstücken G. 925 ff.; an beweglichen Sachen G. 929 ff.
Vermächtniß, Begriff G. 1939. — Nichtigkeit des Vertrages über V. aus dem Nachlaß eines noch lebenden Dritten G. 312. — Annahme oder Ausschlagung

eines V. durch die Frau ohne Zustimmung des Mannes G. 1406, 1453. — V., welches die Frau, bei Gütergemeinschaft als Vorbehaltsgut erwirbt G. 1461. — V. bei Aufhebung der Gütergemeinschaft G. 1477. — V. von unbeweglichem Vermögen bei Fahrnißgemeinschaft 1551. — Erwerb von Gegenständen durch V., welche theils zum Gesammtgut, theils zum eingebrachten Gut der Fahrnißgemeinschaft gehören G. 1556. — Verfügung über ein dem Mündel zustehendes Vermächtniß, gerichtliche Genehmigung G. 1822. — V. werden vom Aufgebot der Nachlaßgläubiger nicht betroffen G. 1972. — V auf angewachsenem Erbtheil G. 2095. — Vermächtniß im Einzelnen: Beschwerter, mehrere Beschwerte G. 2147 f. — Gesetzliche Erben als Bedachte G. 2149. — Vorausvermächtniß G. 2150. — Mehrheit von Bedachten auf denselben Gegenstand G. 2151, 2157; alternativ Bedachte G. 2152; Bruchtheile der Sache G. 2153. — Wahlvermächtniß G. 2154. — Gattungsvermächtniß G. 2155, 2182 f. — Zweckvermächtniß G. 2156. — Anwachsung G. 2158 f. — Tod des Bedachten vor Erbfall G. 2160. — Wegfall des Beschwerten G. 2161. — Bedingung, Anfangstermin, noch nicht geborene Bedachte, Unwirksamkeit G. 2162; Ausnahmen G. 2163. — Zubehör, Surrogation G. 2164. — Belastungen des Gegenstandes, insonderheit von Grundstücken G. 2165 ff. — V. eines bestimmten, dem Erblasser gehörigen Gegenstandes G. 2169. — Verschaffungsvermächtniß G. 2170. — Unmöglichkeit, Unsittlichkeit des V. G. 2171. — Umbildung des Gegenstandes durch Verbindung u. s w. G. 2172. — V. einer Forderung G. 2173; gegen den Erben G. 2175. — Vermächtnißanspruch G. 2174. — Anfall des V. G. 2176; bei bedingtem, betagtem V. G. 2177; bei noch nicht geborenen Personen G. 2178; Zeit zwischen Erbfall und Anfall G. 2179. — Annahme, Ausschlagung G. 2180. — Erfüllungszeit im Belieben des Beschwerten G. 2181. — Haftung des Erben für Mängel, Lasten, Früchte G. 2182 ff. — Verwendungen G. 2185. — V., welches mit V. oder Auflage belastet ist G. 2186 f. — Kürzung des V. durch Pflichttheilsanspruch G. 2188 f. — Nachvermächtniß G. 2190 f. — Testamentsvollstrecker zur Ausführung der einem V. auferlegten Beschwerungen G. 2223. — V. in gemeinschaftlichem Testament für den Todesfall des Ueberlebenden G. 2269. — V. im Erbvertrag G. 2278 f., 2291. — V. als Pflichttheil G. 2307. — Kürzung des V. bei Pflichttheilsanspruch G. 2318, 2320 ff. — Anfechtung des V. wegen Erbunwürdigkeit G. 2345. — Vertragsmäßiger Verzicht auf V. G. 2352. — Wegfall eines V. bei Erbschaftskauf G. 2372.

Vermächtnißanspruch G. 2174.

Vermächtnißnehmer, s. Vermächtniß.

Vermächtnißvertrag, Beeinträchtigung durch den Erblasser G. 2288.

Vermengung beweglicher Sachen, Eigenthumserwerb G. 948. —

Untergang des Vermächtnißgegenstandes durch V. G. 2172.
Vermiethung, gewerbsmäßige beweglicher Sachen, Anspruchsverjährung G. 196.
Verminderung des Gesammtguts durch den Mann G. 1468; den überlebenden Ehegatten G. 1495.
Vermischung beweglicher Sachen, Eigenthumserwerb G. 948. — Untergang des Vermächtnißgegenstandes durch V. G. 2172.
Vermittelung eines Vertrags G. 652; eines Dienstvertrags G. 655; einer Ehe 656.
Vermögen, Vertrag auf Uebertragung des ganzen künftigen V., Bruchtheils, Nießbrauches, nichtig G. 310. — Form des gleichen Vertrages über gegenwärtiges V. G. 311. — Nießbrauch an einem V. G. 1085 ff. — Verfügung über V. des Mündels im Ganzen, gerichtliche Genehmigung G. 1822.
Vermögensabsonderung unter Ehegatten, Uebergangsbestimmung E. 200.
Vermögenslosigkeit als Voraussetzung der Unterhaltspflicht G. 1602.
Vermögensminderung als Voraussetzung der Schenkung G. 516. — Schadensanspruch ohne V. G. 253.
Vermögensschaden, Entschädigung für einen Schaden, welcher nicht V. ist G. 253. — Nicht erforderlich bei Anspruch aus Körperverletzung u. s. w. G. 847.
Vermögensübernahme mit Abfindung an einen Dritten G. 330. — S. auch G. 419.
Vermögensübersicht bei befreiter Vormundschaft G. 1854.
Vermögensverlust, Widerruf des Schenkungsversprechers G. 519.
Vermögensverwaltung, Überlassung der V. seitens des Kindes an die Eltern G. 1619. — Väterliche V. G. 1638 ff. — V. durch Pfleger G. 1909; durch Testamentsvollstrecker G. 2205 ff.
Vermögensverzeichniß bei Errungenschaftsgemeinschaft G. 1528: bei fortgesetzter Gütergemeinschaft G. 1493; bei elterlicher Vermögensverwaltung G. 1640, 1667, 1692, 1760; bei vormundschaftlicher Verwaltung G. 1802; des Testamentsvollstreckers G. 2215; zur Berechnung des Pflichttheils G. 2314.
Vermuthung des Todes G. 18; des Lebens G. 19; gleichzeitigen Todes in gemeinsamer Gefahr G. 20. — V. hinsichtlich Hauptmängel beim Hausthierkaufe G. 484. — V., daß Eltern, Großeltern und Abkömmlinge für gegenseitig gewährten Unterhalt keinen Anspruch erlangen wollen G. 685; für die Richtigkeit des Grundbuchs G. 891; der Fortdauer des Eigenbesitzes bei Ersitzung G. 938; des Eigenthums zu Gunsten des Besitzers einer beweglichen Sache G. 1006; für Erlöschen des Pfandrechts bei Besitz des Verpfänders oder Eigenthümers am Pfande G. 1253; für Eigenthum des Ehemannes an den im Besitze eines oder beider Ehegatten befindlichen beweglichen Sachen G. 1362; für Gesammtgut bei Errungenschaftsgemeinschaft G. 1527; daß verbrauchbare Sachen des eingebrachten Gutes der Errungenschaftsgemeinschaft das Gesammtgut bereichert haben G. 1540; der Ehelichkeit eines

Kindes G. 1591. — V., daß ein Kind für Verwendungen im elterlichen Hausstand keinen Ersatz verlangt G. 1618; daß die einem Kinde gewährte Ausstattung aus dessen Vermögen geleistet ist G. 1625; der Vollständigkeit rechtzeitigen Nachlaßinventars G. 2009. — V. für Richtigkeit des Erbscheins G. 2365. — V. für Aufhebung des Testaments bei Vernichtung der Urkunde G. 2255.

Vernachlässigung des Hauskindes, Einschreiten des Vormundschaftsgerichts G. 1666.

Vernichtung der Testamentsurkunde, Vermuthung für Aufhebung G. 2255.

Vernunftgebrauch, mangelnder bei unerlaubten Handlungen G. 827.

Verpfändung von Forderungen zur Sicherheitsleistung G. 232, 236, 238; beweglicher Sachen G. 232, 237.

Verpflegungsanstalten, Anspruchsverjährung G. 196. — Fortbestand von L. über staatliche V. E. 136.

Versäumung der Ausschlagungsfrist von Erbschaften G. 1956; der Inventarfrist G. 1996.

Verschaffungsvermächtniß G. 2170.

Verschlechterungen des Leistungsgegenstandes bei Verzug des Schuldners G. 290; des bestimmten Leistungsgegenstandes nach Eintritt der Rechtshängigkeit G. 292. — Ersatz für V. bei vertragsmäßigem Rücktrittsrecht G. 347. — Ausschluß des Rücktrittsrechts bei wesentlicher V. G. 351. — Tragung der Gefahr der V. beim Kauf G. 446 f. — V. bei Wiederkauf G. 498, 501. — V. der Miethsache durch ordnungsmäßigen Gebrauch G. 548. — Tragung der Gefahr der V. bei Uebernahme des Inventars verpachteter Grundstücke zum Schätzungswerthe G. 588. — V. der geliehenen Sache bei ordnungsmäßigem Gebrauch G. 602. — V. des vom Besteller gelieferten Stoffes beim Werkvertrage G. 644 f.; von Sachen, welche von einem Gesellschafter der Gesellschaft zur Benutzung überlassen sind G. 732; der dem Berechtigten durch unerlaubte Handlung entzogenen Sache G. 848; der Sache nach Rechtshängigkeit des Eigenthumsanspruchs, Haftung des Besitzers G. 989; der Nießbrauchssache G. 1050 f., 1057; des Grundstücks, Schutz des Hypothekengläubigers G. 1133 ff. — V. von Erbschaftssachen bei Erbschaftsanspruch G. 2033; bei Nacherbschaft G. 2132; bei Erbschaftskauf G. 2375.

Verschließung der Testamentsurkunde G. 2246; des Erbvertrags G. 2277.

Verschollenheit, Todeserklärung G. 14 ff. — V. des in das Grundbuch eingetragenen Eigenthümers eines Grundstücks, Einfluß auf das Aufgebotsverfahren G. 927. — V. des Mündels G. 1884. — V. von Ausländern E. 9. — S. auch E. 161.

Verschulden der Liquidatoren eines Vereins G. 53; des Beschädigten, Ersatzpflicht G. 254; eines einzelnen Gesammtschuldners G. 425. — V. als Voraussetzung des Schadensersatzes aus Verletzung von Schutzgesetzen, die auch ohne V. verletzt werden können G. 823. — Scha-

densersatzpflicht ohne V. G. 829. — V. des Vormundes G. 1833; des Testamentsvollstreckers G. 2219.

Verschwägerung, s. Schwägerschaft. — Vorzug der Verschwägerten bei Auswahl des Vormundes G. 1779; Anhörung derselben durch das Vormundschaftsgericht G. 1847. — Antrag auf Einsetzung eines Familienraths G. 1859, 1862. — Mitwirkung bei Testamentserrichtung G. 2234.

Verschwender, Entmündigung G. 6. — Beschränkte Geschäftsfähigkeit G. 114 f. — Verschwendung des Gesammtguts durch den Mann G. 1468; den überlebenden Ehegatten G. 1497. — V. unfähig zum Vormunde G. 1780; zum Familienrath G. 1865. — Testamentserrichtung G. 2229; Widerruf eines Testaments G. 2253. — Enterbung in guter Absicht G. 2338. — Uebergangsbestimmung wegen Entmündigung wegen V. E. 156.

Versetzung, Kündigung des Miethverhältnisses bei V. von Beamten u. s. w. G. 570; nicht des Pachtverhältnisses G. 596.

Versicherung zu Gunsten Dritter G. 330; der Nießbrauchssache G. 1045 f. — Haftung der Versicherungsgelder für die Hypothek G. 1127 ff. — V. des eingebrachten Guts G. 1385.

Versicherungsrecht, Fortbestand der Landesgesetze E. 75.

Versiegelung des Testamentsprotokolls G. 2246.

Versprechen der Leistung an einen Dritten G. 328 ff.; eines Darlehens, Widerruf G. 610; einer Schenkung G. 518.

Versprechensempfänger G. 331 ff.

Versteigerer, s. Auktionatoren.

Versteigerung, Vertragschließung G. 156. — Oeffentliche V. geschuldeter beweglicher Sachen und Hinterlegung des Erlöses G. 383 ff.: Ort und Art der V. G. 383. — Androhung, Anzeige G. 384. — Kosten G. 386. — Mängel bei öffentlicher V. des Pfandes G. 461. — V. von Hausthieren bei Rechtsstreit über Wandelung G. 489; des gemeinschaftlichen Gegenstandes unter den Theilhabern G. 753. — Eigenthumserwerb in öffentlicher V. G. 935. — V. gefundener verderbbarer u. s. w. Sachen G. 966; gefundener Sachen durch Behörden G. 979 ff.; der Pfandsache wegen Besorgniß des Verderbs oder der Entwerthung G. 1219 ff. — Verfahren bei V. des Pfandes G. 1235 ff.

Vertheidigung gegen rechtswidrigen Angriff G. 227; gegen verbotene Eigenmacht G. 859 f. — Kosten der V. der Frau, Tragung durch den Mann G. 1387; der V. des Hauskindes G. 1654.

Vertheidigungsrecht gegen fremde gefahrdrohende Sachen G. 226 ff.; gegen verbotene Eigenmacht G. 859 f.

Vertiefen eines Grundstücks zu Gefahr des Nachbargrundstücks G. 909.

Vertrag Minderjähriger G. 108 ff. — Urkunden über V., Form G. 126 f. — Bestätigung eines nichtigen V. G. 141. — V. im Allgemeinen G. 145 ff.: Vertragsantrag G. 145. — Ablehnung, nicht rechtzeitige Annahme G. 146. — Sofortige Annahme G. 147. — Annahme unter Abwesenden G. 147. — Fristbestimmung G. 148. —

Anzeigepflicht bei verspäteter Annahmeerklärung G. 149. — Verspätete Annahme als neuer Vertragsantrag G. 150. — Vertragsschluß G. 151 ff. — Auslegung des V. G. 154 ff. — Versteigerungsvertrag G. 156. — Treu und Glauben bei V. G. 157. — Einrede des nicht erfüllten V. hemmt nicht die Anspruchsverjährung G. 202. — V. zur Begründung eines Schuldverhältnisses G. 305; über unmögliche Leistung G. 306 ff. — Einfluß der Kenntniß der Unmöglichkeit G. 307. — Hebung der Unmöglichkeit G. 308. — Zusatz einer Suspensivbedingung oder eines Anfangstermines G. 308. — V. gegen gesetzliches Verbot G. 309. — V. über Ueberlassung künftigen Vermögens nichtig G. 310. — Form des V. über ein gegenwärtiges Vermögen G. 311. — Nichtigkeit des V. über den Nachlaß eines noch lebenden Dritten, über Pflichttheil oder Vermächtniß aus solchem Nachlasse G. 312. — V. über Eigenthumsübertragung an Grundstücken G. 313. — V. umfaßt Zubehör G. 314. — Bestimmung der Leistung durch einen der Vertragschließenden G. 315 f.; durch einen Dritten G. 317 ff. — Gegenseitige Verträge G. 320 ff.: Verweigerung der Leistung vor Gegenleistung G. 320. — Vorleistung G. 321 f. — Verurtheilung zur Erfüllung Zug um Zug G. 322. — Annahmeverzug G. 322. — Ganze oder theilweise Unmöglichkeit der Leistung, Tragung der Gefahr G. 323 ff. — Schadensersatz G. 325 f. — Rücktrittsrecht bei Leistungsverzug G. 325 ff. — Vertragsstrafen, s. d. W. — Rücktritt vom V. s. Rücktrittsrecht. — Anwendung der allgemeinen Vorschriften über Kauf auf andere entgeltliche V. G. 445; desgl. über Gewährleistung G. 493. — V. über Verzicht eines Abkömmlings auf seinen Antheil am Gesammtgut G. 1491; über Aufhebung der fortgesetzten Gütergemeinschaft durch den überlebenden Ehegatten G. 1492; über Anrechnung der Abfindung eines Abkömmlings G. 1501. — V. über Vermögen bevormundeter Volljähriger G. 1902.

Vertragsannahme, s. Vertrag.

Vertragsanträge, s. Vertrag. Ablehnung von V. durch die Frau ohne Zustimmung des Mannes G. 1406, 1453.

Vertragschließung, s. Vertrag.

Vertragserbe, Begriff G. 1941.

Vertragsform, s. Form.

Vertragsmäßiges Güterrecht, G. 1423 ff. (s. im Uebrigen Ehevertrag, Gütergemeinschaft, Errungenschaftsgemeinschaft, Fahrnißgemeinschaft).

Vertragsstrafe G. 336 ff. — Verwirkung G. 339. — Wahlrecht des Gläubigers zwischen Erfüllung, V. oder Schadensersatz G. 340. — V. neben Erfüllung G. 341. — V. außer Geldsumme G. 342. — Richterliches Ermäßigungsrecht G. 343. — Unwirksamkeit der V. bei Versprechen gesetzlich verbotener Leistung G. 344. — Beweislast des Schuldners bei Bestreitung der Verwirkung G. 345. — Haftung des Pfandes für V. G. 1210. — V. bei Verlöbniß ist nichtig G. 1297.

Vertragsurkunden G. 126 ff.

Vertragszinsen G. 246 f. —

Aufhebung des Gesetzes über vertragsmäßige Zinsen E. 30.

Vertretbare Sachen G. 91, als Gegenstand des Darlehens G. 607; des Hinterlegungsvertrages G. 700; als Beitrag zur Gesellschaft G. 706; als Gegenstand der Anweisung G. 783.

Vertreter (gesetzlicher) des Geschäftsunfähigen, Begründung und Aufhebung des Wohnsitzes G. 8. — V. des Vereinsvorstandes G. 29. — Einwilligung zu Willenserklärungen Minderjähriger G. 107; Genehmigung zu Verträgen derselben G. 108 ff.; zu einseitigen Rechtsgeschäften Minderjähriger G. 111; Ermächtigung zum selbständigen Betriebe eines Erwerbsgeschäfts Minderjähriger G. 112; zu Dienst- und Arbeitsverträgen G 113. — Stellung bei Willenserklärungen gegenüber Geschäftsunfähigen G. 131. — S. auch Vertretung. — Kontrahiren des Vertreters mit sich selbst G. 181. — Haftung des Schuldners für Versehen des V. G. 278. — G. V. des Auftraggebers, Pflichten desselben G. 672. — V. zur Entgegennahme der Kündigung einer Hypothek G. 1141; des Gläubigers der für eine Forderung aus Schuldverschreibung auf den Inhaber u. s. w. bestellten Hypothek G. 1189. — Eheeinwilligung des g. V. G. 1304, ersetzt nicht die elterliche Einwilligung G. 1307. — Anfechtung der Ehe wegen mangelnder Einwillung des V. G. 1331. — Anfechtung der Ehe durch den g. V. bei Geschäftsunfähigkeit, beschränkter Geschäftsfähigkeit eines Ehegatten G. 1336 ff., 1340. — G. V. beim Ehevertrag auf allgemeine Gütergemeinschaft G. 1437. — G. V. des Mannes bei Anfechtung der Ehelichkeit eines Kindes G. 1595. — G. V. des Kindes bei Geschäftsunfähigkeit des Vaters G. 1676. — Zustimmung des g. V. zum Erbvertrag mit Ehegatten G. 2275. — Anfechtung des Erbvertrags durch g. V. G. 2282; vertragsmäßige Aufhebung G. 2290; Rücktritt G. 2296. — Genehmigung des Erbverzichts G. 2347.

Vertretung von Vereinen G. 26 ff. — V. bei Rechtsgeschäften G. 164 ff.: Unmittelbare Berechtigung und Verpflichtung des Vertretenen G. 164. — Wirkung beschränkter Geschäftsfähigkeit des Vertreters G. 165. — Beurtheilung der Gültigkeit des Rechtsgeschäfts nach der Person des Vertreters G. 166 Vollmacht G. 166 ff. — V. ohne Vertretungsmacht G. 177 ff. (s. auch Genehmigung). — V. bei einseitigen Rechtsgeschäften G. 180. — Kontrahiren des Vertreters mit sich selbst G. 181. — V. der Gesellschaft gegenüber Dritten G. 714 f. — V. des Kindes unter elterlicher Gewalt durch den Vater G. 1630, 1633, 1635. — Keine V. bei Stellung des Antrags und Einwilligung zur Ehelichkeitserklärung G. 1728. — V. bei Einwilligungserklärung zur Annahme an Kindesstatt G. 1748; beim Annahmevertrage G. 1750 f. — V. des Mündels durch den Vormund G. 1793 ff. — Keine V. bei Abschluß des Erbvertrags G. 2247.

Vertretungsmacht, s. Vertretung, Vollmacht.

Vervielfältigung, mechanische, der Unterschrift von Schuldverschreibungen auf den Inhaber G. 793.

Verwahrer, s. Hinterlegungsvertrag. — V. einer zur Hinterlegung nicht geeigneten untheilbaren Sache, welche Mehreren geschuldet wird G. 432, 2039. — Schutz des mittelbaren Besitzes des V. G. 868; V. einer Pfandsache G. 1217, 1231; der Leitung aus einer verpfändeten Forderung G. 1281.

Verwahrung s. Hinterlegungsvertrag. — V. der gefundenen Sache G. 966; des Pfandes G. 1215; des Testamentsprotokolls G. 2246; des Testaments G. 2248, 2256, 2279; des Erbvertrags G. 2277, 2300.

Verwahrungsvertrag, s. Hinterlegungsvertrag.

Verwalter zur Ausübung des Nießbrauchs G. 1052, 1054, 1070.

Verwaltung einer Nießbrauchssache bei nicht erfolgender Sicherheitsleistung des Nießbrauchers G. 1052; bei erheblicher Verletzung der Rechte des Eigenthümers durch den Nießbraucher G. 1054 (s. auch G. 1070). — V. der Vorerbschaft G. 2129. — V. des Testamentsvollstreckers G. 2205, 2209 f., 2216.

Verwaltungsbehörden, Einspruch gegen Eintragung in das Vereinsregister G. 61 f. — Geltendmachung von Ansprüchen vor V., Verjährung G. 220.

Verwaltungsgerichte, Geltendmachung von Ansprüchen vor V., Verjährung G. 220.

Verwaltungsstreitverfahren gegen Vereine G. 44; bei Einspruch der Verwaltungsbehörde gegen Eintragung von Vereinen G. 62.

Verwandlung, s. Umwandlung.

Verwandte, Unterhaltspflicht s. d. W. — Vorzug der V. bei Auswahl des Vormundes G. 1779. — Anhörung derselben durch das Vormundschaftsgericht G. 1847. — Antrag auf Einsetzung eines Familienraths G. 1859, 1862. — Auslegung der Erbeinsetzung von V. G. 2067. — Mitwirkung bei Testamentserrichtung G. 2234. — Erbverzicht G. 2346.

Verwandtenerbfolge G. 1924 ff.

Verwandtschaft als Ehehinderniß G. 1310. — V. hindert nicht die Zeugenschaft bei Eheschließung G. 1318. — Nichtigkeit der Ehe wegen V. G. 1327. — V. in gerader Linie, Seitenlinie, Grade G. 1589. — Wirkung der Ehelichkeitserklärung auf V. G. 1737; der Annahme an Kindesstatt G. 1763 f. — Anwendung des B.G.B. über V. auf andere Reichsgesetze E. 33.

Verwendungen, Anspruch auf Ersatz, Befreiung von dafür eingegangenen Verbindlichkeiten G. 258. — Zurückbehaltungsrecht wegen V. G. 273. — Einfluß der Rechtshängigkeit auf den Ersatzanspruch von V. G. 292. — Ersatz von V. bei Verzug des Gläubigers G. 304. — Ersatz von V. bei Rücktritt vom Vertrage G. 347. — V. des Käufers G. 450; des Wiederverkäufers G. 500 f.; des Miethers G. 547; des Pächters G. 581; des Entleihers G. 601; des Mäklers G. 652; des Beauftragten G. 669 f.; des Ge-

schäftsführers ohne Auftrag G. 683 f.; des Verwahrers G. 693; auf die durch unerlaubte Handlung entzogene Sache G. 850. — Ersatz von V. bei Eigenthumsverlust durch Verbindung, Vermischung, Verarbeitung G. 951. — V. des Finders G. 970; des Besitzers gegenüber dem Eigenthumsanspruch G. 994 ff.; des Nießbrauchers G. 1049, 1057; des Pfandgläubigers G. 1210, 1216; des Ehemannes auf das eingebrachte Gut G. 1390; des Ehemannes aus Gesammtgut in Vorbehaltsgut und umgekehrt G. 1466; des Vaters für Person oder Vermögen des Kindes G. 1648. — V. von Mündelvermögen in den Nutzen des Vormunds G. 1805, 1834. — Ersatz von V. des Vormunds G 1835; des Erben bei Nachlaßverwaltung G. 1978; des Erbschaftsbesitzers G. 2022 f.; des Vorerben G. 2124 f.; desselben von Erbschaftssachen im eigenen Nutzen G. 2134. — V. des Beschwerten bei Vermächtniß G. 2185 — V. beim Erbschaftskauf G. 2381.

Verwerflicher Empfang, Herausgabepflicht G. 817.

Verwirkung, s. Rechtsverwirkung. — V. der elterlichen Gewalt des überlebenden Ehegatten, Aufhebung der fortgesetzten Gütergemeinschaft G. 1495. — Gründe der V. der elterlichen Gewalt G. 1680. — Eintritt der elterlichen Gewalt der Mutter nach V. derjenigen des Vaters G. 1684.

Verzeichniß der Mitglieder eines eingetragenen Vereins G. 72. — V. beim Nießbrauch an einem Inbegriff von Sachen G. 1035. — V. des eingebrachten Guts G. 1372, 1528; des Kindervermögens G. 1667, 1669, 1692, 1760; des Mündelvermögens G. 1802; des Nachlasses G. 1960, 2121, 2215.

Verzeihung schließt den Widerruf der Schenkung aus G. 532. — Erlöschen des Rechts auf Ehescheidung G. 1570; auf Entziehung des Pflichttheils G. 2337; auf Geltendmachung der Erbunwürdigkeit G. 2343.

Verzicht auf Einrede der Vorausklage bei Sicherheitsleistung durch Bürgen G. 239. — V. auf noch nicht erworbenes Recht keine Schenkung G. 517. — V. auf Rücknahme der hinterlegten Sache G. 376, 382; auf Gewährleistung von Mängeln G. 476, 540; auf Widerruf der Auslobung G. 658; auf Kündigung des Auftrages G 671; des Hauptschuldners auf Einreden, Wirkung auf die Bürgschaft G. 768. — V. auf Einrede der Vorausklage G. 773; auf das Rentenrecht für Ueberbau, Eintragung in das Grundbuch G. 914; auf das Eigenthum an Grundstücken G. 928; an beweglichen Sachen G. 959; des Finders auf sein Recht zum Eigenthumserwerb G. 976; des Gläubigers auf die Hypothek G. 1165, 1168 f. — V. der Frau auf Pflichttheil ohne Zustimmung des Mannes G. 1406, 1453. — V. eines Abkömmlings auf seinen Antheil am Gesammtgut G. 1491, 1501, 1517. — Kein V. auf Unterhaltsanspruch G. 1614. — V. auf elterliche Nutznießung G. 1662; auf Unterhalt des unehelichen Kindes G. 1714. — V. auf gesetzliches Erbrecht, s. Erbverzicht.

Verzinsung, s. Zinsen. — V.

einer Geldsumme bei vertragsmäßigem Rücktrittsrecht G. 347. — V. des Kaufpreises G. 452; der Vergütung beim Werkvertrage G. 641. — Verzinsliche Anlegung von Mündelgeldern G. 1806.

Verzug des Wahlberechtigten bei Alternativobligationen G. 264. — V. des Schuldners G. 284 ff.: Mahnung, V. ohne Mahnung G. 284; Wirkung der Unmöglichkeit der Leistung G. 285; Schadensersatzpflicht G. 286; Haftung für omnis culpa, casus G. 287; Verzugszinsen G. 288 f. — V. des Gläubigers G. 293 ff.: Nichtannahme der Leistung G. 293. — Thatsächliches Angebot der L. G. 294; wirkliches G. 295; bei zeitlich bestimmter Leistung, nach Kündigung G. 296. — Unmöglichkeit der Leistung G. 297; gegenseitige Leistung G. 298; unbestimmte Leistungszeit G. 299. — Beschränkung der Haftung des Schuldners G. 300. — Aufhören der Zinsverpflichtung G. 301; beschränkte Haftung für Nutzungen G. 302. — Berechtigung zur Aufgabe des Besitzes eines herauszugebenden Grundstückes G. 303. — Ersatz der Aufwendungen für Angebot, Aufbewahrung und Erhaltung des Leistungsgegenstandes G. 304. — V. der Annahme bei gegenseitigen Verträgen G. 322, 324; der Leistung bei solchen G. 326 f. — V. des Rücktrittsberechtigten mit der Rückgewähr G. 354. — V. des Gläubigers als Voraussetzung der Hinterlegung G. 372. — V. des Gläubigers bei Gesammtschuldverhältniß G. 424; eines einzelnen Gesammtschuldners G. 425; eines einzelnen Gesammtgläubigers G. 429. — V. des Vermiethers bei Beseitigung von Mängeln G. 538. — Annahmeverzug des Dienstberechtigten G. 615. — V. des Unternehmers bei Beseitigung von Mängeln G. 633; des Bestellers bei Handlungen, welche zur Herstellung des Werkes erforderlich sind G. 642 f. — Abnahmeverzug des Bestellers G. 644. — V. des Besitzers bei Herausgabe der Sache G. 990; des Unterhaltspflichtigen G. 1613.

Verzugsinteresse, s. Verzug.

Verzugszinsen G. 288 f. — Kein V. bei Schenkung G. 522. — V. bei Hypothek G. 1146.

Vieh als Zubehör eines Landguts G. 98.

Viehmängel G. 481 ff.

Vierteljahr, Fristberechnung G. 189. — Dienstverhältniß nach V. G. 621.

Vis, s. Höhere Gewalt.

Volljährige, Vormundschaft über V. G. 1896 ff. (s. Vormundschaft). — Uebergangsbestimmungen E. 153, 154.

Volljährigkeit, Beginn G. 2. — V. Bedingung der Eheschließung des Mannes G. 1303. — V. von Ausländern E. 7.

Volljährigkeitserklärung G. 3 ff. — Anhörung der Verwandten u. s. w. G. 1847. — Uebergangsbestimmungen E. 153.

Vollmacht G. 164 ff.: Kenntniß des V.gebers, Unkenntniß des Vertreters von bestimmten Umständen G. 166. — V.ertheilung G. 167. — Erlöschen der V. G. 168 f. — Kenntniß Dritter vom Erlöschen G. 169. — V. durch Erklärung gegen-

über einem Dritten G. 170. — V. durch öffentl. Bekanntmachung G. 171. — Vollmachtsurkunde G. 172 f.; besonders bei einseitigen Rechtsgeschäften G. 174. — Zurückgabe G. 175; Kraftloserklärung G. 176. — Handeln ohne V. G. 177 ff. — V. zur Erbschaftsausschlagung G. 1945.
Vollstreckbare Vergleiche, Urkunden, Verjährung des Anspruchs aus solchen G. 218.
Vollstreckungshandlung unterbricht Verjährung G. 209, 216.
Vollzieher, s. Testamentsvollstrecker.
Voraus des überlebenden Ehegatten G. 1932. — V. bei Berechnung des elterlichen Pflichttheils G. 2311.
Vorausklage, Einrede der V. hemmt nicht die Anspruchsverjährung G. 202. — Verzicht auf Einrede der V. bei Sicherheitsleistung durch Bürgen G. 239. — Einrede der V. im Allgemeinen G. 771 ff.
Vorausleistung der Leibrente G. 760; der Geldrente für die Duldung des Ueberbaues G. 913; des Unterhalts G. 1612, 1614 f., 1710.
Voraussetzung, Rückforderung wegen Nichteintritts der V. einer Leistung G. 804; Anfechtung letztwilliger Verfügung G. 2078.
Vorausvermächtniß G. 2150. — V. nicht Gegenstand der Nacherbfolge G. 2110; des Erbschaftskaufs G. 2373.
Vorbehalt, geheimer, bei Willenserklärungen G. 116. — Unter V. ergangenes rechtskräftiges Urtheil, Wirkung auf die Verjährung G. 219. — V. der Rechtsverwirkung, Rücktrittsrecht G. 360. — V. des Eigenthums bei verkaufter beweglicher Sache G. 455. — V. des Ranges für ein künftig einzutragendes Recht an einem Grundstücke G. 881. — V. der Entlassung bei Bestellung des Vormundes G. 1790; der Ergänzung letztwilliger Verfügung G. 2086.
Vorbehaltsgut G. 1365 ff., 1414 ff., 1425, 1440 f., 1461 ff., 1486, 1526, 1538 (s. Eheliches Güterrecht, Gütergemeinschaft, Errungenschaftsgemeinschaft).
Vorbildung, Kosten der V. zu einem Berufe, Ausgleichungspflicht G. 2050. — Gehören zum Unterhalt G. 1610.
Voreltern, gesetzliche Erben fünfter Ordnung G. 1929.
Vorempfangenes, s. Ausgleichungspflicht.
Vorenthalten eines Hauskindes G. 1632; eines Mündels G. 1800.
Vorentscheidung einer Behörde, Gesuch um Erlassung unterbricht Anspruchsverjährung G. 210.
Vorerbe, s. Nacherbe.
Vorführung des Festgenommenen bei Selbsthülfe G. 230.
Vorkauf, Vorkaufsrecht G. 504 ff.: Voraussetzungen der Ausübung G. 504. — Form und Wirkung der Ausübung G. 505. — Unwirksamkeit von Vereinbarungen zwischen Verkäufer und Dritten über Abhängigkeit des Kaufes von Nichtausübung des V. oder über Rücktritt gegenüber dem Berechtigten G. 506. — Nebenleistungen, die der Vorkaufsberechtigte nicht bewirken kann G. 507. — Verkauf mehrerer Sachen zu Gesammtpreis, von welchem einige dem V. nicht unterworfen sind G. 508. — Stundung des Kaufpreises, Berechtigung des Vor-

kaufsberechtigten zu solcher gegen Sicherheitsleistung G. 509. — Anzeige an den Berechtigten, Frist zur Ausübung des V. G. 510. — Kein V. bei Verkauf an gesetzliche Erben G. 511; bei Zwangsvollstreckung, im Konkurse G 512. — Mehrheit von Berechtigten G. 513. — Uebertragbarkeit, Vererblichkeit des V. G. 514. — Vorkaufsrecht an Grundstücken G. 1094 ff.: Begriff G. 1094. — V. an Bruchtheil eines Grundstücks G. 1095. — V. am Zubehör G. 1096. — Beschränkung auf Verkauf durch Besteller oder dessen Erben, Erweiterung auf weitere Verkaufsfälle G. 1097. — Rechtsverhältniß zwischen Berechtigten und Verpflichteten, Konkursverwalter, Vormerkung G. 1098. — Anzeige an den Berechtigten G. 1099. — Ausübung, Zahlung des Kaufpreises, Befreiung des Käufers G. 1100 ff. — V. zu Gunsten des Eigenthümers, eines bestimmten Grundstücks, einer bestimmten Person G. 1103. — Aufgebotsverfahren bei unbekanntem Berechtigten G. 1104 — V. der Miterben G. 2034 f.

Vorkaufspflichtiger, s. Vorkaufsrecht (an Grundstücken).

Vorläufig. Beschränkte Geschäftsfähigkeit der unter v. Vormundschaft Angestellten G. 114 f. — Unfähigkeit zum Vormunde G. 1781. — V. Vormundschaft G. 1906 ff.

Vorlegung. Frist der V. von Schuldverschreibungen auf den Inhaber G. 801 f. — V. von Sachen, Interesse an der Besichtigung, Gestattung derselben G. 809. — V. von Urkunden zur Einsicht G. 810. — Art, Kosten, Gefahr der V., Sicherheit für dieselben G. 811. — V. von Hypotheken- u. s. w. Briefen beim Grundbuchamt Zwecks Berichtigung des Grundbuchs G. 896.

Vorleistung bei gegenseitigen Verträgen G. 320 ff.; des Dienstverpflichteten G. 614.

Vormerkung im Grundbuche zur Sicherung des Anspruches auf Eintragung eines Rechts, Pflicht des Verkäufers eines Grundstückes zur Beseitigung derselben G. 439. — Allgemeines über Vormerkung G. 883 ff. (s. Grundstücke, Absatz: Allgemeine Vorschriften über Rechte an Grundstücken). — V. bei Vorkaufsrecht G. 1098. — Nachlaßgläubiger, deren Ansprüche durch V. gesichert sind G. 1971

Vormund, Hemmung der Anspruchsverjährung zwischen V. und Mündel G. 204. — V. des Ehemannes vertritt dessen Rechte und Pflichten an dem eingebrachten Gut G. 1409; am Gesammtgut G. 1457. — Annahme des Mündels an Kindesstatt durch den Vormund G. 1752. — V. darf nicht Mitglied des Familienraths sein G. 1866 (S. Vormundschaft.)

Vormundschaft G. 1773 ff. — Anordnung der Vormundschaft: Voraussetzungen: Minderjähriger außer elterlicher Gewalt, nicht zu ermittelnder Familienstand G. 1773. — Bestellung von Amtswegen G. 1774. — Regel nur ein Vormund G. 1775. — Berufung, Reihenfolge G. 1776. — Benennung durch letztwillige Verfügung der Eltern G. 1776 f. — Recht aus der

Berufung, Uebergehung, Mitvormund G. 1778. — Auswahl durch das Vormundschaftsgericht beim Mangel Berufener, Mitwirkung des Gemeindewaisenraths, Vorzug Verwandter und Verschwägerter G. 1779. — Unfähigkeit G. 1780. — Verbot der Bestellung verschiedener Kategorien G. 1781. — Ausschließung durch letztwillige Verfügung der Eltern G. 1782. — Bestellung einer Frau G. 1783; Beamte, Religionsdiener G. 1784. — Pflicht des Deutschen zur Uebernahme G. 1785. — *Ablehnung*: Gründe G. 1786. — Unbegründete Ablehnung, vorläufige Uebernahme der V. G. 1787. — Ordnungsstrafen zur Erzwingung der Uebernahme G. 1788. — Verpflichtung durch Handschlag an Eidesstatt G. 1789. — Vorbehalt der Entlassung G. 1790. — *Bestallung* G. 1791. — Bestellung eines *Gegenvormunds* G. 1792. — *Führung der Vormundschaft*: Pflicht und Recht der Sorge für Person und Vermögen des Mündels, Vertretung G. 1793. — Konkurrenz einer Pflegschaft G. 1794. — Fälle der gesetzlichen Ausschließung der Vertretung des Mündels G. 1795; Ausschließung durch das Vormundschaftsgericht G. 1796. — Gemeinschaftliche, getrennte Wirkungskreise mehrerer Vormünder G. 1797; Meinungsverschiedenheiten G. 1798; Wirkungskreis des Gegenvormundes G. 1799. — Sorge für die Person des Mündels nach den Vorschriften über elterliche Gewalt G. 1800. — Religiöse Erziehung G. 1801. — Vermögensverzeichniß G. 1802. — Anordnungen Dritter von Todeswegen oder unter Lebenden über Verwaltung des von ihnen dem Mündel Zugewendeten G. 1803. — Schenkungen aus dem Mündelvermögen G. 1804. — Verwendung in den Nutzen des Vormunds G. 1805. — *Anlegung von Mündelgeldern*: Verzinsliche Anlegung G. 1806. — Anlagestellen G. 1807. — Hinterlegung, Anlegung bei Banken G. 1808. — Vorbehalt der Erhebungsgenehmigung des Gegenvormunds oder des Vormundschaftsgerichts G. 1809. — Dieselbe Genehmigung zur Anlegung G. 1810. — Sonstige Anlegung mit Genehmigung des Vormundschaftsgerichts G. 1811. — Verfügung über Ansprüche des Mündels, Genehmigung des Gegenvormundes, des Vormundschaftsgerichts G. 1812. — Ausnahmen G. 1813. — Hinterlegung von Inhaberpapieren G. 1814. — Umschreibung derselben G. 1815; Umwandlung in Buchforderungen gegen Reich oder Bundesstaat G. 1816 f.; abweichende Anordnung des Vormundschaftsgerichts G. 1818. — *Erforderliche Genehmigung des Vormundschaftsgerichts*: Zur Verfügung über hinterlegte Werthpapiere und Kostbarkeiten, Hypotheken, Grundschuld, Rentenschuld G. 1819; über umgeschriebene oder in Buchforderung verwandelte Werthpapiere G. 1820; über Grundstücke G. 1821; sonstige Fälle G. 1822; Erwerbsgeschäft G. 1823. — Keine Ueberlassung

von Gegenständen, deren Veräußerung Genehmigung fordert, an den Mündel G. 1824. — Allgemeine Ermächtigung zu sonst nur mit Genehmigung vorzunehmenden Rechtsgeschäften G. 1825. — Anhörung des Gegenvormunds G. 1826. — Anhörung des Mündels G. 1827. — Genehmigung gegenüber dem Vormunde G. 1828. — Nachträgliche Genehmigung G. 1829 ff.; des Gegenvormundes G. 1832. — Verbindlichkeiten zwischen Vormund und Mündel: Haftung des Vormundes, Gegenvormundes, Mitvormundes, Mehrerer als Gesammtschuldner G. 1833. — Verzinsungspflicht bei Verwendung in eigenem Nutzen G. 1834. — Ersatz der Aufwendungen des Vormunds G. 1835. — Regel unentgeltlicher Vormundschaftsführung, Vergütung G. 1836. — Fürsorge und Aufsicht des Vormundschaftsgerichts G 1837 ff.: Aufsicht über Vormund und Gegenvormund, Ordnungsstrafen G. 1837. — Unterbringung des Mündels in eine Familie, Erziehungs- oder Besserungsanstalt G. 1838. — Pflicht des Vormunds zur Auskunftsertheilung G. 1839. — Rechnungslegung G. 1840 ff. — Prüfung der Rechnung G. 1843. — Sicherheitsleistung des Vormunds G. 1844. — Auseinandersetzung des Vaters oder der Mutter als Vormund bei Eheschließung G. 1845. — Maßregeln des Gerichts bis zur Bestellung des Vormunds G. 1846. — Anhörung der Verwandten und Verschwägerten des Mündels in wichtigen Fällen G. 1847. — Haftung des Vormundschaftsrichters G. 1848. — Mitwirkung des Gemeindewaisenraths G. 1849 ff. — Befreite Vormundschaft: Anordnung durch Vater oder eheliche Mutter G. 1852, 1855. — Nichtbestellung eines Gegenvormundes, Befreiung von einzuholender Genehmigung zu Rechtsgeschäften G. 1852. — Befreiung von Hinterlegung und Umschreibung der Werthpapiere G. 1853; von der Rechnungslegung, dafür Vermögensübersicht G. 1854. — Voraussetzung elterliche Gewalt und letzwillige Verfügung G. 1856. — Außerkraftsetzung der Anordnungen durch das Gericht G. 1857. — Familienrath: Anordnung durch Vater oder eheliche Mutter, bedingte Anordnung, Mangel geeigneter Personen G. 1858. — Antrag eines Verwandten oder Verschwägerten G. 1859. — Zusammensetzung G. 1860. — Berufung G. 1861. — Auswahl G. 1862. — Ersatzmitglieder G. 1863 f. — Unfähigkeit G. 1865. — Verbot der Bestellung verschiedener Kategorien G. 1866 f. — Voraussetzung der Anordnung ist elterliche Gewalt und letzwillige Verfügung G. 1868. — Freiwillige Uebernahme G. 1869. — Verpflichtung durch Handschlag an Eidesstatt G. 1870. — Vorbehalt der Entlassung G. 1871. — Rechte und Pflichten, Haftung G. 1872. — Einberufung G. 1873. — Beschlußfähigkeit und Abstimmung G. 1874. — Ordnungsstrafen G. 1875. — Initiative des Vorsitzenden G. 1876. — Auslagen der Mitglieder

G. 1877. — Entlassung G. 1878. — Aufhebung G. 1879 f. — Neue Bestallung des Vormundes G. 1881. — S. auch E. 160, 210. — **Beendigung der Vormundschaft:** Wegfall der Voraussetzungen G. 1882. — Legitimation durch nachfolgende Ehe G. 1883. — Verschollenheit, Todeserklärung G. 1884, E 160. — **Endigung des Amtes des Vormunds:** Entmündigung, Todeserklärung G. 1885. — Obligatorische Entlassungsgründe G. 1886. — Entlassung einer Frau G. 1887; eines Beamten, Religionsdieners G. 1888; auf Antrag G. 1889. — Rechnungsablage G. 1890 ff. — Fortführung der Geschäfte, Rückgabe der Bestallung G. 1893. — Anzeigepflicht bei Tod des Vormunds oder Gegenvormunds G. 1894. — **Vormundschaft über Volljährige:** Entmündigung G. 1896. — Anwendung der Vorschriften für Minderjährige G. 1897. — Keine Benennung oder Ausschließung G. 1898. — Berufene Personen, Reihenfolge G. 1899 f. — Sorge für die Person des Mündels, insonderheit bei Ehefrau G. 1901. — Genehmigung des Gerichts zur Gewährung von Ausstattung, zu Verträgen G. 1902. — Gegenvormund, befreite V. der Eltern G. 1903 f. — Familienrath G. 1905. — **Vorläufige Vormundschaft** G. 1906 ff. — V. über Ausländer E. 23. — Landesgesetze über vormundschaftliche Funktionen der Vorsteher von Erziehungs- oder Verpflegungsanstalten E. 136. — Uebergangsbestimmung für bestehende V. E. 210.

Vormundschaftsgericht, Zuständigkeit für Volljährigkeitserklärung G. 3. — Mitwirkung bei Rechtsgeschäften Minderjähriger G. 112 f. — Ersetzung der elterlichen Eheeinwilligung durch V. G. 1308. — Entscheidung über Schlüsselgewalt der Frau G. 1357; über Uebernahme persönlicher Leistungen der Frau G. 1358. — Ersetzung der Zustimmung der Frau zu Rechtsgeschäften über eingebrachtes Gut G. 1379; des Mannes zu Rechtsgeschäften der Frau G. 1402. — Genehmigung zum Ehevertrag auf allgemeine Gütergemeinschaft G. 1437. — Ersetzung der Zustimmung der Frau bei Gütergemeinschaft G. 1447; der Zustimmung des Mannes G. 1451. — Genehmigung des V. zur Ablehnung der fortgesetzten Gütergemeinschaft durch den überlebenden Ehegatten G. 1484; des Verzichts eines Abkömmlings auf seinen Antheil am Gesammtgut G. 1491. — Mittheilung der Erklärung der Aufhebung der fortgesetzten Gütergemeinschaft durch den überlebenden Ehegatten an das V. G. 1492. — Genehmigung zur Anfechtung der Ehelichkeit eines Kindes durch den gesetzlichen Vertreter des geschäftsunfähigen Mannes G. 1595. — Entscheidung des V. zwischen Pfleger und Vater eines Kindes in elterlicher Gewalt G. 1629. — Entziehung der Vertretung des Kindes durch den Vater G. 1630. — Anwendung von Zuchtmitteln gegen ein Kind unter väterlicher Gewalt G. 1631. — Bestimmung über Sorge für die Person der Kinder bei Ehescheidung G. 1635. — Regelung

des persönlichen Verkehrs mit den Kindern G. 1636 – Einfluß des V. auf väterliche Vermögensverwaltung G. 1639. – Mitwirkung bei Anlegung von Kindergeld G. 1640. – Genehmigung zu Rechtsgeschäften für das Kind G. 1643 ff.; zum Verbrauch von Kindergeld G. 1653. – Erklärung des Verzichts auf elterliche Nutznießung vor dem V. G. 1662. – Aufsicht und Fürsorge des V. bei elterlicher Nutznießung G. 1665 ff. – Bestellung eines Beistandes zur Ausübung der elterlichen Gewalt durch die Mutter G. 1687 ff. – Genehmigung der Vereinbarung über Unterhalt des unehelichen Kindes G 1714. – Ersetzung der mütterlichen Einwilligung zur Ehelichkeitserklärung G. 1727; Genehmigung des Antrages bei beschränkter Geschäftsfähigkeit der Interessenten G. 1729. – Genehmigung des Annahmevertrages bei noch nicht vierzehnjährigen Anzunehmenden G. 1750. – Sorge für das Vermögen des Angenommenen G 1760 f. – Mitwirkung bei Anlegung und Erhebung von Mündelgeld G. 1809 ff. – Fürsorge und Aufsicht des V. G. 1837 ff. (s. Vormundschaft). – Genehmigung des V. zum Erbvertrag mit Ehegatten G. 2275; zur Anfechtung eines Erbvertrags für gesch ftsunfähigen Erblasser G. 2282, zur vertragsmäßigen Aufhebung G. 2290; zum Erbverzicht G. 2347. – Landesgesetze über Verrichtungen des V. durch andere Behörden E. 147.

Vormundschaftsrichter, Haftung gegenüber dem Hauskinde G. 1674; dem Mündel G. 1848. – V. ist Vorsitzender des Familienraths G. 1860, 1872, 1876.

Vorrang, s. Rangordnung.

Vorräthe eines verpachteten Landguts, Uebernahme und Rückgewähr nach Schätzung G. 594.

Vorrechte, s. Vorzugsrechte.

Vorsatz, Haftung für V. G 276; bei Annahmeverzug G. 300; Haftung des Schenkers G. 521; des Verleihers G. 599; des Geschäftsführers ohne Auftrag bei dringender Gefahr G. 680 – V. bei unerlaubten Handlungen G. 823. – Haftung des Finders G. 968.

Vorschüsse an Rechtsanwälte, Anspruchsverjährung G. 196. – V. beim Auftrage G. 669; der Kosten der Vorlegung von Sachen an Urkunden G. 811.

Vorstand von Vereinen G. 26 ff.; eingetragenen Vereinen G. 58 ff., 68 ff.; von Stiftungen G. 86. – V. von Erziehungs- u. s. w. Anstalten, landesgesetzliche Bestimmungen E. 136.

Vortheil des herrschenden Grundstücks als Voraussetzung der Grunddienstbarkeit G. 1019.

Vorzeigung, s. Vorlegung.

Vorzugsrechte, Uebergang derselben mit Abtretung der Forderung G. 401. – Erlöschen der V. bei Schuldübernahme G. 418. - Aufgeben eines V. durch den Gläubiger, Wirkung auf die Bürgschaft G. 776.

W.

Waarenlager G. 92.

Wägen beim Kaufe, Kosten desselben G. 448.

Währung, bei Leistung einer Geldschuld G. 244.

Wahl, Wahlrecht bei Leistungen G. 262 ff.; bei Vermächtnissen G. 2152 ff.
Wahlvermächtniß G. 2154.
Waisen, s. Wittwen.
Waisenrath, s. Gemeindewaisenrath.
Wald, Nießbrauch an einem W. G. 1038. — Nutzung durch den Vorerben G. 2123.
Waldgenossenschaften, Fortbestand der Landesgesetze E. 83.
Waldgrundstücke, Uebergangsbestimmung E. 183.
Wandelung G. 462 ff.; beim Werkvertrag G. 634. (S. Gewährleistung (der Mängel).
Wärme, Zuführung von W. auf ein fremdes Grundstück G. 906.
Wartegelder, Verjährung der Ansprüche aus Rückständen G. 197. — Abtretung von Ansprüchen auf W. G. 411, E. 81.
Wartezeit der Frauen zur Wiederheirath G. 1313.
Wasserrecht, Fortbestand der Landesgesetze E. 65.
Wechsel, Bestellung einer Hypothek für Forderung aus W. G. 1187; desgl. eines Schiffspfandrechts G. 1270. — Verpfändung eines W. G. 1292, 1294. — Verpflichtung aus W. durch Vormund G. 1822.
Wechselseitiges Testament, s. gemeinschaftliches Testament, auch Gegenseitige.
Wege, Ausbesserungspflicht des Pächters G. 582. — Fehlen der nothwendigen Verbindung eines Grundstücks mit einem öffentlichen W., Nothweg G. 917 f.
Wegeregulirung, Fortbestand der Landesgesetze E. 113.
Wegfall, s. Ausfall.
Wegnahme fremder Sachen als Selbsthülfe G. 229 f.; von Einrichtungen bei Herausgabe einer Sache G. 258; beim Wiederkauf G. 500; bei der Miethe G. 547; bei der Leihe G. 601; einer auf ein fremdes Grundstück gelangten Sache durch den Besitzer G. 867; durch den Eigenthümer G. 1005. — Recht der W. bei Eigenthumsverlust durch Verbindung, Vermischung, Verarbeitung G. 951; des Besitzers gegenüber dem Eigenthumsanspruch G 997. — Wegnahmerecht des Nießbrauchers G. 1049, 1057; des Pfandgläubigers G. 1216; des Vorerben G. 2125. — Recht auf W. als Gegenstand des Vermächtnisses G. 2172.
Wehrpflicht, Erfüllung derselben begründet keinen Wohnsitz am Garnisonorte G. 9.
Werk auf fremdem Grundstücke G. 95. — Eigenthumsübertragung an dem W. bei Preisbewerbung G. 661. — Einsturz eines W., welches mit einem Grundstücke verbunden ist, Entschädigungspflicht G. 836 ff.; Schutz gegen Gefahr des Einsturzes G. 908.
Werkvertrag G. 631 ff.: Begriff, Unternehmer, Besteller G. 631 f. — Gewährleistung für zugesicherte Eigenschaften und Mängel, Recht auf Beseitigung des Mangels G. 633. — Frist zur Beseitigung des Mangels, Wandelung, Minderung G. 634. — Schadensersatz bei vertretbarem Mangel G. 635. — Rücktrittsrecht G. 636. — Ausschließung der Gewährleistung durch Vertrag G. 637. — Verjährung der Ansprüche des Bestellers G. 638 f. — Abnahme des Werkes durch den Besteller G. 640. — Zeit der Entrichtung der Ver-

gütung, Verzinsung G. 641. — Entschädigung des Unternehmers bei Verzug des Bestellers, dessen Handlung zur Herstellung erforderlich G. 642 f. — Tragung der Gefahr, insonderheit bei Lieferung des Stoffes vom Besteller, Untergang, Unausführbarenden G. 644 f. — Vollendung des Werkes, Bedeutung derselben, wo Abnahme ausgeschlossen G. 646. — Gesetzliches Pfandrecht des Unternehmers an dem Werke G. 647. — Anspruch des Unternehmers eines Bauwerkes auf Sicherungshypothek G. 648. — Kündigungsrecht des Bestellers bis zur Vollendung des Werkes, Ansprüche des Unternehmers G. 649 f. — Ueberschreitung des vom Unternehmer nicht gewährleistetenKostenanschlages G. 650.— Lieferung des Stoffes, bezw. der Zuthaten durch den Unternehmer, Abgrenzung des W. vom Kaufe G. 651. — W., der eine Geschäftsbesorgung zum Gegenstande hat G. 675.

Werth einer durch unerlaubte Handlung entzogenen Sache, welcher zu ersetzen, Verzinsung desselben G. 849. — Ersatz des W. bei ungerechtfertigter Bereicherung G. 818. — Minderung des W. der Pfandsache, Rückforderungsrechte des Verpfänders G. 1218; Verkaufsrecht des Gläubigers G. 1219 ff.

Werthgrenze der Belastung von Grundstücken, Fortbestand der Landesgesetze E. 117.

Werthpapiere, Hinterlegung als Sicherheit G. 232 ff.; als Leistung G. 372. — Haftung des Verkäufers beim Verkauf von W. G. 437. — Hinterlegte W. als Darlehen G. 700. — Haftung des Gastwirths für eingebrachte W. G. 702. — W. als Gegenstand der Anweisung G. 783. — Pfandrecht an W. G. 1292 ff. — Hinterlegung von W. aus Kindvermögen G. 1667. — Anlegung von Mündelgeld in W. G. 1807; Hinterlegung G. 1814, 1818 f., 1853.

Wesentliche Bestandtheile einer Sache G. 93; eines Grundstückes G. 94 f.

Wette G. 762.

Widernatürliche Unzucht als Ehescheidungsgrund G. 1565; als Grund zur Entziehung des Pflichttheils der Ehegatten G. 2335.

Widerrechtliche Handlungen, s. unerlaubte H.

Widerruf der Bestellung des Vereinsvorstandes G. 27; der Stiftung G. 81; der Verträge mit Minderjährigen G. 109; von Willenserklärungen unter Abwesenden G. 130; der Vollmacht G. 168; von Verträgen, welche ohne Vertretungsmacht geschlossen sind G. 178; der Einwilligung G. 183; der Schenkung G. 530 ff.; des Darlehensversprechens G. 610; der Auslobung G. 658; des Auftrages 671; der Anweisung G. 790; der Zustimmung zur Aufhebung des Pfandrechts G. 1255; der Zustimmung des Pfandgläubigers zur Verfügung über ein verpfändetes Recht G. 1276; von Verträgen der Frau über eingebrachtes Gut ohne Genehmigung des Mannes G. 1397; der Zustimmung des anderen Ehegatten zu letztwilligen Verfügungen über den Antheil eines Abkömmlings am Gesammtgut G. 1516; von Schenkungen bei Ehescheidung

G. 1584. — Kein W. der Einwilligung zur Ehelichkeitserklärung G. 1726; derjenigen zur Annahme an Kindesstatt G. 1748. — W. des Testaments G. 2253 ff.; einseitiger W. des gemeinschaftlichen Testaments G. 2271.
Widerruflichkeit der Vollmacht G. 168.
Widerspruch eines geschäftsführenden Gesellschafters gegen Vornahme eines Geschäfts G. 711; gegen die Richtigkeit des Grundbuchs G. 899; gegen Ueberbau G. 912; gegen Eintragung einer Hypothek G. 1139; gegen die Richtigkeit des Schiffsregisters G. 1263; der Frau gegen Zwangsvollstreckung ohne Zustimmung des Mannes G. 1407.
Widerstand, Beseitigung desselben durch Selbsthülfe G. 229.
Wiederabnahme beweglicher Sachen bei Besitzstörung durch verbotene Eigenmacht G. 859.
Wiederaufhebung der Entmündigung G. 6.
Wiederherstellung als Gegenstand des Schadensersatzes G. 249. — Kein Recht auf W. bei Eigenthumsverlust durch Verbindung, Vermischung, Verarbeitung G. 951. — W. der Errungenschaftsgemeinschaft G. 1547 f.
Wiederkauf G. 497 ff.: Vorbehalt des W.; W.preis, Ausübung G. 497. — Pflichten des W.verkäufers G. 498 f. — Ersatz von Verwendungen G 500. — Schätzungswerth als W.preis G. 501. — W.recht Mehrerer G. 502. — Fristen für Ausübung des W. G. 503.
Wiederkehrende Leistungen, Verjährung der Ansprüche aus Rückständen G. 197, 223, 902; aus rechtskräftiger Feststellung derselben G. 218. — Entrichtung von w. L. beim Nießbrauch an einem Vermögen G. 1088. — W. L. bilden den Gegenstand der Reallast G. 1105. — Haftung des Anspruchs auf w. L. für die Hypothek G. 1126. — Verträge auf w. L. aus dem Vermögen volljähriger Bevormundeter G. 1902.
Wiederverheirathung, Frist für die Frau G. 1313. — W. im Falle der Todeserklärung G. 1348 ff.: Keine Nichtigkeit, wenn der für todt Erklärte noch lebt G. 1348. — Nichtgestattung der W. während Anfechtung der Todeserklärung G. 1349. — Anfechtung der neuen Ehe G. 1350 f. — Unterhaltspflicht bei solcher Anfechtung G. 1351 f. — Aufhebung der fortgesetzten Gütergemeinschaft durch W. G. 1493. — W. nach Ehescheidung, Einfluß auf die Unterhaltspflicht G. 1581. — Vorzeitige W. der Frau und Geburt eines Kindes innerhalb 270 Tagen nach Auflösung der ersten Ehe G. 1600. — Auseinandersetzung mit den Kindern G. 1669. — W. der Mutter, Verlust der elterlichen Gewalt G. 1697. — Uebergangsbestimmung für W. im Falle der Todeserklärung E. 159
Wilde Thiere. Beschädigung durch dieselben G. 833 ff. — Herrenlose w. Th. G. 960; in Thiergärten G. 960; gezähmte G. 960.
Wildschaden G. 835. — Fortbestand der Landesgesetze über Feststellung, Umfang, Ersatzpflicht desselben E. 69—72.
Wille des Geschäftsherrn bei Ge-

schäftsführung ohne Auftrag G. 678 f.
Willenserklärung gegenüber dem Vereinsvorstande G. 28; Geschäftsunfähiger G. 105; Minderjähriger G. 107. -- Geheimer Vorbehalt bei W. G. 116. — W. zum Scheine G. 117; zum Scherze G. 118. — Irrthum bei W. G. 119. — Unrichtige Uebermittelung von W. G. 120. — Anfechtung von W. G. 121 f. Schadensersatzpflicht bei Anfechtung von W. G. 122. — Täuschung und Drohung G. 123. — Anfechtung daraus G. 124. — W. unter Abwesenden G. 130. — Zustellung von W. durch Gerichtsvollzieher G. 132; öffentliche Zustellung G. 132. — Auslegung der W. G. 133. — Zustimmung (Einwilligung, Genehmigung) zu W. G. 182 ff.
Willensmängel G. 116 ff.
Willkür des Bedachten bei letztwilliger bedingter Zuwendung G. 2075.
Winkel zwischen zwei Grundstücken G. 921 f.
Wirkung der Anspruchsverjährung G. 222 f.
Wirthschaftsgebäude, Ausbesserungspflicht des Pächters G. 582.
Wirthschaftsplan bei Nießbrauch an einem Walde, Bergwerk G. 1038; im Genusse des Vorerben G. 2123.
Wirthschaftsvorräthe, welche bei Beendigung der Pacht zurückzulassen sind G. 593.
Wissen der Nichtschuld G. 814; der Unmöglichkeit des bezweckten Erfolges G. 815.
Wissenmüssen bestimmt sich nach der Person des Vertreters G. 166.
Wissentliche Leistung einer Nichtschuld G. 814 f.
Wittwe, minderjährige, Volljährigkeitserklärung G. 4. — Aenderungen der Gesetze, betr. die Fürsorge für W. und Waisen E. 48, 49, 51.
Wittwen- und Waisengeld, Landesgesetze über Abtretung E. 81.
Woche, Fristberechnung G. 188. — Dienstverhältniß nach W. G. 621.
Wochenbettskosten G. 1715.
Wochenlohn G. 621.
Wohngebäude, Ausbesserungspflicht des Pächters G. 582.
Wohnort, Bestimmung des Ehemannes G. 1354.
Wohnräume, Schutz des Besitzers G. 865.
Wohnsitz, Begründung, Aufhebung G. 7 ff. — Mehrfacher W. G. 7. — Keine Begründung durch Geschäftsunfähige G. 8. — W. der Militairpersonen G. 9; der Ehefrau G. 10; der ehelichen, unehelichen Kinder G. 11; des Schuldners als Ort der Leistung G. 269 f. — Zwangsvollstreckung am W. des Hauptschuldners, sonst Einrede der Vorausklage des Bürgen G. 772 f. — W. des Mannes bestimmt das zur Führung des Güterrechtsregisters zuständige Amtsgericht G. 1558 f. — Weite Entfernung des W. vom Sitze des Gerichts, Ablehnung der Vormundschaft 1786. — W. im Auslande, Inlande, Bedeutung für das Erbrecht E. 24 f. — Erwählter W. des französischen und badischen Rechts, Uebergangsbestimmung E. 157.
Wohnung, Mängel einer gemietheten W. G. 544. — Be-

stimmung der W. durch den Ehemann G. 1354.
Wohnungsräume, Miethe derselben, Anwendung der Vorschriften über Miethe von Grundstücken G. 580.
Wohnungsrecht G. 1093.
Wollen, s. Wille, Willkür.
Wuchergesetze, Aenderungen E. 47.
Wucherische Rechtsgeschäfte G. 138.
Wundärzte, Verjährung ihrer Ansprüche G. 196.
Wurzeln, Eindringen in fremdes Grundstück G. 910.

Z.

Zahl der Mitglieder eingetragener Vereine G. 56, 73; der Vormünder G. 1775.
Zahlung, s. Erfüllung, Leistung. — Z. einer Geldschuld, Währung, Münzsorte G. 244 f. — Z. einer mit dem Nießbrauche belasteten verzinslichen Forderung G. 1077. — Landesgesetze über Z. aus öffentlichen Kassen E. 92.
Zahlungsbefehl unterbricht Verjährung G. 209, 213; wirkt als Mahnung G. 284.
Zahlungsfähigkeit des Schuldners, Uebernahme der Haftung bei Sonderungsverkauf G. 438.
Zahlungsfristen des Erben G. 2015; des Nachlaßpflegers G. 2017.
Zahlungsort von Hypotheken, Aenderung desselben G. 1119.
Zahlungssperre beim Aufgebot von Schuldverschreibungen auf den Inhaber G. 799, 801 f. — Landesgesetzliche Vorschriften über Z. von Karten u. s. w. auf den Inhaber E. 102. — Uebergangsbestimmung E. 178.
Zahlungsstatt, s. Erfüllungsstatt.
Zahlungszeit von Hypotheken, Aenderung derselben G. 1119.
Zahnärzte, Verjährung ihrer Ansprüche G. 196.
Zeichnen, Eigenthumserwerb G. 950.
Zeit, Zeitbestimmungen, s. Fristen, Termine. — Z. der Leistung G. 271 f. — Zeitbestimmung bei Aufrechnungserklärung unzulässig G. 388. — Z. der Zahlung des Miethzinses G. 551. — Endigung des Miethverhältnisses durch Z. G. 564 f. — Z. der Entrichtung des Pachtzinses G. 584. — Z. der Kündigung des Grundstückspacht G. 595; der Leihe G. 604; der Zahlung von Darlehnszinsen G. 608; der Zahlung für Vergütung beim Dienstvertrag G. 614. — Beendigung des Dienstverhältnisses durch Zeitablauf G. 620. — Z. der Kündigung des Dienstverhältnisses G. 621 ff. — Z. der Zahlung der Vergütung beim Werkvertrage G. 641; der Zurückgabe beim Hinterlegungsvertrag G. 695 f.; der Entrichtung vereinbarter Vergütung bei demselben G. 699; der Kündigung des Gesellschaftsvertrages G. 723 f. — Bürgschaft auf bestimmte Zeit G. 777. - Keine Z. bei Auflassung G. 925. — Z. der Ersitzung G. 937. — Z. der Zahlung einer Grundschuld G. 1193. — Keine Z. bei Eheschließung G. 1317; bei Anerkennung eines Kindes G. 1598; bei Ehelichkeitserklärung G. 1724; bei Annahme an Kindesstatt G. 1742; bei deren Aufhebung G. 1768; bei Annahme oder Ausschlagung der Erbschaft G. 1947. — Z. bei

Einsetzung der gesetzlichen Erben G. 2066; bei Vermächtniß G. 2162, 2177; bei Annahme oder Ausschlagung desselben G. 2180; bei Annahme oder Ablehnung des Amts eines Testamentsvollstreckers G. 2202.

Zeitfolge, s. Rangordnung.

Zeitpunkt des Todes bei Todeserklärung G. 18.

Zerstörung fremder Sachen als Selbsthülfe G. 228 f. — Anzeigepflicht des Nießbrauchers bei Z. G. 1042.

Zession, s. Uebertragung.

Zeugen, Verjährung ihrer Ansprüche G. 196. — Z. der Eheschließung G. 1318; der Testamentserrichtung G. 2233 ff., 2249 f.

Zeugniß des Nachlaßgerichts über Fortsetzung der Gütergemeinschaft G. 1507.

Zeugungen, s. Geburt.

Zinsen, Verjährung des Anspruches auf rückständige Z. G. 197. — Höhe der gesetzlichen Z. G. 246; der vertragsmäßigen Z. G. 247. — Z. aus Z. G. 248. — Verzugszinsen G. 288 f. — Keine Z. bei Annahmeverzug G. 301. — Anrechnung nicht ausreichlicher Leistung auf Z. G. 367. — Keine Zinszahlung des Schuldners bei Hinterlegung G. 379. — Aufrechnung zunächst auf Z. G. 396. — Z. von Darlehen, Zeit der Zahlung G. 608. — Z. beim Auftrage G. 668; beim Hinterlegungsvertrage G. 698; beim Nichteintritt des bezweckten ungewissen Erfolges G. 820. — Z. vom Werthe einer durch unerlaubte Handlung dem Berechtigten entzogenen Sache G. 849. — Nießbrauch an einer auf Z. ausstehenden Forderung G. 1076 ff. — Verpflichtung des Nießbrauchers an einem Vermögen zur Zahlung von Z. G. 1088. — Haftung des Grundstücks für gesetzliche Z. der Hypothek G. 1118. — Nachträgliche Eintragung oder Erhöhung von Z. der Hypothek G. 1119. — Haftung des Pfandes für Z. G. 1210; des verpfändeten Schiffes G. 1264. — Erstreckung des Pfandrechts an einer Forderung auf deren Z. G. 1289. — Z. der auf dem eingebrachten Gute ruhenden Verbindlichkeiten G. 1386. — Z. von Mündelgeld G. 1806. — Z. bei Erbschaftskauf G. 2379.

Zinsrückstände, Verjährung des Anspruchs G. 197, 224.

Zinsscheine, Hinterlegung bei Sicherheitsleistung G. 234. — Keine Kraftloserklärung von Z. G. 799. — Vorlegungsfrist G. 801. — Unabhängigkeit der Zinsscheine bei Schuldverschreibung auf den Inhaber von der Hauptforderung G. 803. — Verlust von Z. G. 804. — Erneuerung G. 805. — Besitz der Z. bei Nießbrauch an dem Inhaberpapier G. 1081. — Z. verpfändeter Werthpapiere G. 1296. — Z. von Mündelgeld 1814, 1818. — Uebergangsbestimmungen E. 174 ff.

Zinszahlung unterbricht Verjährung G. 208.

Zubehör, Zubehöreigenschaft, Zubehörstück G. 97 f. — Vertrag über eine Sache umfaßt im Zweifel deren Z. G. 314. — Erwerb des Z. von Grundstücken G. 926. — Nießbrauch am Z. G. 1031, 1062. — Vorkaufsrecht am Z. eines Grund-

stücks G. 1096. — Haftung des Z. für die Hypothek G. 1120 ff., 1135; des Z. des Schiffes für das Pfandrecht G. 1265. — Z. bei Vermächtniß G. 2164.

Zuchthausstrafe, Verwirkung der elterlichen Gewalt bei Z. wegen Verbrechens gegen das Kind G. 1680.

Zuchtrecht des Vaters G. 1631.

Züchtigungsrecht des Dienstherrn E. 95.

Zueignung, s. Aneignung.

Zufall, Haftung des Schuldners im Verzuge für Z. G. 287.

Zuführung von Gasen, Dämpfen u. s. w. auf ein fremdes Grundstück G. 906.

Zug um Zug, Erfüllung G. 274; bei gegenseitigen Verträgen G. 322; bei Rücktritt vom Vertrage G. 348.

Zukünftige Geldforderung, Hypothek dafür G. 1113.

Zurechnung, s. Vernunftgebrauch.

Zurückbehaltungsrecht an Vollmachtsurkunden G. 175. — Einrede des Z. hemmt nicht die Anspruchsverjährung G. 202. — Begriff des Z. bei Schuldverhältnissen G. 273. — Kein Z. des Miethers G. 556. — Z. gegen den Hauptschuldner muß ausgeübt werden, um der Einrede der Vorausklage des Bürgen zu begegnen G. 772 f. — Z. des Finders G. 972; des Besitzers wegen Verwendungen G. 1000.

Zurückbeziehung der Bedingung G. 159.

Zurückforderung des nach eingetretener Verjährung Geleisteten G. 222. — Z. des ohne Verpflichtung Geleisteten G. 813 ff. (s. Bereicherung).

Zurückgabe der Vollmachtsurkunde G. 175; der Miethsache G. 556 f.; der Nießbrauchssache G. 1055. — Z. der Pfandsache G. 1253, 1278.

Zurückgewährung der Miethsache G. 556 ff.; des nach Schätzungswerth übernommenen Inventars eines verpachteten Grundstücks G. 589; des verpachteten Grundstücks G. 591, 597; von Grundstücken nach beendetem Nießbrauch G. 1055.

Zurücknahme der Klage, Einfluß auf die Verjährung G. 212; ebenso Z. der Anmeldung im Konkurse G 214. — Z. der hinterlegten Sache G. 376 f. — Z. des Testaments aus gerichtlichem Verwahrsam G. 2256, 2272.

Zurücktreten, s. Rücktrittsrecht.

Zurückweisung der Leistung aus dem Vertrage zu Gunsten eines Dritten G. 329.

Zusammenlegung von Grundstücken, Fortbestand der Landesgesetze E. 113.

Zusammentreffen von Grunddienstbarkeiten mit anderen Rechten am dienenden Grundstück G. 1024; desgl. des Nießbrauchs G. 1060.

Zusammenrottung, Landesgesetze über Schadensersatz E. 108.

Zuschlag bei Versteigerungen G. 156.

Zuschüsse zum Einkommen, Ausgleichungspflicht G. 2050.

Zuständiges Gericht für Volljährigkeitserklärung G. 3. — Z. für Auflösung von Vereinen G. 44; für Einsprüche von Verwaltungsbehörden gegen Eintragung eines Vereins G. 62. — Z. Amtsgericht für öffent-

liche Zustellung von Willenserklärungen G. 132; für Ableistung des Offenbarungseides G. 261. — Z. des Standesbeamten G. 1320 f. — Z. der Bundesstaaten für Befreiung von Ehehindernissen G. 1322.

Zustimmung Dritter zu Verträgen und einseitigen Rechtsgeschäften G 182 ff. — Z. des Eigenthümers zur Rangänderung von in das Grundbuch eingetragenen Rechten G. 880. — Z. Dritter zur Aufhebung des Pfandrechts G. 1255; des Mannes zu Rechtsgeschäften u. s. w. der Frau G. 1395 ff., 1451; der Frau zu solchen des Mannes G. 1377 ff., 1444 ff, 1468; der Abkömmlinge bei fortgesetzter Gütergemeinschaft G. 1495. — Z. des anderen Ehegatten zu letztwilligen Verfügungen über Antheile der Abkömmlinge am Gesammtgut G. 1516.

Zustellung von Willenserklärungen G. 132.

Zuthaten, Lieferung derselben durch den Unternehmer beim Werkvertrage G. 651.

Zuwachs zum Vermächtnisse G. 2184.

Zuwendung, unentgeltliche mit Auflegung einer Leistung an einen Dritten G. 330. — Z. an ein Hauskind mit Ausschließung der väterlichen Nutznießung G. 1651. — Z. Dritter an einen Mündel mit Bestimmung über die Verwaltung G. 1803; Pflegschaft G. 1909. — Z. welche der Ausgleichungspflicht unterliegen G. 2050 ff. — Letztwillige Z., Auslegung, Gültigkeit, Anfechtung G. 2066 ff. — Z. aus dem Gesammtgut, Berücksichtigung beim Pflichttheilsanspruch G. 2331.

Zwang, s. Drohung.

Zwangsenteignung, s. Enteignung.

Zwangserziehung Minderjähriger, Fortbestand der Landesgesetze E. 135.

Zwangsrechte, Fortbestand der Landesgesetze E. 74.

Zwangsversteigerung, Eintragung eines Ersatzes für Recht an einem Grundstücke, welcher aus dem Erlöse der Z. zu leisten ist (Ultimat) G. 882. — Gesetz über Z. E. 1.

Zwangsverwaltung, Gesetz E. 1. — Landesgesetze über Z. bestimmter Grundstücke E. 60, 192.

Zwangsvollstreckung gegen Veräußerungsverbot G. 135 f.; während schwebender Bedingung G. 161. — Einwirkung der Genehmigung eines Rechtsgeschäfts auf die Z. G. 184. — Z. unterbricht Verjährung G. 209. — Z. bei Alternativobligation G. 264. — Z. gegen einen dem Schuldner gehörigen Gegenstand, Befriedigung des Gläubigers durch Dritte, durch den Besitzer G. 268. — Einfluß der Z. auf Rücktrittsrecht G. 353. — Die zur Vornahme oder Leitung eines Verkaufes im Wege der Z. beauftragten Personen dürfen nicht kaufen G. 456, 458. — Einfluß der Z. auf den Gegenstand des Wiederkaufs G. 499. — Z. gegen den Hauptschuldner, Einrede der Vorausklage des Bürgen G. 771 f. — Wirkung der Z. auf eine zum Grundbuche eingetragene Vormerkung G. 883. — Anwendung der Regeln über Z. in das

unbewegliche Vermögen bei Nichterklärung des Eigenthümers eines Grundstücks über Genehmigung von Verwendungen G. 1003. — Z. zur Befriedigung des Hypothekengläubigers G. 1147; zur Befriedigung des Pfandrechts an einem Schiffe G. 1268; an einem Rechte G. 1277. — Widerspruch der Frau gegen Z. ohne Zustimmung des Mannes G. 1407. — Z. ausgeschlossen durch Nachlaßverwaltung G. 1984. — Z. zur Herausgabe eines überschuldeten Nachlasses G. 1990; gegen den Vorerben G. 2115.

Zweck, s. Auflage. — Z. der Stiftung, Umwandlung durch zuständige Behörde G. 87.

Zweckvermächtniß G. 2156.

Zweifelhafte, s. Angriffe.

Zweige, Hinüberragen in fremdes Grundstück G. 910.

Zweite Ehe, s. Wiederverheirathung.

Zwischenraum zwischen zwei Grundstücken G. 921 f.

Zwischenzinsen, keine bei vorzeitiger Leistung G. 272, 813.

Kolibri 360 GmbH
Ferdinand-Jühlke-Straße 7
99095 Erfurt, Deutschland
produktsicherheit@kolibri360.de